与最聪明的人共同进化

HERE COMES EVERYBODY

CHEERS

债券通与金融开放新突破

巴曙松　　主编

蔡秀清　　副主编
巴晴

四川人民出版社

风险与免责声明

买卖证券的风险

　　证券买卖涉及风险。证券价格有时可能会非常波动。证券价格可升可跌，甚至变成毫无价值。买卖证券未必一定能够赚取利润，反而可能会招致损失。

买卖期货及期权的风险

　　期货及期权涉及高风险，买卖期货及期权所招致的损失有可能超过开仓时缴付的按金，令投资者或须在短时间内缴付额外按金。若未能缴付，投资者的持仓或须平仓，任何亏损概要自行承担。因此，投资者务须清楚明白买卖期货及期权的风险，并衡量是否适合自己。投资者进行交易前，宜根据本身财务状况及投资目标，向经纪或财务顾问查询是否适合买卖期货及期权合约。

免责声明

　　本书所载资料及分析只属资讯性质，概不构成要约、招揽、邀请或推荐买卖任何证券、期货合约或其他产品，亦不构成提供任何形式的建议或服务。书中表达的意见不一定代表香港交易及结算所有限公司（以下简称香港交易所）或本书其他作者所属的机构（以下简称有关机构）的立场。书中内容概不构成、亦不得被视为投资或专业建议。尽管本书所载资料均取自认为是可靠的来源或按当中内容编备而成，但本书各作者、香港交易所和有关机构及其各自的附属公司、董事及雇员概不就有关资料（就任何特定目的而言）的准确性、适时性或完整性作任何保证。本书各作者、香港交易所和有关机构及其各自的附属公司、董事及雇员对使用或依赖本书所载的任何资料而引致任何损失或损害概不负责。

目录

序 言　债券通：连接中国债市与世界的枢纽　/001

李小加
香港交易所集团行政总裁

第一部分　中国债券市场
　　　　　开放历程和宏观背景　/007

01　中国债券市场的开放与发展　/009

张漪
中国外汇交易中心总裁

02　本币驱动的金融开放及其政策含义
　　——兼论人民币国际化的阶段性和下一步重点　/023

周诚君
中国人民银行研究所研究员
CF40 特邀成员
对外经贸大学兼职教授、博士生导师

03　"债券通"：中国债券市场的新起点与新进展　/037

周荣芳
上海清算所总经理

第二部分　债券通：
境内外债券市场的互联互通　/ 059

04　债券通：
境内外债券市场互联互通的发展与前景　/ 061

吴玮
债券通有限公司董事兼副总经理

05　债券通与中国债券市场更深层次开放展望　/ 081

香港交易所
定息及货币发展部
及首席中国经济学家办公室

06　跨境资本流动宏观审慎管理与债券市场开放
——国际经验与中国探索　/ 103

香港交易所首席中国经济学家办公室

07　穆迪对中国发行人的评级简介　/ 123

萧一芝
穆迪投资者服务公司
大中华区信用研究分析部高级分析师

钟汶权
穆迪投资者服务公司
大中华区信用研究分析部主管

08　债券通与中国获纳入全球债券指数　/ 133

香港交易所首席中国经济学家办公室

09　债券通与中国债券一级市场开放 / 157

刘优辉

中国农业发展银行资金部总经理

10　中资境外债券的发展意义、品种
和流程简介及政策发展建议 / 171

李建民

中银国际金融产品板块主管

麦善宇

中银国际债券资本市场部联席主管

王卫

中银国际研究部副主管

吴琼

中银国际固定收益研究部联席主管

**第三部分　香港固定收益与货币产品的
金融生态圈构建** / 195

11　香港国际金融中心：缘起、核心力和突破点 / 197

肖耿

北京大学汇丰商学院教授
香港国际金融学会会长

12　人民币国际化 / 209

洪灏

交银国际控股有限公司董事总经理、研究部主管

13 离岸人民币产品及风险管理工具
　　——互联互通机制下孕育的香港生态系统 　/ 221

香港交易所首席中国经济学家办公室

14 全球贸易摩擦中的人民币汇率波动趋势
　　与人民币汇率风险管理工具 　/ 267

香港交易所首席中国经济学家办公室

15 人民币货币篮子及市场化人民币汇率指数的意义 　/ 293

香港交易所首席中国经济学家办公室

16 绿色债券发展趋势：环球、中国内地与香港 　/ 317

香港交易所首席中国经济学家办公室

后 记　从"债券通"看中国金融开放的新探索 　/ 359

巴曙松

香港交易所首席中国经济学家
中国银行业协会首席经济学家

债券通：连接中国债市与世界的枢纽

李小加

香港交易所集团行政总裁

自 2009 年中国开始在国际贸易结算中推出人民币计价结算以来，人民币国际化已取得了世人瞩目的成绩：不到 10 年时间里，中国对外贸易中以人民币计价结算的比重从不到 1% 增加到 20% 以上，人民币已成为全球第五大国际支付货币。2015 年 11 月，人民币被纳入国际货币基金组织的特别提款权（SDR）货币篮子，成为中国融入全球金融格局的重要里程碑，标志着人民币开始迈向重要的国际储备货币行列，逐步在国际金融体系中承担新的责任与义务。

加入 SDR 意味着人民币的国际货币地位得到了国际多边组织和金融机构的认可。不过，当前人民币计价资产在全球金融市场上的实际占比和使用量仍然远低于其他国际货币。从这个角度来说，人民币国际化正处于一个重要的战略性转折点，需要在国际市场上推出更加丰富的以人民币计价的金融产品，完善配套的金融基础设施，推动本币市场和海外金融市场的同步开放，从而稳步提升人民币计价的资产市场的深度和广度，不断改进跨境人民币计价金融资产的交易便利性。

从美国、日本等国货币的国际化经验来看，一种货币要真正实现国际化，需要符合几个基本的要求：货币价值获得全球市场的信任；在国际市场上有便于拥有和运用该种货币的渠道和工具；在经济、金融领域中被广泛使用，如用于贸易及国际投融资市场等。

中国作为世界第二大经济体及世界贸易组织的重要成员，在国际贸易结算中已越来越多地使用人民币。但是，如要在资本项目下让更多的国际机构与个人拥有人民币，在资本市场上让各方参与者更便利地使用人民币投资，便需要中国资本市场持续开放，真正做到与世界市场高效率的互联互通。

在当前的国内外环境下，中国债券市场的对外开放，就成为人民币国际化进程中不可或缺的重要推动力。因为只有当外国投资者广泛使用一国货币作为金融市场上的投资计价货币和储备计价货币时，该国货币才能成为真正的国际货币。在国际市场上，债券市场的资金容纳量、参与者、金融产品的丰富程度远胜于其他资产市场，更是货币当局实施货币政策、调控金融市场的重要场所，债券市场形成的利率价格往往是其他资产类别（包括股票、房产、大宗商品等）定价的基准。在各国经济发展中，债券市场扮演了提供证券资产、信用融资、交易衍生品等各类基础性金融资产的重要角色，也由此衍生出信托计划、项目融资、融资租赁、资产证券化和中长期信贷等庞大的金融产品线。

同时，人民币获国际投资者认可的程度也将与中国资本市场的不断开放和完善相辅相成。2010 年中国首度容许合资格机构使用离岸人民币投资于中国银行间债券市场，2011 年再推出人民币合格境外机构投资者（RQFII）计划，2013 年放宽合格境外机构投资者（QFII）的投资限制，这些举措都标志着中国境内债市的逐步开放。及至 2015 年，中国内地接连推出多项令人瞩目的开放措施，进一步便利境外投资者进入中国银行间债券市场，这主要包括中国人民银行于 2015 年 7 月发布《关于境外央行、国际金融组织、主权财富基金运用人民币投资银行间市场有关事宜的通知》，将相关申请程序简化为备案制，取消了对相关机构的额度限制，并将其投资范围从债券现券扩展至债券回购、债券借贷、债券远期、利率互换、远期利率协议等交易。2016 年中国人民银行再发布中国人民银行令〔2016〕第 3 号，将以注重资产配置需求为主的央行类机构和中长期投资者都纳入银行间债券市场的合格投资者名单。这些政策举措向市场表明，中国正逐步开放资本项目并鼓励更多外资流入，提高中国债券市场的多元化及多样性，进一步扩大境内金融市场的规模，并提高其市场深度。

当前，中国债券市场已经相当庞大（截至 2018 年末余额达 86.4 万亿元人民币），位列世界第三、亚洲第二，已经成为全球金融市场中不可忽视的重要市场。而且中国依然保持中高速度增长，宏观基本面稳健，这对进行全球资产配置的投资者和持有人民币资产的投资者来说，都极具吸引力。"债券通"项目于 2017 年 7 月推出，是中国债券市场对外开放的创新举措，是中国债市开放再次提速的新起点。"债券通"是与现有债券市场开放管道兼容并行的更有市场效率的开放管道，以更为适应国际投资者交易习惯的机制安排，为国际投资者提供新的进入中国债市的便捷通道。

"债券通"项目的创新性首先体现在为中国债券市场的双向开放和国际化道路提供了新的开放模式实践路径。作为互联互通机制在债券及定息类产品市场上的具体体现，"债券通"在保持了境内外的监管规则与交易习惯以及人民币资本项目保持一定管制的制度框架下，推动中国债券市场进一步开放，为吸纳全球资本、推进人民币资产的国际化程度、提高中国国际收支平衡能力提供新模式。无论是在新兴市场还是发达国家的金融市场国际化道路中，"债券通"实现的金融基础设施创新与互联互通都是具有积极创新意义的。

本书对"债券通"在中国债券市场开放和人民币国际化中的定位、功能和角色进行了全景式论述，涵盖了政策开放路径、具体实施策略、债券金融生态圈建设等多个角度，特别结合了"债券通"运行后来自市场的第一手经验和见解，既是对多年中国债券市场双向开放政策的阶段性总结，更说明了"债券通"模式的构想和设计方案的有效性经过了市场实践的验证，从而佐证了"互联互通"机制在扮演连接境内外金融市场的转换器、以创新方式推动中国金融市场开放的独特价值。

本书第一部分分别邀请了中国外汇交易中心、中国人民银行研究局、上海清算所的主要负责人，从市场制度和顶层设计角度，阐述人民币国际化的基本逻辑、中国债券市场的开放历程和总体规划，以及下一步的趋势，向投资者，特别是希望投资中国市场的海外投资者，较为系统和权威地介绍中国债券市场开放的整体发展理念和演变方向。

本书第二部分从债券市场前沿动态和业界参与机构的角度，多角度地描述了与"债券通"相关的金融基础设施以及围绕"债券通"形成的金融生态系统。邀请如此众多具有代表性的市场参与者提供具有专业价值的文章，在对中国债市的研究中并不多见，各篇文章从"债券通"一级市场发行、金融基建基本架构、监管框架、信用评级，以及"南向通"框架下可能的兑换、风险管理工具发展等多个角度，剖析了"债券通"的创新重点和操作惯例，也为境内外的投资者、发行人提供了可供参考的操作方案。

"债券通"开通后的跨境资本流动明显提升，不仅显示出国际市场对人民币债券的投融资需求，也相应产生了对人民币汇率风险管理的需求。本书第三部分对人民币货币期货、货币期权、人民币指数等定息及货币产品进行了深入介绍。有丰富的风险管理工具作为支持，才可以让国际资本更加安心地投入人民币计价的债券资产，这同时也从不同的侧面展现出香港作为多层次、多产品系列的人民币风险管理产品和金融工具创新市场的活力和优势。

我们相信，随着"债券通"的平稳发展和人民币国际化的不断深入，下一步将有条件围绕"债券通"推出更多的制度和产品创新，例如可以适时开通"债券通"的南向交易，让境内投资者在一个对外开放的闭环体系内参与境外的债券市场投资，从而可进一步推动境外人民币计价债券的发行和交易，形成海外人民币投融资的基准价格曲线，为人民币海外交易循环提供定价基础。

对"债券通"这一金融创新的实践和总结，有助于我们更深刻地理解如何借助香港市场来实现在资本项目保持一定管制条件下，以相对可控的方式实现中国金融市场的对外开放，提升中国在岸债券市场的国际参与度。从长期看，这对于人民币国际化、提高中国金融市场效率具有重要的参考价值。

2019 年 9 月

第一部分

中国债券市场
开放历程和宏观背景

01

中国债券市场的开放与发展

张　漪

中国外汇交易中心总裁

本章导读

　　本篇描述了中国债券市场现状以及对外开放的有关情况，着重梳理了中国债券市场发展现状和特点、债券市场对外开放的有关政策、对外开放过程中相关的制度创新，以及对外开放的展望。

中国债券市场发展现状和特点

自 1997 年 6 月银行间债券市场正式启动以来，在中国人民银行的正确领导下，债券市场管理规则体系建立并不断完善，产品和服务机制持续创新，市场深度和广度日益拓展，投资者类型不断丰富，对外开放水平稳步提升，取得了不断超越自我、比肩国际的辉煌成就。

基本情况

债券市场规模和实力与日俱增。1997 年，银行间债券现券市场的交易量不足 10 亿元，2006 年突破 10 万亿元，2010 年突破 50 万亿元，2016 年和 2017 年交易量均突破 100 万亿元，超过股票市场，2018 年 1 月至 9 月累计成交已达到 104 万亿元，同比增长 37.1%。债券市场交易频次从起初日均两笔扩大到近三年日均 4 500 笔以上，与发达国家债券市场业务基本处于同一量级。截至 2018 年 9 月末，我国债券市场余额已达 83 万亿元，继续保持继美国、日本之后全球第三大债券市场的地位，其中银行间市场余额接近 72 万亿元，占比 87%。

市场投资者队伍不断壮大。银行间债券市场投资者从 1997 年的数十家壮大到 2018 年 9 月末的 24 000 余家，从过去主要由商业银行参与，发展成为银行业、证券业、保险业以及各类非法人集合性资金和企业广泛参与的合格机构投资者市场，从境内机构发展为全球投资者参与。投资者队伍的壮大和多元化推动市场流动性不断提高。

债券品种日益丰富。中国人民银行以市场化方式大力发展直接融资、发展多层次资本市场体系，先后创新推出短期融资券、中期票据、超短期融资券、非公开定向债务融资工具、非金融企业资产支持票据等公司信用类债券品种，陆续推出次级债券、普通金融债券、混合资本债券、资产支持证券等金融债券，近年来又推出同业存单、绿色债券等一系列顺应市场需求的新品种，促进融资结构优化，有效增加市场供给。银行间债券市场交易标的从最初单一的国债品种发展为涵盖国债、金融债、信用债、绿色债券等三十多个门类，品种齐全的可交易产品序列。

市场国际化水平稳步提升。顺应人民币跨境使用需求增长，债券市场对外开放逐步加快，多类型境外机构陆续入市。人民币加入国际货币基金组织特别提款权（SDR）以来，债券市场的国际吸引力进一步增强，SDR 债券成功发行，国际投资者对人民币债券的配置需求增长，市场加大开放力度，实现向所有符合条件的国际合格机构投资者开放，债券市场国际化进入新的阶段。中国债券市场逐步被全球主要债券指数认可。境外机构境内发债的主体范围与发债规模均稳步扩大，便利性不断提高，截至 2018 年 9 月末，中国银行间债券市场境外发债主体已包括境外非金融企业、金融机构、国际开发机构以及外国政府等，累计发行 1 474.6 亿元熊猫债，相较于 2016 年年末的规模已翻番。

银行间债券市场产品与交易机制的发展

中国银行间债券市场之所以能在二十多年时间里发展成为国际一流的市场，与其独具特色的发展模式密切相关。中国债券市场在成立之初，就充分吸收了国际经验，形成了现有的集中交易机制和托管机制，循序渐进地推出了丰富的交易工具和交易机制，以持续的改革创新推进债券市场发展，满足了不同层次的投资者需求。

在交易工具方面，银行间债券市场在现券和回购交易的基础上，于2006年推出了债券借贷业务，以满足市场参与者降低结算风险、丰富投资策略以及增加债券投资盈利渠道等多元化需求。在这之后又先后推出了债券远期、人民币利率互换、远期利率协议、信用风险产品、债券预发行等系列工具，丰富投资者的投资运作与风险管理手段。银行间债券市场以做市机构为核心交易商，由其承担提供流动性和促进价格发现的义务。为进一步完善债券发行定价机制，提升债券市场流动性，降低机构做市风险，发挥做市机构对一、二级市场的影响力，又于2016年推出了国债做市支持业务。目前，债券市场基础性产品的种类序列已与发达债券市场基本一致。

在交易机制方面，银行间债券市场积极听取市场主体的多元化交易需求，在场外市场询价交易模式的基础上，先后推出点击成交、请求报价等多元化交易机制。此外，为进一步提高交易效率、降低交易成本、增加市场透明度，近几年中国外汇交易中心（以下简称外汇交易中心）在交易层面推出了匿名撮合的电子交易机制，针对利率互换、债券回购和现券交易先后设计了 X-Swap、X-Repo 和 X-Bond，并在丰富品种和提升性能等方面不断加以改进。

具体而言，X-Swap 及系列相关产品的推出进一步丰富了衍生品产品序列，提高了衍生品市场交易效率。X-Repo 的推出，在拓宽机构融资渠道、打通流动性传导机制、反映市场开盘阶段资金供需面和预判当日市场流动性松紧状况等方面发挥了积极作用。同时，外汇交易中心还基于 X-Bond 积极探索更多创新交易实践，为高流动性债券提供高效交易，同时依托匿名匹配机制研究解决诸如高收益债券流动性不足、定价难度高等现实难题。

中国债券市场对外开放政策和历程

银行间债券市场对外开放的政策框架与人民币国际化进程相适应，开放对象从境外人民币清算行起步，逐步扩展到境外央行和货币当局以及中长期机构投资者等几乎所有类型的境外金融机构。2009 年，境外人民币清算行获准在境内开展人民币同业拆借业务。2010 年，境外央行、港澳人民币清算行、境外参加行等三类机构进入银行间市场进行债券交易，标志着中国银行间债券市场对外开放。此后，中国人民银行颁布了一系列政策法规让更多的境外机构参与境内银行间市场的交易，明确入市的境外机构类型、合格性要求、账户管理、操作流程等。2016 年 2 月，中国人民银行将境外投资主体范围进一步扩大至境外依法注册成立的各类金融机构及其发行的投资产品以及养老基金等中长期机构投资者，同时简化了境外机构的管理流程，取消了投资额度限制，并着力加强宏观审慎监管。2017 年年中，"债券通"的"北向通"为境外合格机构投资者在银行间债券市场（CIBM）、合格境外机构投资者（QFII）和人民币合格境外机构投资者（RQFII）等原有途径的基础上，又增加了一条进入中国债券市场的渠道，显著提高国际投资者的入市效率。至此，囊括境外央行及其他金融机构等多类型机构投资者、多种模式并行的、市场开放和风险控制兼顾的政策框架基本建立。

银行间债券市场初步实现全方位、多层次的对外开放格局

第一，在开放的范围上，银行间市场（债券、外汇、货币、衍生品等）已逐步向不同类型国际投资者开放，债券市场是面向最多类型机构开放的子市场。目前，货币当局、主权财富基金、商业金融机构以及中长期机构投资者均可投资于境内银行间债券市场，且没有额度限制。截至2018年9月底，参与债券市场的国际投资者共1 173家，包括央行类机构68家、商业银行220家、非银行类金融机构117家、中长期机构投资者21家，金融机构发行的投资产品747只，占全部债券市场投资者数量的5%。

第二，在开放的层次上，银行间债券市场的开放程度不断深化。一是开放的金融工具范围不断扩大至全口径。2015年7月，境外央行、国际金融组织、主权财富基金投资范围从现券交易扩展至债券借贷和利率衍生品（债券远期、利率互换、远期利率协议等）。二是对境外机构交易的管理方式不断优化。2015年7月起，境外机构进入银行间债券市场由审批制改为备案制，并可自主决定投资规模。2016年2月，债券市场对外开放进一步推进，引入境外养老基金、慈善基金、捐赠基金等中国人民银行认可的中长期机构投资者，并且此类投资者投资银行间债券市场没有额度限制。

第三，在开放的配套设施方面，银行间市场对境外机构的服务持续完善，投资便利化水平不断提高。"债券通"的上线使国际投资者能够在不改变业务习惯，同时有效遵从内地市场法规的前提下便捷参与银行间债券市场。近期，"债券通"功能进一步完善，券款对付（DVP）结算全面实施，消除了结算风险；交易分仓功能上线，实现了大宗交易业务流程的自动化；有关方面进一步明确税收政策，免征企业所得税和增值税，期限暂定三年。这些进展使中国债券市场已经满足纳入彭博巴克莱全球综合指数的所有条件。

境外机构在银行间债券市场的交易量平稳较快发展

境外机构在银行间债券市场的交易量平稳较快增长，但总体份额还比较有限。境外机构在银行间债券市场成交量从 2010 年的 151 亿元，到 2011 年突破 1 000 亿元（达 1 338 亿元），再到 2016 年接近 1.3 万亿元，2017 年达到 2.2 万亿元，年均复合增长率达到 104%，2018 年前 9 个月，境外机构在债券市场成交累计 2.6 万亿元，同比增长 56.3%。境外机构交易量占银行间债券市场成交总量的份额也在稳步提升，从 2010 年的 0.01% 逐步扩大，2017 年突破 1%，2018 年前 9 个月达到 1.2%。

"债券通"自 2017 年 7 月上线后，运行稳定，截至 2018 年 9 月底，共有 445 家国际投资者借助"债券通"这一渠道进入中国债券市场，累计成交近万亿元，其中 2018 年每月交易量均超过 500 亿元。

中国债券市场对外开放进程中的融合与创新

伴随人民币国际化步伐，中国债券市场发展与对外开放取得积极成果。中国债券市场对外开放之所以能够取得目前的成就，从根本上讲是因为选择了一条既符合中国国情，又满足国际投资者需求的中国特色的对外开放道路。在这条道路上，我们不断学习和总结国际经验，并在不同阶段应时应景逐步推出符合中国国情的各项机制和产品。

交易机制的创新

债券市场对外开放之初，国内外投资者对彼此的了解程度都不高，允许国际投资者通过代理交易模式投资银行间市场是符合当时的环境和背景的。代理交易模式在国际上本无先例，是中国债券市场机制上的创新，在市场开放初期发挥了便利交易、服务监管的作用。多年的运行结果表明，代理交易模式是一种成熟有效的交易机制，已被国际投资者认可和接受。在代理交易模式下，结算代理行为境外机构提供各类服务和指导，使国际投资者对境内相关制度有了深入的了解，更是为后续债券市场对外开放的各项措施奠定了重要的基础。

随着国际投资者对中国债券市场的了解加深，陆续有投资者希望能直接在中国债券市场开展交易。在这种背景下，通过基础设施互联互通以实现直接交易的"债券通"渠道应运而生，国际投资者可以直接登录符合自身交易习惯的交易终端，如 Tradeweb，与境内对手方直接开展交易。

从代理交易模式扩展到直接交易模式，是符合市场发展客观规律的，两种交易模式的结合也充分满足了不同层次投资者的交易需求。

托管机制的创新

中国债券市场的一级托管制度是在过去二十多年自上而下推动和发展起来的。制度建立之时，我们既总结了中国债券市场过去的发展经验，又吸收了国际清算银行和国际证券委员会组织等国际组织的建议，建立了简洁、透明，符合中国债券市场特点的一级托管制度，较好地满足了监管机构穿透式监管要求，奠定了银行间债券市场健康发展的基石。通过代理交易模式进入银行间债券市场的境外投资者使用的也正是一级托管制度。正如中国人民银行前行长周小川所说，"对外开放也是实体、金融机构、金融市场参与者在开放的环境中逐渐成长，逐渐在开放中体会自己的角色、发挥作用和体会国际竞争的过程"。在对外开放初期，交易代理模式下的一级托管制度为本地托管行提供了良好的发展机遇。

随着对外开放进程的不断加速，我们以开放的视角持续学习吸收先进的国际经验，并与中国特色加以融合。托管制度方面，国际惯例是名义持有人和多级托管制度，大部分国际投资者已经形成了一套完整的多级托管体系，具有完善的合规流程和操作文件，探索类似的多级托管制度可以进一步打通国际投资者进入中国银行间债券市场的壁垒，为国际投资者降低时间及合规成本，提供便利，提高入市积极性。因此，债券通机制下与国际惯例接轨，配合国际通行的名义持有人模式，再加上中国债券托管制度下的穿透性要求，实现了"一级托管制度"与"多级托管体系"的有效连接。这一创新既满足了国际投资者依托原有的托管模式参与中国债券市场的需求，又符合我国的穿透式监管要求，可谓一举两得，进一步吸引了国际投资者参与中国债券市场，为债券市场的对外开放和人民币国际化带来了新的动力。

资金汇兑机制的创新

银行间债券市场的对外开放是建立在金融危机后，人民币开始跨境使用之初，通过代理交易模式进入中国债券市场的国际投资者使用离岸人民币投资中国债券市场，仅 QFII 可以在获批的额度范围内将外汇汇入境内后换成人民币进行投资。2016 年中国人民银行发布 3 号公告，允许符合 3 号公告要求的国际投资者将外汇汇入境内后换成人民币进行投资，并取消投资额度限制，进一步丰富了国际投资者的资金来源，提高了市场活跃度。

2017年，中国人民银行为进一步提升跨境资金交易和汇兑的便利性，在债券通推出的同时，配套推出了资金汇兑的创新机制——资金通。在资金通下，境外投资人通过香港结算银行参与银行间外汇市场，实现人民币资金的购售以及风险对冲，同时香港结算银行可以把手上持有的头寸拿到银行间外汇市场进行平盘，不承担额外风险。在这种模式下，国际投资者可以从更具深度和广度的在岸外汇市场获取人民币资金，价格更加优惠，避险成本更低，操作更加便利，既为境外投资人提供了便利，又确保了外汇市场的稳定。2018年，《关于完善人民币购售业务管理有关问题的通知》（银发〔2018〕159号）又将资金通的应用范围扩展到包括债券市场代理交易模式和沪深港通在内的各项机制上，进一步为国际投资者投资中国债券市场和证券市场提供便利。

中国债券市场对外开放展望

习近平总书记要求，金融发展要坚持质量优先。银行间债券市场经过二十年快速发展，取得丰硕成果，站在新的历史起点上，我们一方面要总结经验，坚持债券市场发展的道路自信；另一方面要进一步提高质量，优化结构，完善机制，扎根国情，全面推动债券市场的改革、开放和创新，建设一个更具深度广度、安全稳健、与大国开放经济地位相适应、支持实体经济可持续发展的债券市场体系，助力形成融资功能完备、基础制度扎实、市场监管有效、投资者合法权益得到有效保护的多层次资本市场体系。外汇交易中心将继续以市场化为导向、以新时代为依托，勇于变革、勇于创新，坚持从满足市场成员需求出发，持续优化服务，夯实市场基础，完善市场制度和基础设施建设。

有序引入各类国际投资者

随着人民币国际化水平提升、银行间债券市场对外开放进程推进，国际投资者不断壮大。国际投资者从 2016 年的 300 多家发展到了现在的 1 100 多家。包括境外央行和货币当局、国际金融组织、主权财富基金、商业银行、保险公司、证券公司等各类金融机构发行的投资产品，以及养老基金、慈善基金等在内的中长期国际投资者，都已陆续进入中国银行间债券市场。2018 年，彭博宣布将人民币计价的中国国债和政策性银行债券纳入彭博巴克莱全球综合指数，也反映了业界对中国开放金融市场、便利国际投资者参与的认可，这将为中国债券市场引入更多的国际投资者。下一步，我们还将增加市场推广，加强市场调研，了解国际投资者的需求，以进一步优化交易机制，简化开户流程，吸引更多的国际投资者进入银行间债券市场。

进一步丰富并完善产品序列

在中国人民银行 2016 年 3 号公告发布后，国际投资者投资银行间债券市场的各类产品在政策上已经没有障碍，但相关配套设施还有待进一步完善，相关制度安排也有待与国际接轨。因此，在实际交易中，除现券和回购业务以外，国际投资者在其他产品中的参与程度还较低。在加快金融市场开放的过程中，人民币资产对全球投资者的吸引力不断增强，境外机构在银行间市场的参与度持续提高，陆续有境外机构投资者提出开展回购、衍生品等交易的需求。下一步，我们将加快研究债券通渠道下的回购和衍生品的交易机制，进一步丰富市场主体的投融资工具。

加强与国际金融基础设施合作，完善服务序列

国际场外市场起步时间较早、发展时间较长，形成了较为成熟的市场机制，服务序列也已较为完善。许多国际投资者已针对目前使用的内部管理系统、交易平台和交易后处理平台等建立了完善的内控合规机制，形成了较为成熟的交易流程和交易习惯。通过加深与国际金融基础设施的合作，可以简化国际投资者进入国内债券市场所需的合规成本和时间成本。下一步，可研究推动境内基础设施与其他地区和国家基础设施的互联互通，扩大覆盖的范围，为中国债券市场对外开放和人民币国际化的战略夯实基础。

稳步提高债券市场双向开放水平

2018 开年以来，中国监管部门针对金融市场对外开放已经作了相应部署。中国人民银行在 2018 年工作会议上指出，要扩大债券市场双向开放，稳步推进人民币国际化，在中国发展高层论坛 2018 年会上指出，未来还要提升金融市场的双向开放程度。为落实有关要求，中国人民银行先后扩大了合格境内机构投资者（QDII）额度，更新完善了人民币合格境内机构投资者（RQDII）、QFII 和 RQFII 制度，发布《全国银行间债券市场境外机构债券发行管理暂行办法》，促进相关制度规则与国际接轨，为合格的境内外投资者投资境内外市场提供便利，这对于中国债券市场双向开放有重要意义。为配合中国人民银行的有关部署，下一步，外汇交易中心将继续研究"债券通"等互联互通机制，不断完善相关交易机制，稳步提高债券市场双向开放水平。

02

本币驱动的金融开放及其政策含义
——兼论人民币国际化的阶段性和下一步重点

周诚君

中国人民银行研究所研究员

CF40 特邀成员

对外经贸大学兼职教授、博士生导师

本章导读

下一步中国内地金融开放的重点将在金融账户开放和资本项目可兑换，以及相应的资金跨境流动管理方面。对此，过去传统上主要着眼于外汇管理及放松管制。在人民币国际化加快推进背景下，有必要明确人民币国际化的阶段性和下一步重点，厘清进一步深化金融开放过程中本币和外币所发挥作用的区别，推进本币驱动的金融开放，并在制度安排、政策设计、外汇市场模式选择、金融基础设施建设等方面进行相应的改革创新。

下一步金融开放的重点是
金融账户开放和资本项目可兑换

按照世界贸易组织（WTO）的一般框架，服务业对外开放主要有四种形态，即商业存在、跨境交付、自然人移动、跨境消费。从金融开放角度来说，自然人移动在金融领域普遍存在，但总体而言规模相对较小；商业存在形式的对外开放相对比较简单，主要涉及对外资金融机构的市场准入；跨境消费和跨境交付形式的金融开放相对比较复杂，不仅涉及市场、产品和交易的准入，还更多地涉及跨境资金流动以及资本和金融账户开放问题，同时还涉及相关的账户开立、资产托管、交易结算等基础设施安排，无论是宏观影响，还是行业和社会关注度，都更为广泛和显著。

2018年博鳌论坛期间，内地对外宣布深化金融开放的一系列政策措施的落实，商业存在领域的金融开放应该说已达到了较高水平，今后内地金融开放的重点和难点领域将主要集中在跨境消费和跨境交付领域。鉴于在贸易和直接投资领域，内地已基本实现可兑换，因此，跨境消费和跨境交付领域的金融开放主要集中于金融账户开放和资本项目可兑换方面。从金融双向开放的角度看，这不仅涉及国内金融市场对境外非居民投资者的开放和相应的跨境资金流入，也涉及允许境内居民投资者持有和交易境外金融资产，以及相应产生的资金跨境流出。

金融开放与人民币国际化进程紧密联系在一起，这也是中国金融开放区别于其他多数新兴经济体的一个重要特征和政策背景。从人民币国际化的角度看，2009 年以来人民币国际化取得了非常显著的进展，2016 年人民币也被纳入国际货币基金组织特别提款权（SDR）货币篮子。总体看，人民币已经从过去的国际贸易结算货币逐步发展为国际投资和储备货币，并正在进一步朝国际金融交易货币方向演进。但也要认识到，经过过去几年的快速发展，特别是 2015年"8·11"汇改以来，国内外经济金融形势发生了深刻变化，人民币结束了过去十多年长期升值的趋势，跨境资本流动格局和管理都发生了显著变化。因此人民币国际化的动力、逻辑、发展重点和相应的政策框架都可能需要随之调整，在继续推进经常项目、直接投资等基于"实需"原则的跨境人民币使用的同时，应更多地把重点投向往往带有"无因"特点的金融账户和资本项目交易领域。

金融账户开放和资本项目可兑换
中的币种选择问题

在内地金融开放实践中，跨境资金流动长期以美元等国际可兑换货币为主，即使是 2009 年实现人民币跨境贸易结算并逐步明确推进人民币国际化以来，美元等国际货币仍然在跨境资金流动中占据绝对主导地位。在政策设计和安排上，过去针对跨境资金流动的开放政策主要集中于外汇管理领域，通过不断放松外汇管制和监督管理，促进跨境贸易投资便利化。人民币在跨境贸易投资中的使用，虽然在开放理念上从一开始就更多地按市场化、便利化原则推进，但很大程度上还是以外汇管理的制度框架为参照系，并一直受到外汇管理制度和政策操作的影响和制约。尤其是近年来，跨境人民币政策和外币监管政策有趋同的趋势。

在进一步深化金融开放过程中，金融账户开放和资本项目可兑换是针对本币还是针对外币？或者更具体地说，与金融开放相关的跨境资金流动以本币为主还是以其他国际货币为主来实现？理论上说，在开放和市场化条件下，跨境资金流动的币种由市场主体自主选择。从国际经验看，发展中国家和新兴经济体经济金融开放过程中，跨境资金流动主要由可自由兑换的国际货币实现。迄今为止，国际上还没有一个发展中国家或新兴经济体在对外开放过程中，成功实现本币替代国际货币成为跨境资金流动主要币种的先例。之所以提出这个问题，是因为内地金融开放进程同时伴随着人民币国际化快速推进的过程。

在发展中国家和新兴市场金融开放过程中，由于本币不具备国际货币条件，因此与金融账户开放相关的跨境资金流动主要都由国际货币主导。虽然其中部分国家比较成功地实现了金融开放，但外币主导的大规模跨境资金流动对本国经济金融稳定也产生了较大冲击或风险隐患，甚至引发了大规模经济金融危机，近年阿根廷发生的经济和货币危机就是典型的例子。

外币主导的跨境资金流动之所以有潜在风险，容易诱发危机，主要原因包括：一是币种错配，尤其是大量短期外债和投机性非居民投资以外币计价，导致大规模汇率风险和流动性风险；二是市场冲击，大规模资金跨境流动由外币实现，意味着本币和外币的兑换和交易环节主要都在国内金融市场完成，容易对国内市场和本币汇率形成巨大冲击，导致汇率大幅异常波动；三是清算和结算受制于人，由于外币非本国央行发行，因此在其价格和流动性上，本国货币当局都无法进行有效的干预和管理，往往不得不借助外汇管制或其他外汇管理手段；四是影响货币政策独立性，无论是大规模外汇资金跨境流动并在国内市场兑换交易，还是中央银行为了维护本币汇率目标在外汇市场吞吐外汇，都将对国内货币供应量产生较大影响。

而如果跨境资金流动以本币为主，则上述问题将得到大大缓解：一是若短期外债和非居民金融投资以本币计价结算，将基本不存在币种错配问题；二是大规模跨境资金流动若以本币为主，意味着其兑换环节将主要发生在离岸，不会对在岸外汇市场产生直接冲击；三是本币由本国央行发行，在其价格决定（利率）和流动性供应方面，本国央行通常能发挥决定性作用，其清算最终由在岸金融基础设施实现和完成，可保持充分控制力；四是所有境外本币最终都必须在境内完成清算，本币结算资金的跨境流出入不会导致国内货币供应总量的变化，充其量只改变国内货币供应结构，因此可在真正意义上使得国内货币政策摆脱跨境资金流动和传统外汇管理的影响，大大增强货币政策独立性。

进一步推进本币驱动的金融开放

综上，建议推进本币驱动的对外开放，即在推进金融账户开放和资本项目可兑换过程中，强调本币优先、实现本币驱动。一方面，加快推进人民币国际化，使人民币国际化本身成为金融开放的重要推动力量；另一方面，在金融账户开放和资本项目可兑换相关的跨境资金流动中，推动实现人民币占据越来越高的比重，并逐步成为跨境资金流动的主要币种。

第一，人民币国际化的快速推进大大加快了内地金融开放进程，同时也为本币驱动的金融开放提供了条件。人民币国际化的推进过程，实际上也是解除国际经济金融活动中对本币的歧视和不合理制约的过程；尤其是人民币成功加入 SDR 的过程，更是推动内地金融体系与国际规则、国际标准接轨的过程，这个过程显著推动了内地金融体系标准的提升和开放程度。

第二，人民币国际化的不断推进，特别是人民币成为 SDR 篮子货币后，人民币在国际市场的接受程度大大提高，使得经常项目和资本项目跨境资金结算中人民币的占比越来越高，为跨境资金流动实现以本币为主创造了条件。

第三，从对跨境资金流动实施宏观审慎管理和风险防范角度看，本币由本国央行发行和管理，跨境资金流动以本币为主更有助于防范风险，并保持中央银行在调控中的独立性，因此应对本币和外币在跨境资金流动中的作用区别对待，实施不同的管理规则。一方面，强调本币优先，通过相关的制度设计和安排，鼓励和推动人民币在跨境资金流动中不断提高比例，最终实现跨境资金流动以本币为主。另一方面，鉴于外币本来就非本国央行发行，央行实施外汇管理的难度较大、成本较高，对外汇储备和外汇跨境资金流动则需要保持一定的管制框架，对大规模外汇资金跨境流动进行必要的干预和管理，提高使用外币的交易成本和摩擦系数，还原外汇作为一国储备资产的本来含义，同时引导市场主体在跨境资金流动中更多选择本币。

人民币国际化的阶段性和下一步重点

金融账户开放和资本项下跨境资金流动以本币为主与人民币国际化的阶段性和下一步重点有密切内在联系。早期，人民币国际化主要是跨境贸易结算驱动，得益于内地加入 WTO 以后国际贸易的飞速发展、大量贸易盈余积累，以及人民币在较长时期内保持升值趋势。人民币在较短时间内成为国际贸易结算货币，境外人民币主要以存款形式持有和回流。

随着境外人民币使用量的增加和内地金融市场对非居民投资者的不断开放，人民币资产的较高收益率开始对境外市场主体产生吸引力，特别是人民币加入 SDR 后，理论上人民币已经成为国际货币基金组织所界定的"可自由使用货币"和官方储备货币，包括外国货币当局在内的越来越多的境外投资者开始接受、投资和持有人民币资产，人民币更多地通过跨境金融投资的形式持有和回流，其规模也明显增加。从人民币国际化的阶段性看，人民币已经从早期的国际贸易货币逐步发展为国际投资和储备货币。这确实反映了近年来内地金融开放和市场化所取得的显著进展，以及国际社会的认同，但也要认识到，人民币成为国际投资储备货币并不意味着人民币国际化臻于完善、大功告成，人民币国际化还有更高的台阶要上。

一旦人民币成为国际投资储备货币，就必然会产生对人民币资产流动性、期限和汇率风险等方面的交易和管理需求，相应地，就必然要求在境内外有一个发达的人民币及其外汇市场，为国际投资者提供各种人民币及外汇交易产品和工具（包括衍生品），以解决流动性管理、套期保值和其他各种风险规避和管理的要求。否则，人民币作为国际投资储备货币的基础是不牢固的，特别是在人民币结束单边升值走向和人民币汇率灵活性、波动性不断加强的情况下，如果没有一个成熟发达的人民币及其外汇市场，就很难为国际投资者真正解决投资、持有人民币资产的后顾之忧。从人民币国际化的阶段性看，这实际上意味着人民币将从国际投资储备货币进一步发展为国际金融交易货币，意味着一个庞大的人民币及人民币外汇市场也需要随之建立。从这个角度而言，下一步人民币国际化的重点是加快金融账户开放和资本项目可兑换，推动建立一个不断完善、充分发展的境内外人民币及其外汇市场，使人民币真正成为国际金融交易货币。

从统计数据看，作为国际贸易结算货币，2018 年 7 月，人民币在内地跨境结算中的占比约为 31%，在全球跨境结算中的份额约为 2.04%，位列美元、欧元、英镑、日元之后成为第五大国际结算货币[1]。作为国际投资和储备货币，截至 2018 年第一季度末，人民币储备资产约占全球官方储备的 1.39%，位列全球第七位[2]；境外投资者持有人民币资产中，人民币股票市值约占国内市值的 2.6%，人民币债券持有量约占国内债券市场总托管余额的 2%[3]。在国际金融交易方面，可按全球外汇市场交易量予以简单衡量，全球人民币日均外汇交易量占全球日均外汇交易总量的 4% 左右，位列全球第八位[4]。

政策含义和相关建议

人民币可自由使用性和国际信心

从上述分析可见，内地金融开放和国际化过程，一是人民币国际化的阶段性演进过程，人民币从早期作为国际贸易结算货币逐步发展为国际投资储备货币，到最终发展成为国际金融交易货币。二是逐步实现金融账户开放和资本项目可兑换的过程，境外投资者广泛持有和交易人民币资产，国内投资者则被允许投资和持有国际货币和资产。三是境内外人民币及其外汇市场繁荣发展、开放互联的过程。在此过程中，引导跨境资金更多地通过人民币形式实现，意味着各类经常项目和资本项目下，境内外市场交易主体越来越多地用人民币进行计价、结算和跨境汇划；同时还意味着境外市场有足够的人民币流动性，这些流动性可以通过经常项目下的对外支付汇划实现，亦可通过资本项目下境内市场主体的对外投资和其他相关金融活动实现，但前提都是境外市场主体按其意

---

① 资料来源：Swift。

② 资料来源：国际货币基金组织。

③ 资料来源：中国人民银行。

④ 资料来源：国际清算银行。

愿在上述过程中接受并持有人民币及人民币资产。从这个意义上说，进一步提升人民币的国际可自由使用性和国际市场主体对人民币的信心，是推进人民币国际化下一步工作的另外一个重点，也是推进金融深化开放过程中以本币为主实现跨境资金流动的关键。

总体看，不管是人民币在汇率形成机制的灵活性、在金融账户和资本项目的可兑换程度，还是内地金融市场及其基础设施的发展水平、国际化程度，与发达成熟市场及其国际货币相比，都还有很大差距。尤其是随着金融开放的加深，金融账户和资本项目交易中有相当部分是基于市场主体预期变化或风险管理需要，甚至是投机需要，往往带有"无因"性、交易量大、交易频繁，因此人民币在国际金融交易中的可自由使用程度及其便利性，将很大程度上影响国际投资者接受和持有人民币资产的程度，以及人民币下一步向国际金融交易货币发展的进程。这意味着，下一步要重点深入研究在金融账户和资本项目交易下提升人民币可使用性的各方面障碍，对照国际规则，进一步推动改革开放和标准提升，全面提升人民币可自由使用性。

从维护信心的角度看，金融当局要保持政策的前瞻性、连续性。一方面，关于金融开放、人民币国际化的政策哪怕是逐步向国际标准靠拢，但也应保持稳定、透明、可预期，避免受到短期因素的太多干扰，或者被纳入短期调控政策而频繁调整，甚至在方向上出现摇摆。另一方面，在相关制度安排、发展模式、基础设施建设等方面，要在充分研究论证的基础上，有长远眼光和前瞻性考虑，形成清晰的思路和顶层设计，确保在技术、标准、规则等方面与国际接轨，相应的能力建设和服务水平具有国际竞争力。

人民币外汇市场的发展方向和模式选择

当前，人民币正从早期作为国际贸易结算货币逐步发展为国际投资储备货币。要更好地吸引国际投资者投资、持有人民币资产，亟须解决境外非居民持有人民币资产的风险管理和对冲问题，因此国际投资者需要一个有深度、交易活跃、流动性充分的人民币及其外汇市场，为非居民持有人民币资产提供期限、流动性和风险管理工具。这个市场包括人民币货币市场、资本市场和外汇市场，以及相应的衍生品市场，而且这个市场在准入、交易、税收及其他监督管理等方面要与国际规则充分对接，满足国际投资者的需要。

同时，伴随着人民币国际化、内地金融账户开放和资本项目可兑换的不断推进，本币驱动的金融开放意味着跨境支付结算和资金流动将主要以人民币为主，境内对外汇的兑换及交易需求将随着人民币的广泛跨国使用而不断减少，与跨境资金流动相关的本外币兑换和交易环节主要将发生在离岸市场。因此，离岸人民币及其外汇市场将蓬勃发展。

客观上说，离岸人民币市场一旦发展并成熟起来，其交易成本、交易活跃度和效率在多数情况下将优于境内外汇市场，不管是境内居民投资者还是境外非居民投资者，将更倾向于选择在离岸市场上进行兑换、交易和管理操作。因此，在人民币国际化和金融开放条件下，未来人民币外汇市场很有可能将呈现离岸市场为主、离岸市场比在岸市场发达的格局。实际上，这也是现有国际货币的普遍规律。

上述情形意味着，一方面要更加积极开放地对待离岸人民币市场发展，在政策上鼓励境内居民投资者和境外非居民投资者更多地使用人民币实现跨境资金流动，把兑换和交易环节更多地放在离岸市场，更好地促进离岸市场发展；另一方面，要加快国内外汇市场开放，打通境内外人民币外汇市场，同时允许、支持和鼓励国内金融机构广泛参与境外外汇市场交易，增强业务能力和国际竞争力，为今后人民币离岸市场培养主力军。

人民币汇率形成机制和货币政策框架转变

人民币外汇市场以离岸市场为主，意味着人民币汇率形成也将以离岸市场为主。一方面，离岸市场在交易规模、活跃度、市场深度、广度，以及价格形成的有效性等方面都将大大超过在岸市场，离岸市场形成的人民币汇率将更加具有均衡汇率的性质。另一方面，随着金融账户开放和资本项目可兑换的推进，在岸外汇市场和离岸外汇市场最终将被打通，在岸人民币和离岸人民币之间的价差将大大缩小，甚至为零，最多只反映境内对外汇跨境流动进行必要管理的交易成本。这时，人民币汇率实际上成为自由市场汇率，真正实现了市场均衡和纯净浮动。

这也意味着内地货币政策框架的重塑。在这种情况下，汇率稳定将不再成为中国人民银行的政策目标或钳制。中国人民银行将更多地依赖利率工具，通过调整政策利率实现国内货币政策调控和人民币相对价格调整，从而引导跨境资本流动。此外，中国人民银行也可以通过其持有的外汇储备交易对人民币汇率进行市场干预，中国人民银行储备管理的目标也更为简单、清晰。从"三元悖论"的角度看，人民币最终将实现汇率纯净浮动、跨境资本自由流动、保持货币政策独立性的开放大国货币政策框架。

上述情形要求进一步加快利率市场化改革，形成从政策利率到市场利率的一套完整的利率调控和传导机制。同时，跨境资金自由流动并不意味着完全放任自由，要加快构建适应人民币国际化、跨境资金流动以本币为主、离岸人民币市场高度发达新格局下的宏观审慎管理机制，必要时通过更加符合市场化原则、规则清晰透明非歧视的宏观审慎政策工具，对跨境资金流动进行调控和干预。

金融基础设施的适应性顶层设计

人民币国际化和本币驱动的金融开放加快推进条件下，随着内地经济规模、对外贸易和投资的不断扩张，将呈现资本跨境自由流动极度活跃、大量非居民持有人民币资产和大量居民配置境外资产、离岸人民币市场高度发达的金融开放格局，人民币从早期的国际贸易结算货币发展到国际投资储备货币，最后进一步发展成为国际金融交易货币。相应地，对人民币在岸和离岸账户体系、跨境结算体系、人民币资产跨境托管交易结算体系、人民币衍生品市场交易结算体系，以及统计监测和长臂管辖等都将提出极高的要求，需尽早安排顶层设计。

上述情形意味着一些关于境内金融开放的基础设施架构和布局就有了比较清晰的方向。比如，在针对境外非居民投资境内人民币资产的托管、交易和结算方面，名义持有、多级托管将更有利于境外非居民投资和持有人民币资产，更有利于在离岸市场形成完整的人民币金融资产物权，并围绕这些人民币资产开发出更多的离岸人民币金融工具和衍生工具，从而使得境外非居民投资者可更好地进行人民币资产的期限管理、流动性管理和各种风险管理，相应地，离岸人民币市场也才能更为活跃、有效。

再如，除了现金，所有的离岸人民币资金最终都将存放在境内银行账户并得到最终结算。相应地，境内人民币账户体系也应为境外金融机构提供规则统一、账户开立简捷、资金管理密集高效的账户服务，也使得国内货币当局对境外主体持有的人民币存款能做到"一目了然"。这就要求从根本上改变目前境内本外币账户割裂和账户种类、规则过于复杂的局面，尽快构建全国统一、本外币合一的账户体系。

又如，未来人民币离岸市场高度发达，将存在大量人民币、人民币外汇及衍生品交易，因此，离岸人民币外汇及其衍生品交易、结算等在制度安排和基础设施布局上就应有全球眼光，并尽早着手。相应地，中央对手方、交易数据库、统计监测、长臂管辖等领域也应在法律、制度、规则和具体实施等方面开展充分的研究和准备。

注：本文部分内容曾刊发于《比较研究》，2018 年第 5 期。

03

"债券通":
中国债券市场的新起点与新进展

周荣芳
上海清算所总经理

本章导读

　　中国人民银行副行长潘功胜就"银行间市场创立 20 周年"主题接受媒体专访[①] 时表示，债券通"通过内地和香港双方金融市场基础设施的联通"，"这种方式是国际市场基本的组织方式，是银行间债券市场融入国际市场规则的体现，标志着银行间债券市场的开放进入了一个新的阶段"。他同时指出，"推进债券市场对外开放是我国构建市场化、开放型金融市场体系的必然要求"。由此，债券通既是中国债券市场对外开放的重要里程碑，更是中国债券市场体制改革的重要里程碑。

---

① 《专访潘功胜：银行间债券市场在改革创新中快速健康发展》，《金融时报》2017 年 8 月 31 日。

中国债券市场的基本框架

政策监管

中国债券市场主要包括银行间债券市场和交易所债券市场两个组成部分。目前，银行间债券市场主要由中国人民银行监管，交易所债券市场主要由中国证券监督管理委员会（以下简称中国证监会）监管。

中国人民银行目前对银行间债券市场的监管主要包括：一级市场上，中国人民银行直接负责金融类债券的发行监管，中国银行间市场交易商协会（NAFMII）作为行业自律组织，对非金融企业债务融资工具进行注册管理；二级市场上，中国人民银行对债券交易流通、登记托管、结算业务进行监管，建立做市商、结算代理人等制度；市场环境上，中国人民银行监管银行间债券市场的信用评级机构；基础设施上，中国人民银行监管银行间债券市场的交易、清算、托管结算基础设施机构，并实施《金融市场基础设施原则》（以下简称PFMI）国际标准。

与之相应，公司债券在交易所债券市场的发行、交易流通、结算，目前由中国证监会负责监管，部分工作由交易所具体承担，如借鉴注册制概念，小公募公司债券[①]由交易所进行预审核，非公开发行公司债券实施负面清单管理和备案制度等[②]。中国证监会同时负责交易所债券市场的信用评级机构监管，交易、清算、托管结算基础设施机构监管，并实施 PFMI 国际标准。

此外，财政部负责政府债券的发行管理；国家发展和改革委员会负责企业债券的发行管理；中国银行保险监督管理委员会（以下简称银保监会）负责辖内金融机构发行债券的相关业务管理。

合格投资者

各类型机构法人、金融机构发行管理的非法人投资产品、个人投资者均可参与中国债券市场。其中，个人投资者可参与银行间债券市场柜台债券业务以及交易所债券市场。除柜台债券业务之外的银行间债券市场只能让机构投资者（含法人机构和非法人产品）参与。截至 2018 年 10 月末，银行间债券市场的投资者约为 2 万家。

银行间债券市场投资者适当性管理

金融机构投资者包括商业银行、信托公司、企业集团财务公司、证券公司、基金管理公司、期货公司、保险公司等经金融监管部门许可的金融机构，具体应符合以下条件：在中华人民共和国境内依法设立；具有健全的公司治理

---

① 即面向合格投资者的公开发行公司债券。

② 刘绍统：《交易所债券市场展望》，《中国金融》2017 年第 17 期。

结构、完善的内部控制、风险管理机制；债券投资资金来源合法合规；具有熟悉银行间债券市场的专业人员；具有相应的风险识别和承担能力，知悉并自行承担债券投资风险；业务经营合法合规，最近3年未因债券业务发生重大违法违规行为；中国人民银行要求的其他条件[①]。

金融机构发行的各类非法人产品投资者包括证券投资基金、银行理财产品、信托计划、保险产品，以及经中国证券投资基金业协会备案的私募投资基金、住房公积金、社会保障基金、企业年金、养老基金、慈善基金等，具体应符合以下条件：产品设立符合有关法律法规和行业监管规定，并已依法在有关管理部门或其授权的行业自律组织获得批准或完成备案；产品已委托具有托管资格的金融机构（以下简称托管人）进行独立托管，托管人对委托人资金实行分账管理、单独核算；产品的管理人获金融监管部门许可，具有资产管理业务资格。对于经行业自律组织登记的私募基金管理人，其净资产不低于人民币1 000万元，资产管理实缴规模处于行业前列；产品的管理人和托管人具有健全的公司治理结构、完善的内部控制、风险管理机制以及相关专业人员；产品的管理人和托管人业务经营合法合规，最近3年未因债券业务发生重大违法违规行为；中国人民银行要求的其他条件[②]。

非金融机构进入银行间债券市场，应通过非金融机构合格投资人交易平台（北京金融资产交易平台）与银行间债券市场做市商开展债券交易，具体应符合以下条件：依法成立的法人机构或合伙企业等组织，业务经营合法合规，持续经营不少于1年；净资产不低于人民币3 000万元；具备相应的债券投资业务制度及岗位，所配备工作人员应参加银行间市场交易商协会及银行间市场中

---

① 《关于进一步做好合格机构投资者进入银行间债券市场有关事项的公告》，中国人民银行公告〔2016〕第8号。

② 《关于进一步做好合格机构投资者进入银行间债券市场有关事项的公告》，中国人民银行公告〔2016〕第8号。

介机构组织的相关培训并获得相应的资格证书；最近 1 年未发生违法和重大违规行为；中国人民银行要求的其他条件①。

金融机构、金融机构发行的各类非法人产品进入银行间债券市场应按规定通过电子化方式向中国人民银行上海总部备案，在中国人民银行认可的登记托管结算机构和交易平台办理开户、联网手续；非金融机构进入银行间债券市场应向交易商协会备案，在北京金融资产交易所、中国人民银行认可的登记托管结算机构办理开户、联网手续。

银行间债券市场债券柜台业务投资者适当性管理

符合以下条件的投资者可投资债券柜台业务的全部债券品种，间接参与银行间债券市场，不满足以下条件的投资者只能买卖发行人主体评级或者债项评级较低者不低于 AAA 的债券：国务院及其金融行政管理部门批准设立的金融机构；依法在有关管理部门或者其授权的行业自律组织完成登记，所持有或者管理的金融资产净值不低于人民币 1 000 万元的投资公司或者其他投资管理机构；上述金融机构、投资公司或者投资管理机构管理的理财产品、证券投资基金和其他投资性计划；净资产不低于人民币 1 000 万元的企业；年收入不低于人民币 50 万元，名下金融资产不少于人民币 300 万元，具有 2 年以上证券投资经验的个人投资者；符合中国人民银行其他规定并经开办机构认可的机构或个人投资者②。

债券柜台业务投资者申请在开办机构开立账户后，即可通过双边报价、请

---

① 《中国人民银行金融市场司关于非金融机构合格投资人进入银行间债券市场有关事项的通知》，银市场〔2014〕35 号。

② 《全国银行间债券市场柜台业务管理办法》，中国人民银行公告〔2016〕第 2 号。

求报价等方式与开办机构开展债券交易，开办机构还可代理投资者与银行间债券市场其他投资者开展债券交易。

交易所债券市场投资者适当性管理

符合以下条件的投资者为合格投资者，可认购及买卖交易所债券市场的全部债券。其中，债券信用评级在 AAA 以下（不含 AAA）的公司债券、企业债券（不包括公开发行的可转换公司债券），非公开发行的公司债券、企业债券，以及资产支持证券等，仅限合格投资者中的机构投资者认购及交易：经有关金融监管部门批准设立的金融机构，经行业协会备案或者登记的证券公司子公司、期货公司子公司、私募基金管理人及上述机构面向投资者发行的理财产品；社会保障基金、企业年金等养老基金，慈善基金等社会公益基金，合格境外机构投资者（QFII），人民币合格境外机构投资者（RQFII）；最近 1 年末净资产不低于人民币 2 000 万元，最近 1 年末金融资产不低于人民币 1 000 万元，具有 2 年以上证券、基金、期货、黄金、外汇等投资经历的法人或其他组织；申请资格认定前 20 个交易日名下金融资产日均不低于人民币 500 万元，或者最近 3 年个人年均收入不低于人民币 50 万元，具有 2 年以上证券、基金、期货、黄金、外汇等投资经历或其他相关工作经历的个人；中国证监会和交易所认可的其他投资者[①]。

不符合上述条件的投资者为公众投资者，可认购及买卖国债、地方政府债券、政策性银行金融债券、公开发行的可转换公司债券，符合《公司债券发行与交易管理办法》和沪深交易所《公司债券上市规则》规定条件且面向公众投资者公开发行的公司债券等。

---

① 《上海证券交易所债券市场投资者适当性管理办法》，上证发〔2017〕36 号；《深圳证券交易所债券市场投资者适当性管理办法》，深证上〔2017〕404 号。

债券产品

中国债券市场主要包括政府债券、金融债券、非金融企业信用债券、同业存单、资产支持证券等品种，分别托管在中央国债登记结算有限责任公司（以下简称国债公司）、银行间市场清算所股份有限公司（以下简称上海清算所）和中国证券登记结算有限责任公司（以下简称中证登）。其中，国债公司主要托管政府债券、金融债券和企业债券；上海清算所主要托管非金融企业债券融资工具、同业存单；中证登主要托管公司债券。此外，国债公司和中证登在政府债券、企业债券产品上有总、分托管的合作；上海清算所和中证登在金融债券上逐步拓展。鉴于创新产品，特别是非金融企业信用债券创新产品，多集中在上海清算所，表3-1重点介绍上海清算所的托管产品。

表 3-1 　　　　　　　　　　　　上海清算所托管的创新金融产品

品种	期限	发行人条件	募集资金用途	特征
超短期融资券	270天以内，鼓励短期	除国家限制性产业外，原则上都可申请发行	用于募集说明书中明确表述的用途	可滚动发行
短期融资券	1年以内，1年为主			—
中期票据				—
非公开定向债务融资工具	1年以上，3—5年为主			无净资产40%的约束，特定对象发行，流动性偏低，定向披露信息
中小企业集合票据				统一产品设计、统一券种冠名、统一信用增进、统一注册发行
区域集优中小企业集合票据				
项目收益票据	取决于项目周期，一般较长		用于募集说明书明确表述的项目用途，主要用于市政设施建设等	募集资金与项目匹配，发行主体与地方政府隔离，使用者付费

续表 3-1

品种	期限	发行人条件	募集资金用途	特征
证券公司短期融资券	91 天以内	达到证监会分类管理相关要求的证券公司	流动性需求，不得用于投资股票、对客户融资等	—
资产支持票据	与基础资产存续期限相匹配	发起机构或发行载体，发行载体可以为特定目的信托、特定目的公司或者交易商协会认可的其他特定目的载体	购买基础资产	证券化产品，基础资产有稳定现金流，风险隔离，盘活存量资产
资产支持证券	与基础资产存续期限相匹配	特殊目的载体		
资产管理公司金融债	1 年以上	符合资本充足要求和监管指标	—	
同业存单	1 个月到 1 年，共 5 个品种	银行业存款类金融机构	—	货币市场工具，推动利率市场化
信用风险缓释凭证	取决于标的资产	符合交易商协会规定的创设机构	—	风险对冲工具
大额存单（总量登记）	1 个月到 5 年，共 9 个品种	银行业存款类金融机构	—	银行存款类金融产品，属一般性存款
绿色债务融资工具	期限结构灵活	具有法人资格的非金融企业	专项用于环境改善、应对气候变化等绿色项目的债务融资工具	—
特别提款权计价债券	期限结构灵活	经中国人民银行批准的机构	可用于发行人一般运营用途，或发行集团在境外的一般业务	特别提款权计价
信用联结票据	与参考债务存续期限相匹配	经交易商协会批准的创设机构	用于募集说明书明确的投资范围	风险对冲工具，创设机构可自主设计产品业务模式
"债券通"债券	期限结构灵活	除国家限制性产业外，原则上都可申请发行		"债券通"境外投资人可参与一级市场分销、认购和二级市场交易
政策性金融债	1 年以上，3—5 年为主	政策性银行		—
熊猫债	期限结构灵活	境外机构		境外机构在中国大陆地区发行的以人民币计价的债券

资料来源：上海清算所，2018 年 10 月。

交易结算安排

交易安排

银行间债券市场和交易所债券市场采用不同的交易机制。银行间债券市场以"自主报价、一对一谈判"报价驱动制的交易方式为主，符合国际通行的场外交易的基本特征。按流动性提供方的不同，可进一步分为询价交易与做市商制度两类机制。其中，根据相关规定，有些投资者仅能与做市商达成交易。例如，非金融机构合格投资人，以及经中国人民银行同意的其他机构投资人，仅能在非金融机构合格投资人交易系统与做市商进行债券交易。债券交易按照价格优先、时间优先的原则点击成交。投资人不得在交易平台外进行交易，投资人之间也不得进行交易[①]。信托产品、证券公司资产管理计划、基金管理公司及其子公司特定客户资产管理计划以及保险资产管理公司资产管理产品等四类非法人投资者和农村金融机构，可与做市商以双边报价和请求报价的方式达成交易[②]。近年来银行间市场债券交易也引入了指令驱动的交易制度，按价格优先、时间优先的规则撮合双边交易，例如中国外汇交易中心的 X 系列平台业务。

交易所市场的交易模式主要是以"竞价撮合、时间优先、价格优先"为特征的指令驱动方式。针对交易所市场内机构投资者的大宗交易需求，上海证券交易所和深圳证券交易所分别设立了固定收益证券综合电子平台和综合协议交易平台，实际上是在交易所市场引入了场外交易模式。

[①] 《非金融机构合格投资人交易平台债券交易业务指引（试行）》，中国银行间市场交易商协会 2014 年 8 月 11 日发布。

[②] 《中国人民银行金融市场司关于做好部分合格机构投资者进入银行间债券市场有关工作的通知》，银市场〔2014〕43 号。

结算安排

银行间债券市场在上海清算所成立后，引入中央对手净额清算制度，目前全额清算和净额清算机制并存，净额清算机制根据市场机构自主选择，应用于在上海清算所托管债券的交易中。

交易所债券市场按照债券种类提供净额轧差清算以及全额逐笔结算服务，国债、地方债券、大公募公司债券①（企业债券）、可转债、高等级小公募公司债券、分离债、金融债券等，实行净额担保清算，债券 T+0 交收，资金 T+1 交收；低等级小公募公司债券（企业债券）、保险公司债、资产支持证券、私募债等，实行全额逐笔清算，债券和资金用券款对付（DVP）方式交收。

全额清算及交收

银行间债券市场的全额逐笔结算业务中，债券登记托管结算机构从中国外汇交易中心统一接收成交数据，并将成交数据推送至结算双方进行确认。成交数据确认后，债券登记托管结算机构生成结算指令，并据此结算。中国人民银行公告〔2013〕第 12 号对银行间市场债券交易的结算提出了具体要求。按照公告，除中国人民银行另有规定，银行间债券市场参与者进行债券交易，均采用 DVP 方式办理债券和资金结算，债券和资金同步进行交收并互为条件。银行间市场债券交易的双边逐笔结算中，债券和资金在结算中不需轧差，均为逐笔实时结算，属于国际清算银行（BIS）规定的 DVP 结算"模式一"。

债券结算方面，对于境内投资人，其均应通过开立在债券登记托管结算机构的持有人账户开展结算；对于境外投资人，其既可以选择直接入市方式，以其开立在债券登记托管结算机构的持有人账户参与结算，也可以选择"债券

---

① 即面向公众投资者的公开发行公司债券。

通"，依托多级托管模式、通过香港金融管理局（以下简称金管局）债务工具中央结算系统（CMU）的名义持有人账户进行结算。资金结算方面，境内投资人及通过直接入市方式参与银行间债券市场的境外投资人，有以下两种资金结算路径可以选择：一是通过其自身在中国人民银行大额支付系统的资金清算账户（如有）进行资金结算；二是通过其开立在债券登记托管结算机构的资金结算专户进行资金结算，并应在结算前保证资金结算专户内有足额的资金头寸。若境外投资人通过"债券通"参与银行间债券市场，则应通过人民币跨境支付系统（CIPS）开展资金结算。

境内投资人及直接入市的境外投资人参与银行间市场债券交易的 DVP 结算流程如下：债券登记托管结算机构检查卖方持有人账户标的债券余额，若债券足额，则冻结债券；若债券不足额，则结算处于"等券"状态。冻结债券后，债券登记托管结算机构根据投资人指定的资金结算路径，检查相关账户的资金头寸，若资金足额，则进行资金结算，并同时将冻结的债券从卖方持有人账户划转至买方持有人账户（现券、买断式回购、债券远期等），或将冻结的债券划转至卖方持有人账户的质押科目下（质押式回购）；若资金不足额，则结算处于"等款"状态。债券交易的结算一旦完成，不可撤销。若日终结算仍处于"等券"或"等款"状态，则债券登记托管结算机构判定结算失败。

对于"债券通"业务，境内债券登记托管结算机构与 CIPS 建立实时、自动化联接办理结算，投资人可选择通过付款方发起结算、境内登记托管结算机构发起结算等两种方式发起结算。若采用付款方发起结算的方式，由付款方向 CIPS 提交结算指令，由 CIPS 转发至债券登记托管结算机构，并由付款方向债券登记托管结算机构确认后，通过 CIPS 与债券登记托管结算机构的联接办理 DVP 结算；若采用境内登记托管结算机构发起结算的方式，境内登记托管结算机构根据从交易平台接收、经结算双方确认的结算指令，直接发起并通过与 CIPS 的联接办理 DVP 结算。

净额清算及交收

银行间市场债券交易净额清算业务，由上海清算所作为中央对手清算机构介入债券交易的双方进行合约替代，继承交易双方所达成债券交易的权利和义务，成为买方的卖方和卖方的买方，按多边净额方式轧差计算各交易方应收和应付的债券头寸、资金头寸，各交易方根据上海清算所轧差后的净额结果，以净额的方式与上海清算所进行最终的 DVP 券款对付结算。上海清算所债券净额清算品种包括现券、质押式回购及买断式回购业务，并实行统一轧差。所有符合上海清算所清算参与者准入要求的机构投资人，包括法人机构及非法人类产品，均可参与上海清算所债券净额清算业务。

具体而言，符合上海清算所相关资质要求的银行间债券市场成员，可申请成为清算会员直接参与债券净额业务。清算会员分为综合清算会员及普通清算会员，非清算会员可通过综合清算会员间接参与债券净额业务。普通清算会员指仅为自身交易办理清算的清算会员；综合清算会员指既可为自身交易办理清算，也可接受非清算会员的委托代理其清算的清算会员。上海清算所债券净额清算系统（以下简称清算系统）实时接收成交数据，对选择净额清算的成交数据进行轧差处理。成交日（T 日）结算的成交数据于当日进行轧差处理，成交日次一工作日（T+1 日）结算的成交数据于 T+1 日进行轧差处理。清算系统对成交数据进行风控检查，对通过风控检查的成交数据，上海清算所将交易纳入债券净额处理，并承继应收或应付资金和应收或应付债券结算的权利和义务，此后该笔交易不可撤销，亦不可修改。在净额清算截止时点，上海清算所对相应所有债券交易按券种和资金分别进行最终轧差，计算各清算会员最终的应收或应付资金、应收或应付债券、应质押或应释放债券，并根据轧差结果形成清算通知单，发送至清算会员终端。在债券结算开始时点，上海清算所根据债券清算结果，对清算会员和非清算会员的所有应付、应质押债券进行锁定，已锁定的债券不可用于其他用途。应付、应质押债券不足的，列入排队等待处理；清算会员和非清算会员可通过债券借贷业务，补足相应的债券，上海清算所将协助清算会员和非清算会员办理债券借贷业务。在资金结算开始时点，上海清算所根据资金清算结果，分别向中国人民银行大额支付系统和上海清算所资金管理系统（以下简称资金系统）发送资金结算指令，将清算会员应付资金分别划付至上海清算所在中国人民银行大额支付系统开立的特许清算账户和在资金系统开立的清算资金账户。应付资金不足的，列入排队等待处理。清算会员可通过银行授信等方式补足相应的资金，上海清算所予以协助。在结算截止时点，上海清算所进行结算处理，完成债券和资金的交收。

中央对手净额清算机制的运用，有效提高了银行间市场债券交易的资金使用效率，解决了银行间市场交易对手授信、中小机构交易对手范围受限等问题。同时，在交易违约的情况下，完全由中央对手阻隔违约风险，解决了回购交易中信用债接受度低的问题，盘活了机构信用债资产，提高了市场流动性，降低了系统性风险。

投资者的风险管理

适应投资者对于利率、外汇、信用等风险管理日益增长的需求，中国人民银行、国家外汇管理局等积极推动银行间债券市场的相关机制建设和产品创新。

利率风险管理方面，现有远期利率协议、利率互换、债券远期、标准债券远期等工具可供使用。根据《远期利率协议业务管理规定》（中国人民银行公告〔2007〕第20号）和《中国人民银行关于开展人民币利率互换业务有关事宜的通知》（银发〔2008〕18号），全国银行间债券市场参与者中，具有做市商或结算代理业务资格的金融机构可与其他所有市场参与者进行远期利率协议交易和利率互换交易，其他金融机构可与所有金融机构进行出于自身需求的远期利率协议交易和利率互换交易，非金融机构只能与具有做市商或结算代理业务资格的金融机构进行以套期保值为目的的远期利率协议交易和利率互换交易。同时，根据《全国银行间债券市场债券远期交易管理规定》（中国人民银行公告〔2005〕第9号），进入全国银行间债券市场的机构投资者可参与远期交易。根据《全国银行间债券市场标准债券远期交易规则（试行）》（中汇交发〔2015〕124号），银行间债券市场成员可参与标准债券远期交易。

外汇风险管理方面，为便利银行间债券市场境外机构投资者管理外汇风险，国家外汇管理局于2017年2月24日发布了《国家外汇管理局关于银行间债券市场境外机构投资者外汇风险管理有关问题的通知》（汇发〔2017〕5号）。符合《中国人民银行公告〔2016〕第3号》规定的各类境外投资者，可以通过经国家外汇管理局批准具备代客人民币对外汇衍生品业务资格、且符合《中国人民银行公告〔2016〕第3号》规定的银行间市场结算代理人条件的境内金融机构，自主选择办理远期、外汇掉期、货币掉期和期权等《银行办理结售汇业务管理办法实施细则》（汇发〔2014〕53号）规定的人民币对外汇衍生品，在国内外汇市场已有的衍生品类型内不作交易品种限制。

信用风险管理方面，中国银行间市场交易商协会于2016年9月23日发布修订后的《银行间市场信用风险缓释工具试点业务规则》（以下简称《业务规则》）及相关产品指引，投资者可通过信用风险缓释合约、信用风险缓释凭证、信用违约互换、信用联结票据等工具进行信用风险管理。投资者应向交易商协会备案成为核心交易商或一般交易商。核心交易商为金融机构和合格信用增进机构等，一般交易商为非金融机构和非法人产品等。为推动风险缓释工具更广泛使用，2018年10月，中国银行间市场交易商协会简化信用风险缓释工具一般交易商备案流程，并扩充至所有金融机构。核心交易商可与所有参与者进行信用风险缓释工具交易，一般交易商只能与核心交易商进行信用风险缓释工具交易。

此外，国债期货也是债券市场重要的利率风险管理工具。2013 年 9 月，中国金融期货交易所正式上市国债期货，并先后推出了 5 年期、10 年期和 2 年期国债期货三个品种。

适应对外开放新形势的
中国债券市场进一步改革

截至 2018 年 9 月末，中国债券市场存量达人民币 83 万亿元，规模居全球第三，仅次于美国和日本，其中信用债余额位居全球第二、亚洲第一。但相比国际主要债券市场，以及中国经济发展特别是人民币国际化的实际需要，中国债券市场还有广阔成长空间，国际化程度亟待提高。2017 年年末，中国债券市场余额占国内生产总值（GDP）比例为 89.5%，而同期美国债券市场余额占 GDP 比例为 215.6%；境外投资者在中国债券市场投资的比例仅为 1.51%，该比例不仅落后于美国、日本等发达债券市场，也落后于很多新兴经济体。展望中国债券市场的未来，多项基础性制度改革，已经取得实质性进展。

积极推进债券市场的统一监管

中国债券市场改革的核心问题之一是统筹监管，其中最为突出的就是产品类型最为丰富、跨市场特征最为突出、服务实体经济转型升级最为直接的非金融企业信用类债券市场的统一监管。2012 年，经国务院同意，中国人民银行、国家发展和改革委员会以及中国证监会建立了公司信用类债券部际协调机制。公司信用类债券市场的统筹监管随后稳步推进，例如，在绿色债券产品创新中，2017 年，中国人民银行、中国证监会联合发布《绿色债券评估认证行为指引（暂行）》，提出由绿色债券标准委员会对绿色债券评估认证机构统筹实施自律管理。绿色债券标准委员会设定为在公司信用类债券部际协调机制下的绿色债券自律管理协调机制。又如，2018年，中国人民银行、中国证监会联合发布公告，推动银行间债券市场和交易所债券市场评级业务资质的逐步统一；鼓励同一实际控制人下不同的信用评级机构法人，通过兼并、重组等市场化方式进行整合，更好地聚集人才和技术资源，促进信用评级机构做大做强；加强对信用评级机构的监督管理和信用评级行业监管信息共享。

积极开展债券市场基础设施的互联互通

第五次全国金融工作会议明确提出了"加强金融基础设施的统筹监管和互联互通"的要求。中国债券市场三家登记托管结算基础设施机构在形成专业分工的基础上，互联互通已有初步探索。目前主要是中证登与国债公司之间在国债、企业债券等产品上的跨市场转托管业务，上海清算所与国债公司之间的跨机构债券借贷业务、上海清算所与国债公司均能支持中国人民银行中期借贷便利、常备借贷便利等货币政策操作的抵押品管理等。但目前的互联互通存在着手工操作环节较多、效率不高等问题。此外，债券登记托管结算机构与其他金融基础设施之间的互联互通也有初步探索，例如国债期货业务上可以使用国债作为国债期货的保证金、利率互换集中清算业务上可将债券用于冲抵初始保证金等。

债券登记托管结算基础设施互联互通总的趋势，是便利发行人、投资者在包括银行间债券市场、交易所债券市场在内的中国债券市场的一站式操作，是便利中国债券市场对外开放的一站式连通，是便利银行间债券市场、交易所债券市场的不同交易前台之间的相互连通，因此，还有很多工作需要加快推进。

不断满足债券市场的风险管理需求

目前，我国银行间债券市场对外开放在交易品种上主要是现券交易。直接入市模式下，境外投资者还未全面参与回购交易、衍生品交易；"债券通"模式下，回购交易和衍生品交易更是还未放开。

市场机构在进行非现货产品交易前，双方需要签订主协议，管理交易对手信用风险，设置授信额度，并在交易达成后管理种类繁多的抵押品。目前，境内外市场在具体业务操作过程中存在较大差异。例如，国际市场回购交易主要适用 GMRA（Global Master Repurchase Agreement）协议；衍生品交易适用 ISDA（International Swaps and Derivatives Association）协议；银行间市场回购交易和衍生品交易主要适用 NAFMII 协议。引入中央对手清算机制能有效地解决这方面可能存在的问题。目前，上海清算所作为中国人民银行认定的合格中央对手方，在美国、欧盟的合格中央对手方认证上都取得了积极进展，已向银行间市场提供包括债券现券、回购交易和利率互换、外汇期权等衍生品交易在内的多项中央对手清算服务，抵押品管理的服务也持续丰富。因此，可以在拓展境外投资者可参与业务品种的决策中，考虑充分利用这些有利的条件。

不断提高债券市场流动性

提升债券市场流动性，需要持续拓展参与主体数量、丰富参与主体类型，也需要在机制建设上进行及时创新。2018 年，中国人民银行发布公告，在银行间债券市场推出三方回购交易。银行间债券市场三方回购交易的推出，有利于市场参与者更加便利地开展回购业务，降低结算失败等风险，也有利于保证回购交易存续期间风险敞口得到有效覆盖，提升风险防控能力。银行间市场债券登记托管结算机构可作为第三方机构提供三方回购服务，未来具备相应能力的大型银行也可提供三方回购服务。在公司信用类债券品种上，中央对手清算模式的三方回购能够借助中央对手方机构集中统一管控交易对手方风险以及债券违约风险，因此更有优势。

持续开展债券市场的对外开放

"债券通"在中国债券市场对外开放上的战略意义，是创新引入了"多级托管""名义持有人"等制度安排，与国际债券市场运行惯例有效融合。目前，"债券通"模式在多个方面正在持续完善。

上海清算所服务"债券通"，主要开展了以下几项工作：

一是扎实落地多级托管和名义持有人制度。多级托管和名义持有人制度是"债券通"对外开放创新模式最为关键的一个顶层设计突破。上海清算所会同国际资本市场协会（ICMA）、亚洲证券业与金融市场协会（ASIFMA）等权威组织，以及律师事务所等专业机构，向境外投资者等相关方广泛深入解释相关制度内涵，也积极推动与境内有关规章、政策的对接。上海清算所通过与境外托管机构（即香港金管局 CMU）建立规范的境外投资者债券持有余额及变动明细的信息报送机制，严格落实中国人民银行对"债券通"业务境外投资者参与情况的穿透式监管要求。

二是进一步提升结算功能。上海清算所连接 CIPS，共同为"债券通"提供安全高效、全自动化的 DVP 结算服务。CIPS（二期）上线后，上海清算所已全面支持付款方发起、托管机构发起的 DVP 结算。"债券通"开通一年来，上海清算所处理的结算业务总量占比近 80%，一个重要原因就是 DVP 结算服务符合境外投资者对结算流程合规性、安全性的要求。此外，上海清算所通过系统升级，将结算周期从 T+0、T+1 拓展到 T+N，境外投资者对此给予充分肯定和高度评价。

三是优化面向发行人的服务。"债券通"业务推出后，境内发行人需要更多考虑境外投资者诉求，提升相应服务。在债券的产品识别问题上，上海清算所为服务发行人申请和配发国际证券识别编码（ISIN），针对企业发行人多、债券数量多的实际情况，设计推出发行人网站服务平台创新服务，目前托管的超过 2 万只债券已全面申请配发 ISIN。在税收代扣代缴功能问题上，上海清算所已提前开发税收代扣代缴的系统功能。

四是优化面向投资人的服务。上海清算所服务金融对外开放、人民币国际化，多方面提升投资人体验。为解决境外投资者参与中国债券市场的语言问题，上海清算所通过系统功能升级，2017 年年底已为境外投资人提供 100 多种中英文双语单据，发布境外投资者适用的业务规则英文版本，并制作一系列中英文双语介绍手册。针对香港强积金投资境外债券必须将其托管机构纳入香港积金局《核准中央证券寄存处名单》的要求，上海清算所主动向香港积金局申请，从提供材料到 2018 年 6 月正式纳入名单，历时半年多。自此，香港强积金投资上海清算所托管的债券不再受限。

五是通过国际合作，进一步丰富面向发行人和投资人的服务。发行人服务方面，上海清算所与卢森堡交易所探讨通过基础设施之间的跨境合作，依托其全球市场最大的绿色债券平台，为"债券通"债券发行提供国内外同步的信息披露服务。农业发展银行在上海清算所先后发行的三期"债券通"绿色金融债券，通过配套这一创新服务，有效提升了境外投资者的参与兴趣，"债券通"相应地也覆盖到了更多境外投资者。投资人服务方面，上海清算所在提供债券估值服务基础上，对外发布了中国信用债 AAA 级同业存单指数、中高等级短期融资券指数等一系列银行间债券指数。目前，上海清算所正在与境外商业机构、基础设施等开展广泛探讨，希望通过主动设计并营销推广以债券为标的的指数基金产品，为境外投资者参与中国债券市场提供更多跟踪指数的被动型投资新选择。

未来，在持续完善"债券通"基础上，应当引入更多基础设施互联互通，强化"一点接入"功能，使更多境外资源主动地为我所用。上海清算所与CMU在"债券通"的合作，是跨境托管结算基础设施互联互通的成功尝试。真正实现境外投资者通过基础设施互联互通"一点接入"中国债券市场，客观上需要引入更多基础设施互联互通，最大程度地满足不同国家和地区、不同类型境外投资者在不同监管条件下、以不同方式参与中国债券市场的差异化需求。"债券通"业务开通后，主要国际托管机构以及多个国家的托管机构纷纷主动接触上海清算所，希望探讨通过多样化的基础设施互联互通安排，更大程度为境外投资者参与中国债券市场提供便利。

第二部分

债券通：
境内外债券市场的互联互通

04

债券通：
境内外债券市场互联互通的发展与前景

吴 玮

债券通有限公司董事兼副总经理

本章导读

　　本文对境内外债券市场的互联互通模式（债券通）进行了深入研究，着重分析了债券通实现的政策突破和创新，对内地债券市场效率带来的正面作用及影响，以及未来实施的进一步开放。

中国债券市场大力开放背景下的债券通项目

中国债券市场自 1981 年发展至今，大致经历了柜台交易、交易所交易和以机构投资者为主要投资主体的银行间债券市场三个阶段，30 多年的积累已经具备了相当大的体量。截至 2018 年年底，中国债券市场余额为 86.4 万亿元人民币，总规模处于世界第三位，仅次于美国和日本。但从债券市场占 GDP 的比例来看，仍然远低于世界水平，例如，日本当前债券市场规模占 GDP 比例达到 276%，美国是 207%，中国的这一比例大约在 102%[①]，表明中国债券市场还有长远的、持久的发展潜力。

中国债券市场中，银行间市场占比超过 90%，具有绝对的主导地位。银行间债券市场成立于 1997 年，经过 20 多年发展，各方面都取得了不俗的成绩。从债券种类看，除了国债、地方政府债、政策性金融债之外，公司信用类债券快速发展，同时资产支持证券逐步扩大，为市场提供了多元化的投资选择；从交易工具看，既有现券买卖、回购和债券借贷，也有衍生性的债券远期、利率

[①] 截至 2018 年第一季度末，资料来源：国际清算银行和世界银行。

互换和信用违约互换，形成较为完整的产品序列；从市场成员看，银行间债券市场主要由机构投资者组成，包括中国境内的法人机构 2 857 家、各类资管产品 20 365 只，以及境外机构投资者（以下简称境外投资者）1 205 家。以上发展都为银行间债券市场的对外开放奠定了重要基础。

2005 年是银行间债券市场对外开放的元年。当年 2 月，中国人民银行会同财政部、国家发展和改革委员会、中国证券监督管理委员会（以下简称证监会）联合发布了《国际开发机构人民币债券发行管理暂行办法》，允许国际开发机构在中国境内发行人民币债券，熊猫债开始起步发展；5 月，亚洲债券基金的子基金——泛亚债券指数基金（PAIF），经中国人民银行批准成为境外投资者进入银行间债券市场的首例。但此时还是以试点为主，进展平缓。直到 2010 年，中国人民银行发布《关于境外人民币清算行等三类机构运用人民币投资银行间债券市场试点有关事宜的通知》，银行间债券市场的对外开放开始进入稳步推进阶段。2011 年和 2013 年相继允许人民币合格境外机构投资者（RQFII）、合格境外机构投资者（QFII）在获批额度内投资银行间债券市场。2016 年发布的 3 号公告更是具有里程碑意义，允许境外各类金融机构及其发行的投资产品，以及养老基金、慈善基金、捐赠基金等中国人民银行认可的中长期投资者投资银行间债券市场，并且取消额度限制，入市方式也由审批制改为备案制。自此，3 号公告就作为银行间债券市场对境外投资者进行管理的基础性文件沿用至今。

前期，境外投资者参与中国银行间债券市场的基本模式可以概括为：签署代理协议、备案入市、在岸开户、代理交易、代理结算。截至 2016 年年底，银行间债券市场的境外投资者共有 403 家，境外投资者持有的中国债券总值为 8 526 亿元。追本溯源，这些制度设计实际上是沿袭了银行间债券市场在 2000 年就建立的、针对境内非金融机构的各种代理安排，因此与国际上通行的做法存在较大差异，有相当一部分国际投资者显得不适应。一方面，经过几十年的实践，中国债券市场已经总结出了一套行之有效的发展经验，此时再完全按照海外市场复制是不可能的；另一方面，让广大境外投资者改变长期形成的交易习惯和多级托管结构也存在巨大困难。因此市场迫切地需要一个现实的解决方案，需要一个求同存异的转换器，这便是"债券通"的缘起。

在债券通机制下，境外投资者可以通过他们熟悉的国际债券交易平台与在岸做市商直接进行询价和交易，债券的结算和托管则采用国际市场通行的名义持有人制度，境外投资者依法享有证券权益。入市方面则可免去与代理行反复商讨代理协议的环节，由中国外汇交易中心（以下简称交易中心）与债券通有限公司①（以下简称债券通公司）共同为境外投资者提供便捷的入市服务。

2017年3月15日，国务院总理李克强宣布将在香港和内地试行"债券通"，标志着债券通项目正式启动。随后在中国人民银行的统一部署和积极推动下，前后台基础设施和境内报价机构共同努力，最终历时3个多月就完成了系统开发和测试，并帮助首批139家境外投资者完成入市备案。2017年7月3日，债券通正式上线运行，首日共有70家境外投资者与19家境内报价机构达成128笔交易，成交金额70.48亿元，首日交易迎来开门红。正如中国人民银行副行长潘功胜在开通仪式上所说，债券通作为第三种通道，可以使境外投资者通过内地与香港的互联互通机制更加便捷的投资中国债券市场。

---

① 债券通有限公司是中国外汇交易中心与香港交易及结算所有限公司（简称香港交易所）在香港成立的合资公司，承担支持债券通相关交易服务职能。中国外汇交易中心与其附属公司持有债券通公司60%权益，香港交易所持有40%权益。

债券通的基本运作模式
与其他渠道相比有哪些特点

　　根据中国人民银行发布的《内地与香港债券市场互联互通合作管理暂行办法》，债券通是指境内外投资者通过香港与内地债券市场基础设施机构连接，买卖香港与内地债券市场交易流通债券的机制安排，包括"北向通"及"南向通"。初期先开通"北向通"。"北向通"是指中国香港及其他国家与地区的境外投资者，经由香港与内地基础设施机构之间在交易、托管、结算等方面互联互通的机制安排，投资于内地银行间债券市场。债券通从技术上比较类似股票市场的沪港通和深港通，但由于其场外的特殊性，所以更注重顶层设计和制度安排，在世界上也没有先例，属于制度性尝试和创新。债券通（指"北向通"，下同）主要包括入市、交易、结算和外汇兑换四个环节，具体运作模式如下：

　　一是一点接入。所谓一点接入，是指境外投资者在入市环节，无须再到中国内地寻找代理行签署代理协议、开立人民币特殊账户和专用外汇账户、办理外汇登记，也无须再到中国证券登记结算有限公司（以下简称中央结算公司）和银行间市场清算所股份有限公司（以下简称上海清算所）分别开立新的托管账户①，而是一站式向债券通公司发送入市备案和开立交易账户的申请材料，债券通公司提供必要的材料检查、入市辅导和翻译服务，并将材料齐全且符合要求的申请提交至交易中心，交易中心代理境外投资者向中国人民银行上海总部备案，并同步开立交易账户。中国人民银行上海总部自受理申请之日起3个工作日内出具备案通知书，完成入市备案，且没有额度限制。

　　二是直接交易。境外投资者无须再通过代理行间接地去进行价格发现与

---

① 如果是非法人产品，每新增一个基金就要新开一个托管账户。

交易，而是沿用自己熟悉的全球交易平台（首家是 Tradeweb，2018 年 11 月彭博获批成为第二家交易平台），运用国际通行的交易方式，直接向一家或多家境内报价机构发送询价请求（RFQ），境内报价机构也是通过他们熟悉的交易中心系统向境外投资者回复可成交价格，提供做市服务。境外投资者确认价格后，在交易中心系统达成交易并生成成交单，境外投资者可逐笔实时查询全英文成交明细。值得一提的是，债券通的交易分仓［包括交易前分仓（Pre-Allocation）和交易后分仓（Post-Allocation）］功能可以很好地支持国际资产管理人将一笔大宗交易分配给旗下的多个基金账户，以满足国际监管机构和自律组织普遍要求的最佳交易执行（Best Execution）准则。

三是多级托管和券款对付（DVP）结算。债券通采用境外投资者习惯的名义持有人制度，支持全球托管行（如有）、次托管行（香港金管局 CMU 的会员）、次级托管机构（CMU）、总登记托管机构（中央结算公司和上海清算所）的多级架构。CMU 在中央结算公司和上海清算所开立名义持有人账户，境外投资者通过债券通买入的债券登记在 CMU 名下，并依法享有证券权益。CMU 为境外投资者提供债券结算服务，所有结算以全额逐笔实时、DVP 的方式进行，债券过户通过总登记托管机构的债券账务系统办理，资金支付通过人民币跨境支付系统（CIPS）办理。结算速度则由境外投资者在 T+0、T+1、T+2 中自行选择。债券通引入多级托管，可以帮助境外投资者有效提高结算效率并节省成本，特别是同时参与多个国际市场的投资者。

四是外汇兑换与风险对冲。境外投资者可使用自有人民币［离岸人民币（CNH）］或外汇投资［兑换为在岸人民币（CNY）］。使用外汇投资的，可通过托管行在香港结算行① 办理外汇资金兑换和风险对冲业务，香港结算行由此

---

① 香港人民币业务清算行及香港地区经批准可进入境内银行间外汇市场进行交易的境外人民币业务参加行，截至 2018 年 10 月底是 21 家，具体名单请查询 http://www.chinamoney.com.cn/english/mdtmmbfmm/。

所产生的头寸可到境内银行间外汇市场平盘，概括来讲，就是"离岸市场、在岸价格"，投资的债券到期或卖出后不再投资的，原则上应通过香港结算行兑换回外汇汇出。目前，债券通相关的主要全球托管行和次托管行都已陆续申请到"香港结算行"牌照，后续可为债券通客户提供更优质便捷的外汇兑换和风险对冲服务。

债券通推出后，中国债券市场开放共有三条通道供境外投资者选择：一是 QFII/RQFII；二是直接进入中国银行间债券市场投资人民币债券（以下简称直接入市）；三是债券通。这三个通道是并行的，适用于不同投资者的不同偏好和不同的路径依赖，主要的不同点在于：QFII/RQFII 模式下，境外投资者可以同时参与中国的股票和股指期货市场、交易所债券市场和银行间债券市场，但是有额度限制，需开立在岸账户；直接入市模式下，境外投资者只能投资银行间债券市场，没有额度限制，代理交易，需开立在岸账户；债券通模式下，境外投资者只能投资银行间债券市场，没有额度限制，直接交易，多级托管一点接入。各通道的具体操作环节请见表 4-1 与表 4-2。

表 4-1　　　　　　　　　境外机构投资银行间债券市场的三条通道

	QFII 和 RQFII	直接入市	债券通
推出时间	分别于 2002 和 2011 年推出	2010 年开始推出，并陆续扩大范围	2017 年 7 月
投资者范围	合格境外机构投资者（QFII）：经中国证监会批准投资于中国证券市场，并取得国家外汇管理局（国家外汇局）额度批准的中国境外基金管理公司、保险公司、证券公司以及其他资产管理机构	境外央行类机构：境外央行、国际金融组织、主权财富基金（银发〔2015〕220 号）	境外央行类机构：境外央行、国际金融组织、主权财富基金（银发〔2015〕220 号）

	QFII 和 RQFII	直接入市	债券通
投资者范围	人民币合格境外机构投资者（RQFII）：经中国证监会批准并取得国家外汇局批准的投资额度，运用来自境外的人民币资金进行境内证券投资的境外法人。	境外商业类机构：在中华人民共和国境外依法注册成立的商业银行、保险公司、证券公司、基金管理公司及其他资产管理机构等各类金融机构，上述金融机构依法合规面向客户发行的投资产品，以及养老基金、慈善基金、捐赠基金等中国人民银行认可的其他中长期机构投资者（中国人民银行公告〔2016〕第 3 号）	境外商业类机构：在中华人民共和国境外依法注册成立的商业银行、保险公司、证券公司、基金管理公司及其他资产管理机构等各类金融机构，上述金融机构依法合规面向客户发行的投资产品，以及养老基金、慈善基金、捐赠基金等中国人民银行认可的其他中长期机构投资者（中国人民银行公告〔2016〕第 3 号）
可参与市场	股票、股指期货、交易所[1] 和银行间债券市场	银行间债券市场	银行间债券市场
如何进入银行间债券市场	1. 经证监会批准投资中国证券市场 2. 取得国家外汇局批准的投资额度 3. 在银行间债券市场备案入市	在银行间债券市场备案入市	在银行间债券市场备案入市
托管账户开立	逐个开立在岸账户	逐个开立在岸账户	通过多级托管、名义持有人制度便捷接入
是否有额度限制	是[2]	否	否
银行间债券市场交易对手	全部参与者	全部参与者[3]	34 家债券通报价机构
银行间债券市场的交易结算方式	通过结算代理人或者债券通	通过结算代理人	债券通

注：1. 不包括境内国债期货市场。

2. QFII、RQFII 在取得证监会资格许可后，可通过备案的形式，获取不超过其资产规模一定比例的基础额度；超过基础额度的投资额度申请，须经国家外汇局批准；境外央行类机构不受资产规模限制（国家外汇管理局公告 2018 年第 1 号、银发〔2018〕157 号）。

3. 根据 2018 年 8 月当月的统计，在直接入市模式下，境外机构投资者实际成交的交易对手平均为 3 家；债券通模式下，交易对手平均为 2 家。

表 4-2　　　　　进入银行间债券市场的操作流程（直接入市和债券通）

	直接入市（通过结算代理人）	债券通
入市前准备	与境内结算代理人签署代理投资协议	沿用国际通行的多级托管结构，由境外投资者或其全球托管行选定次托管行[1]（CMU 会员），并预留专门用于债券通的 CMU 编码
入市备案	境外机构投资者可委托结算代理人向中国人民银行上海总部申请投资备案[2]，由结算代理人代理提交： 1.《境外机构投资者投资中国银行间债券市场备案表》[3] 2. 结算代理协议 中国人民银行上海总部自受理备案申请之日起二十个工作日内，根据规定的条件和程序出具备案通知书[4]	境外机构投资者向债券通公司提交入市备案和开户申请材料[5]的高清彩色扫描件，并发送至联系邮箱 info@chinabondconnect.com。债券通公司将提供必要的材料检查、入市辅导和翻译服务，并将材料齐全且符合要求的申请提交至交易中心 交易中心收到材料后，代境外投资者向中国人民银行上海总部备案
开立交易账户	结算代理人代理境外机构投资者向交易中心（CFETS）提交开户申请材料： 1. 中国人民银行上海总部出具的《全国银行间债券市场准入备案通知书》 2. 境外机构投资者业务申请表[7] 3. 交易中心要求的其他材料 交易中心收到申请材料后，将于三个工作日内完成核对、开设账号工作并通知结算代理人	中国人民银行自受理备案申请之日起三个工作日内，根据规定的条件和程序出具备案通知书[6] 备案成功的，交易中心将于三个工作日内为其开立交易账户，并通过债券通公司告知境外投资者 入市备案和开户申请材料包括 附件1：境外机构投资者投资中国银行间债券市场备案表 附件2：银行间债券市场准入备案申请书、备案委托书 附件3：债券通境外投资者业务申请表 附件4：三年无监管机构重大处罚的声明 附件5：关于投资银行间债券市场的合规承诺函 Tradeweb 交易账户的开立 1. 与 Tradeweb 签署用户协议（仅新客户签署） 2. 与 Tradeweb 签署债券通附属协议 3. 用户申请书（非法律文件，只是为了进行系统设置向客人采集信息） 彭博交易账户的开立 原则上与 Tradeweb 交易账户开立的要求一致，具体细则将于之后公布
外汇登记	境外机构投资者通过结算代理人在国家外汇管理局资本项目信息系统办理登记[8]。 境外机构投资者退出银行间债券市场投资的，由结算代理人向中国人民银行上海总部申请退出后，向国家外汇管理局申请注销登记	无须办理外汇登记

	直接入市（通过结算代理人）	债券通
资金账户	人民币特殊账户（special RMB account）：境外机构投资者可在境内银行开立人民币特殊账户，纳入人民币专用存款账户管理，专门用于债券交易的资金结算。每家境外机构只能开立一个人民币特殊账户，并由开户银行报中国人民银行当地分支机构核准	在香港托管行开立资金账户，无须缴纳利息税
	专用外汇账户（NRA）：结算代理人凭外汇登记生成的业务凭证，为境外机构投资者开立专用外汇账户。专用外汇账户的资金不得用于银行间债券市场投资以外的其他目的 [9]	
	境外机构在境内开的 NRA 账户要缴纳 10% 的利息税，由代理人代扣、代缴（withholding tax on interest on cash balances）	
CCDC 债券账户	结算代理人代理境外机构投资者向中央结算公司（CCDC）提交开户申请材料： 1. 中国人民银行上海总部出具的《全国银行间债券市场准入备案通知书》 2. 境外机构投资者业务申请表 3. 协议签署承诺书（需境外机构投资者签署）[10]，具体包括《中央国债登记结算有限责任公司客户服务协议》《债券交易券款对付结算协议》《中央国债登记结算有限责任公司债券结算资金账户使用协议》《电子密押器管理使用协议书》四份协议 中央结算公司收到结算代理人寄送的开户材料后进行业务受理，材料齐全无误的，在三个工作日内完成开户手续；材料有缺失的，一次性告知结算代理人材料存在的问题	无须在 CCDC 开立债券账户
上海清算所 债券账户	结算代理人代理境外机构投资者向上海清算所提交开户申请材料： 1. 中国人民银行上海总部出具的《全国银行间债券市场准入备案通知书》 2. 境外机构投资者业务申请表 3. 协议签署声明及承诺（需境外机构和代理人一起签署），所签协议为《结算成员服务协议》 上海清算所收到结算代理人寄送的开户材料后进行业务受理，材料齐全无误的，在三个工作日内完成开户手续；材料有缺失的，一次性告知结算代理人材料存在的问题	无须在上海清算所开立债券账户

	直接入市（通过结算代理人）	债券通
一级市场	可以参与银行间债券市场发行的所有债券，包括同业存单[11]	"北向通"境外投资者可以通过参与银行间债券市场发行认购方式，投资于标的债券[12]
二级市场	1. 现券交易：各类境外机构投资者均可开展现券交易，标的债券为可在内地银行间债券市场交易流通的所有券种	目前，"北向通"境外投资者可以进行债券现券交易，标的债券为在内地银行间债券市场交易流通的所有券种
	2. 债券借贷：各类境外机构投资者可基于套期保值需求开展债券借贷交易。交易前，出借方一般会要求借入方签署本机构版本的《人民币债券借贷交易主协议》[13]	未来将逐步扩展到债券回购、债券借贷、债券远期，以及利率互换、远期利率协议等交易[16]
	3. 债券远期、利率互换、远期利率协议：各类境外机构投资者可基于套期保值需求开展债券远期、远期利率协议及利率互换等交易[14]。交易前，需要与对手方签署《中国银行间市场金融衍生产品交易主协议（2009 版）》及补充协议。若未加入中国银行间债券市场交易商协会（交易商协会）成为会员，还需要签署《文本特许使用备案函》	
	4. 债券回购：境外人民币业务清算行和参加行可开展债券回购交易。交易前，需签署《中国银行间市场债券回购交易主协议（2013 版）》（及补充协议，若有）。若未加入交易商协会成为会员，还需要签署《文本特许使用备案函》[15]	
交易对手	银行间债券市场成员	34 家债券通报价机构
交易过程	通过代理人间接开展交易，具体过程如下： 1. 境外机构投资者通过双方约定的方式向结算代理人发出交易委托 2. 结算代理人在完成交易要素合规性检查后代理境外机构投资者在 CFETS 交易系统中发送交易指令，达成交易。并将系统生成的成交单反馈境外机构投资者 3. 结算代理人代理境外机构投资者完成债券结算与资金清算，并在结算完成当日向境外机构投资者发送结算单据	与报价机构直接开展交易，具体过程如下： 1. 境外投资者通过境外电子交易平台（Tradeweb 及彭博）向一家或多家报价机构发送只含量、不含价的报价请求，报价请求实时传输至交易中心系统 2. 报价机构通过交易中心系统向境外投资者回复可成交价格 3. 境外投资者确认价格后，在交易中心系统达成交易并生成成交单；报价机构、境外投资者和债券登记托管结算机构根据成交信息办理结算

	直接入市（通过结算代理人）	债券通
资金汇入	境外机构投资者投资银行间债券市场汇入的本金既可以是人民币，也可以是外币。境外机构投资者应确保其在境内商业银行开立的人民币特殊账户、专用外汇账户有足够资金用于支付相关投资	不适用
外汇兑换	结算代理人可以为境外机构投资者办理资金汇出入和结售汇[17]，并基于实需原则对境外投资者办理外汇衍生品业务[18] 交易对手：在岸的结算代理行	境外投资者可使用自有人民币或外汇投资。使用外汇投资的，可通过债券持有人在香港结算行办理外汇资金汇兑，香港结算行由此所产生的头寸可到境内银行间外汇市场平盘，即离岸市场在岸价格 交易对手：香港结算行（在抵押品和保证品上可与其他交易联动）
资金汇出	既可以人民币汇出，也可在境内兑换为外币后汇出，累计汇出外汇和人民币资金的比例应与累计汇入外汇和人民币资金的比例保持基本一致，上下波动不超过 10%	没有限制，亦不适用
税收政策	2018 年 11 月，中华人民共和国财政部、国家税务总局发出《关于境外机构投资境内债券市场企业所得税增值税政策的通知（财税〔2018〕108 号）》，自 2018 年 11 月 7 日起至 2021 年 11 月 6 日止，对境外机构投资境内债券市场取得的债券利息收入暂免征收企业所得税和增值税[19] 此项政策进一步说明了中国人民银行 2017 年 11 月发布的《境外商业类机构投资者进入中国银行间债券市场业务流程》。该流程规定，境外机构在银行间债券市场投资债券，所获转让价差收入暂不征收所得税，在营改增试点期间免征增值税[20]	
交易分仓	不适用	可支持交易前分仓和交易后分仓两种方式，最小量 10 万元，最小变动量 10 万元，最大量 100 亿元
结算速度	+0/+1/+2	+0/+1/+2
结算方式	逐笔全额结算，券款对付	逐笔全额结算，券款对付
交易时间	中国银行间债券市场交易日 北京时间 09:00—12:00 及 13:30—17:00	中国银行间债券市场交易日 北京时间 09:00—12:00 及 13:30—16:30
结算指令截止时间	结算日 北京时间 17:00	结算日 北京时间 12:00

注：1. 香港托管行可变更。

2. 如果是境外央行类机构，则通过原件邮寄或结算代理人代理递交等方式向中国人民银行提交《中国银行间市场投资备案表》（附件1）。

3. 中国人民银行上海总部公告〔2018〕第2号。

4. 中国人民银行上海总部公告〔2016〕第2号。

5. 见 http://www.chinamoney.com.cn/chinese/rszn2/20180831/1159319.html?cp=rszn2。

6. 中国人民银行上海总部公告〔2017〕第1号。

7. 见 http://www.chinamoney.com.cn/chinese/rszn2/20180724/1135188.html?cp=rszn2。

8. 《国家外汇管理局关于境外机构投资者投资银行间债券市场有关外汇管理问题的通知》（汇发〔2016〕12号）。

9. 《国家外汇管理局关于境外机构投资者投资银行间债券市场有关外汇管理问题的通知》（汇发〔2016〕12号）。

10. 见 http://www.chinabond.com.cn/cb/cn/zqsc/fwzc/zlzx/cyywbgxz/zqzh/20150619/21058455.shtml（法人机构）；http://www.chinabond.com.cn/cb/cn/zqsc/fwzc/zlzx/cyywbgxz/zqzh/20150619/21058528.shtml（非法人产品）。

11. 关于修订《银行间市场同业存单发行交易规程》的公告（http://www.chinamoney.com.cn/chinese/ scggbbscggscggtz/20160621/588038.html?cp=scggbbscgg）。

12. 《内地与香港债券市场互联互通合作管理暂行办法》答记者问（http://www.pbc.gov.cn/goutongjiaoliu/ 113456/113469/3331208/index.html）。

13. 国内市场目前暂无统一的标准协议文本。英国、加拿大、澳洲、中国香港在内的大部分国际市场选择使用由国际证券借贷协会（ISLA）推出的《全球证券借贷主协议》（Global Master Securities Lending Agreement）；美国市场一般选择使用《证券借贷主协议》（Master Securities Loan Agreement）。

14. 中国人民银行有关负责人就境外机构投资者投资银行间债券市场有关事宜答记者问（http:// www.pbc.gov.cn/goutongjiaoliu/113456/113469/3070371/index.html）。

15. 境外机构投资者可选择加入交易商协会成为会员，或通过签署相应的《文本特许使用备案函》获得相关协议文本的版权使用权。

16. 《内地与香港债券市场互联互通合作管理暂行办法》答记者问（http://www.pbc.gov.cn/goutongjiaoliu/113456/113469/3331208/index.html）。

17. 《国家外汇管理局关于境外机构投资者投资银行间债券市场有关外汇管理问题的通知》（汇发〔2016〕12号）。

18. 《国家外汇管理局关于银行间债券市场境外机构投资者外汇风险管理有关问题的通知》（汇发〔2017〕5号）。

19. http://szs.mof.gov.cn/zhengwuxinxi/zhengcefabu/201811/t20181122_3073546.html?from=group message&isappinstalled=0

20. http://www.pbc.gov.cn/huobizhengceersi/214481/3406502/3406509/3424889/index.html

债券通推出一年多的主要成就和市场效果

截至 2018 年年底，债券通上线运行 18 个月，通过债券通入市的境外投资者数量持续增加，交易量稳步增长，境外投资者持有中国债券市场的规模不断扩大，有力地推动了中国债券市场开放和人民币国际化的进程。境外投资者普遍认可债券通的制度优势和创新设计，显示出了持续投资中国债券市场的意愿。

2017 年 7 月 3 日，债券通上线伊始便吸引了首批 139 家境外投资者入市，其后，债券通投资者数量继续保持增长势头，截至 2018 年年底，已吸引了503 家境外投资者入市备案，在 18 个月间，将银行间债券市场的境外投资者总数提升了 111%（见图 4-1）。

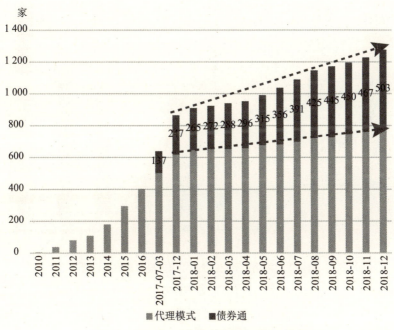

图 4-1 中国银行间债券市场境外投资者数量

随着投资者数量的不断增加，债券通交易量也稳步增长，月度交易量由 2017 年 7 月的 310 亿元起步，最高达到 2018 年 6 月的 1 309 亿元，上线以来交易总量超过 1.16 万亿元。2018 年全年交易总量达到 8 841 亿元，债券通交易占境外投资者交易总量的 28%，相较于 2017 年增加了 5 个百分点（见图 4-2）。

通过债券通进行一级市场发行的债券共计 440 只、4.1 万亿元，其中政策性金融债占比最大，共计 308 只、3.4 万亿元。资产支持证券亦受到境外投资者的积极认购，共发行了 112 只、2 693 亿元，其中有 92 只的基础资产是个人住房抵押贷款和汽车贷款。

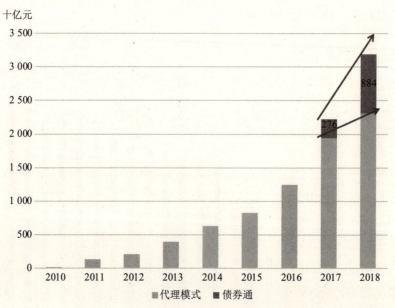

图 4-2　中国银行间债券市场境外投资者的交易量

境外机构持有中国银行间债券市场的总额自 2017 年 7 月以来也保持持续上升趋势，截至 2018 年年底，境外投资者持有中国银行间债券市场债券余额超过 1.7 万亿元，比债券通启动前翻了一番（见图 4-3）。

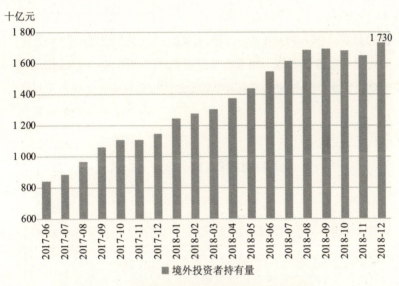

图 4-3　中国银行间债券市场境外投资者持有量

2018 年 7 月 3 日，债券通在香港举办了"债券通周年论坛"，中国人民银行副行长潘功胜出席论坛并宣布了 7 项重大制度完善措施，包括全面实施券款对付、接入彭博等国际主流交易平台、进一步明确税收政策、上线交易分仓功能、下调交易费用、新增 10 家报价机构以及开展回购及衍生品交易。2018 年，前 6 项措施已全部落地，回购及衍生品交易也在讨论中，既满足了境外投资者的市场需求，也达到了纳入彭博巴克莱全球综合指数的所有条件，从 2019 年 4 月开始实施；富时罗素随后跟进，于 2018 年 9 月宣布将中国债券市场列入其指数观察名单。

以债券通为起点，其他渠道也更为开放，得到了以点带面的效果。首先，债券通既可以使用 CNH 的经验，也可以使用 CNY 的经验，近期被沪港通、深港通借鉴使用；其次，债券通的外汇兑换与风险对冲需求，为中国银行间外汇市场引入了包括全球托管行、香港地区托管行在内的众多新会员；最后，在债券通的间接推动下，直接入市模式取消了关于境外投资者 9 个月内需汇入投资本金的要求，QFII/RQFII 进一步扩大额度，三条开放渠道同步简化备案要求，使用同一张备案表格，便于境外投资者理解和操作。债券通带动多市场、多渠道全面开放，已形成中国金融市场开放的重要品牌。

债券通的下一步发展

债券通推出一年多所取得的成绩是有目共睹的，但接下来要做的工作依然很多，既要扩大产品范围，也要进一步提高交易便利性和结算效率，为境外投资者提供更优质的综合服务。具体发展的计划包括以下几个方面。

一是进一步扩大产品范围，适时开放回购和衍生品交易。境外投资者持有人民币债券后，大多有流动性管理以及利率、汇率和信用风险对冲的需求，应当考虑适时放开回购和衍生品交易。另外，从政策的一致性上来说，符合一定条件的境外投资者通过直接入市、债券通两种渠道参与银行间债券市场，可以开展的业务应大致相同。就回购而言，由于境内外在产品设计、计算方法和法律文本上都还存在差异，因此债券通公司将根据中国人民银行的统一部署，积极配合境内外基础设施机构，做好下一步推出产品的前期调研和各项准备工作。

二是进一步发展债券通一级市场，加强信息发布。根据债券通的管理办法，境外投资者可通过债券通参与银行间债券市场发行认购，但是市场层面对该政策的解读不尽相同，部分投资者认为只能认购债券通贴标[①]的债券，另一部分投资者则认为可认购银行间债券市场发行的所有债券。同时，各类发行文件也缺乏境外发布主渠道，信息较为分散。针对这种情况，债券通公司积极协调沟通，下一步拟在债券通网站上建立一级市场信息平台，及时集中地发布一级市场信息。

三是进一步提高交易便利性和结算效率，开放成交数据下行接口。后续措施包括：在现有境外电子交易平台上，为境外投资者提供更多指示性价格，便于境外投资者更有效地寻找交易对手、判断市场价格；面向境外投资者、境外托管行开放债券通成交数据下行接口，以电子化方式实时传输交易明细，提高后台结算的准确性和直通式处理（STP）效率；不断提升基础设施合作的电子化程度，争取把结算当日结算指令的提交时间从 12 点进一步延后，理想状态是能和境内市场以及直接入市模式达到同步。

四是进一步加强市场推广，促进境内外机构的交流，提供更优质的交易相关服务。债券通公司目前已经通过网站、自媒体等各种渠道加强市场推广，并发布了境内报价机构的联系方式、境外投资者的入市名单，后续将进一步组织多种形式的交流活动，促进境内外机构加深了解。同时，债券通公司也将配合交易中心做好应急交易、结算失败、信息披露等工作，为境外投资者提供更优质的综合服务。

---

① 即在债券发行文件中注明"债券通"字样或者至少提到可以面向境外投资者发行。

05

债券通与中国债券市场
更深层次开放展望

香港交易所

定息及货币发展部
及首席中国经济学家办公室

本章导读

　　中国债券市场从 20 世纪 80 年代的国债柜台交易起步，经历交易所市场和银行间市场的演变和发展，至今已成为全球第三大债券市场，并实现了一系列有效的制度改革和机制优化，如改革发行审核制度、建立行业自律组织、完善做市交易机制等。特别是近十年，在与人民币国际化良性互动的背景下，中国债券市场更是加快了对外开放的步伐。"债券通"的成功推出、有关机构宣布将中国债券纳入国际主流债券指数（如彭博巴克莱综合指数）等里程碑事件，突显了中国债券市场深化开放所取得的成绩以及环球市场对中国债券市场开放的认可。

　　纵观中国债券市场的开放，是一个双向开放的过程，主要围绕"引进来"和"走出去"两个方面展开。在"引进来"方面，表现为逐步放开境外机构在境内发行债券和进行债券投资；与之相应，在"走出去"方面，主要表现为有序推进境内机构境外发行债券和开展境外债券投资。展望未来，参考美欧等成熟债券市场的经验，中国债券市场可在进一步深化双向开放的基础上，探索另一个维度的开放，即从"引进来"和"走出去"的跨境范畴拓展至离岸领域，在搭建和发展离岸人民币债券市场的同时，允许和推动在离岸市场开展锚定中国债券市场标的的金融产品开发和交易，进一步增强人民币在海外金融市场的计价和结算功能。

"引进来"：境外机构参与中国债券市场的政策演进、现状及展望

境外机构来中国境内发行债券

政策演进

境外机构在中国境内发行人民币债券业务（俗称"熊猫债"）试点先于境外机构投资中国债券市场。早在 2005 年 2 月，中国人民银行、财政部、国家发展和改革委员会（以下简称发改委）及中国证券监督管理委员会（以下简称证监会）就已经发布《国际开发机构人民币债券发行管理暂行办法》，允许国际开发机构在中国境内发行人民币债券。在此指引下，2005 年 10 月，国际金融公司和亚洲开发银行率先在全国银行间债券市场发行人民币债券，成为中国债券市场首批引入的境外发行主体。2010 年 9 月，根据发债主体的实际资金使用需求，四部委适时修订了《国际开发机构人民币债券发行管理暂行办法》，其中非常重要的一项改进是允许发债资金可购汇汇出境外使用。此后，配合人民币国际化工作的推进，中国人民银行又先后于 2014 年 10 月和 2016 年 12 月

从跨境人民币结算政策角度，对境外机构境内发行债券（含债务融资工具）的账户安排和资金汇兑予以了明确和完善。2018 年 9 月，中国人民银行和财政部再次联合发布公告，将国际开发机构人民币债券发行纳入境外机构在境内发行债券框架予以统一管理，进一步完善了境外机构在银行间债券市场发行债券的制度安排。

"熊猫债"市场的开放，是相关操作流程不断简化、制度规则逐步与国际接轨的过程。经过十多年的发展和完善，"熊猫债"已受到越来越多市场参与者的关注和青睐，发行主体不断扩大，市场规模亦稳步增长（见表 5-1）。

表 5-1 　　　　　境外机构来中国境内发行债券的主要政策梳理及演进

年份	有关法规	主要内容及改进
2005	《国际开发机构人民币债券发行管理暂行办法》（中国人民银行、财政部、发改委、证监会公告〔2005〕第 5 号）	（1）财政部负责受理申请，会同中国人民银行、发改委、证监会进行审核，报国务院同意 （2）中国人民银行对债券发行利率进行管理 （3）发行人民币债券所筹集的资金，应用于中国境内项目，不得换成外汇转移至境外
2010	《国际开发机构人民币债券发行管理暂行办法》（中国人民银行、财政部、发改委、证监会公告〔2010〕第 10 号）	经国家外汇管理局批准，国际开发机构发行人民币债券所筹集的资金可以购汇汇出境外使用
2014	《关于境外机构在境内发行人民币债务融资工具跨境人民币结算有关事宜的通知》（银办发〔2014〕221 号）	明确境外非金融企业在境内发行人民币债务融资工具的跨境资金收付安排，允许所筹集资金以人民币形式汇出境外
2016	《关于境外机构境内发行人民币债券跨境人民币结算业务有关事宜的通知》（银办发〔2016〕258 号）	跨境人民币收付政策的适用范围由境外非金融企业拓展至境外机构（含外国政府类机构、国际金融组织、国际开发机构以及各类金融机构和非金融企业）
2018	《全国银行间债券市场境外机构债券发行管理暂行办法》（中国人民银行、财政部公告〔2018〕第 16 号）	将国际开发机构人民币债券发行纳入境外机构在境内发行债券框架内统一管理，完善了境外机构在银行间债券市场发行债券的制度安排，促进相关制度规则与国际接轨

资料来源：根据公开资料整理。

现状及展望

从发行情况来看，2014年之前，"熊猫债"市场发展相对缓慢，发行主体和规模均比较有限；2015年之后，随着"熊猫债"跨境结算政策的明确以及市场环境的改善，发债主体数量和融资规模均呈现较快增长，尤其是2016年在境内外人民币融资利率"倒挂"的助推下，达到历史峰值。2017年以来"熊猫债"发行规模虽有所回调，但市场整体仍然有序发展，发行主体进一步多元化。其中值得一提的是，匈牙利政府在银行间债券市场成功发行3年期人民币债券，成为首单通过"债券通"管道面向境内外投资者完成发行的外国主权政府人民币债券。2018年"熊猫债"市场继续发力，上半年累计发行规模514.9亿元，已超过2017年全年发行总额的70%；其中，银行间市场发行412.6亿元，占比逾80%（见图5-1）。

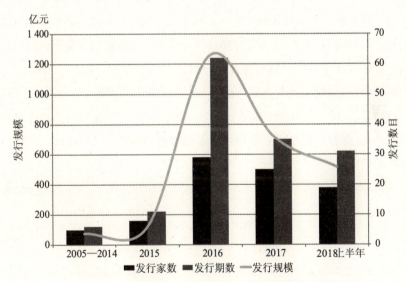

图 5-1　"熊猫债"业务启动以来发行规模年度统计

资料来源：联合资信。

截至 2018 年 7 月末，共有 57 家境外机构在中国银行间市场进行发行注册或获得发行核准，核准金额约等值人民币 4 533 亿元，其中包括 4 337 亿元的人民币债券，以及等值人民币 196 亿元的国际货币基金组织特别提款权（SDR）计价债券；其中，已发行 89 单，总规模为等值人民币 1 747.4 亿元[①]。境外发行人类型亦较为多元化，基本涵盖了国际开发机构、政府类机构、金融机构和非金融企业等，其中以境外非金融企业融资需求为主，拟发债规模占 75%[②]。

展望未来，"熊猫债"市场将在新的管理办法、人民币国际化、"一带一路"倡议以及债券通等"四驱"因素下继续朝纵深发展。第一，新的管理办法进一步与国际接轨，简化了发行审核和备案机制，确定了适当的会计准则和便捷的资金汇路安排，将会增强对境外潜在发行主体的吸引力。第二，人民币国际化将会持续派生境外主体在人民币资产和负债端的主动管理需求，进而进一步带动"熊猫债"市场的发展。第三，目前已有多个"一带一路"沿线国家成功发行"熊猫债"，在监管层大力推动"一带一路"债券的背景下，"熊猫债"的发行主体将更加多元，规模将进一步增长（见图 5-2）。第四，"债券通"与"熊猫债"分别反映了境外主体的投资和融资需求，两者将相辅相成，互相推动。"熊猫债"市场的发展有助于向投资者提供更多国际投资者熟悉的优质债券标的；"债券通"则为"熊猫债"引入更加多元的境外投资主体，并提供便捷有效的投资通道。

---

① 2016 年，世界银行和渣打银行先后在中国银行间债券市场发行 20 亿和 1 亿 SDR 计价债券。

② 资料来源：中国银行间交易商协会。

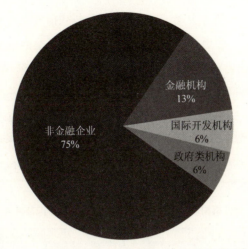

图 5-2　"熊猫债"发行主体构成（2018 年 7 月末）

资料来源：中国银行间交易商协会。

境外机构投资中国债券市场

政策演进

2005 年，泛亚债券指数基金和亚债中国基金以个案试点的形式获准进入中国银行间债券市场开展投资。2010 年 8 月，配合人民币国际化进程，为满足境外主体持有人民币的增值需求，拓宽人民币资金回流管道，搭建良性的人民币跨境循环机制，中国人民银行适时启动了中国银行间债券市场的对外开放，允许境外中央银行或货币当局、境外人民币清算行和参加行等三类机构申请进入银行间债券市场进行投资。2011 年，中国人民银行、证监会和国家外汇管理局（外汇局）联合推出人民币合格境外机构投资者（RQFII）试点，允许其参与中国债券市场投资。2013 年，政策制定者在进一步松绑 RQFII 政策的同时，向合格境外机构投资者（QFII）开放中国银行间债券市场。2015 年，中国人民银行先后多次出台相关法规，进一步拓宽银行间债券市场可投资业务品种的范围；2016 年 3 号公告更是推动境内银行间债券市场全面向境外各类金融机构开放，进一步简化申请流程且不再设额度限制。2017 年 7 月 3 日，另一项具有里程碑意义的举措——"债券通"正式开通，境外投资者可以沿用其所熟悉的国际操作习惯（交易系统、交易方式、结算方式等）参与内地银行间债券市场投资，极大地提高了境外投资者参与中国债券市场投资的可操作性和可复制性，境外机构参与境内债券市场的数量和规模均呈现较快增长（见表 5-2）。

表 5-2　　　　　　　境外机构参与中国债券市场投资的政策梳理及演进

年份	有关法规	主要内容及改进
2010	《关于境外人民币清算行等三类机构运用人民币投资银行间债券市场试点有关事宜的通知》（银发〔2010〕217 号）	境外央行及货币当局、人民币清算行和参加行等三类机构可在核准额度内投资中国银行间债券市场
2011	《基金管理公司、证券公司人民币合格境外机构投资者境内证券投资试点办法》及相关实施细则（证监会第 76 号、银发〔2011〕321 号、汇发〔2011〕50 号等）	境内基金公司及证券公司的香港子公司在获得证监会授予资格后，在外汇局核准范围内运用在香港募集的人民币资金投资境内证券市场。其中，投资于固定收益证券（含债券和各类固定收益类基金）应不少于 80%；投资银行间债券市场的，需另行向中国人民银行申请
2013	《人民币合格境外机构投资者境内证券投资试点办法》及相关实施细则（证监会令第 90 号、银发〔2013〕105 号、汇发〔2013〕9 号等）	取代了 2011 年颁布的有关管理办法。RQFII 业务扩大到香港以外的获中国人民银行授予额度的其他国家和地区，可申请的机构类型与 QFII 保持一致。RQFII 关于权益类证券与固定收益类证券之间的投资比例限制被取消
	《关于合格境外机构投资者投资银行间债券市场有关事项的通知》（银发〔2013〕69 号）	经中国人民银行同意后，QFII 可以在获批的投资额度内投资银行间债券市场
2015	《关于境外人民币业务清算行、境外参加银行开展银行间债券市场债券回购交易的通知》（银发〔2015〕170 号）	已获准进入银行间债券市场的境外人民币业务清算行和境外参加行可以开展债券回购交易
	《关于境外央行、国际金融组织、主权财富基金运用人民币投资银行间市场有关事宜的通知》（银发〔2015〕220 号）	对境外央行类机构简化了入市流程，取消了额度限制，投资品种拓宽至包括债券现券、债券回购、债券借贷、债券远期，以及利率互换、远期利率协议等
2016	中国人民银行公告〔2016〕第 3 号	中国银行间债券市场进一步向境外投资者开放，机构类型拓展至各类金融机构、投资产品和中国人民银行认可的其他中长期投资者；同时取消境外机构投资额度限制，简化管理流程

年份	有关法规	主要内容及改进
2017	《内地与香港债券市场互联互通合作管理暂行办法》（中国人民银行令〔2017〕第 1 号）	债券通开通，与其他管道并行。境外投资者可沿用其所熟悉的电子交易平台、交易方式、托管和结算安排更加便捷地投资中国银行间债券市场；同时允许境外投资者参与债券的发行认购

资料来源：根据公开资料整理。

发展现状及展望

中国银行间债券市场自 2010 年对外开放以来，境外投资者数量逐年增长，尤其在 2017 年债券通的带动下，结算代理行模式和债券通管道更是形成良性互动的局面（二者的不同点见表 5-3），共同促使境外投资者数量的大幅提升（见图 5-3）。截至 2018 年第三季度末，结算代理行模式和债券通途径下参与境内银行间债券市场的境外投资者分别达 726 和 445 家[①]。从存量规模来看，境外机构投资境内银行间债券市场的余额亦稳步攀升。截至 2018 年第三季度末，境外机构持有境内银行间债券市场余额接近 1.7 万亿元，较债券通开通前增长超过 100%（见图 5-4）。

表 5-3　　　　"债券通"模式与结算代理行模式的主要不同点

	结算代理行模式	"债券通"模式
交易前准备环节		
账户开立	需要在境内开立资金和债券托管账户等	沿用境外现有资金和债券托管账户
预存资金	需向境内资金账户汇入预存资金	无须
入市手续	主要由境内结算代理行代为办理	由债券通有限公司（债券通公司）提供入市辅导协助

---

① 资料来源：中国外汇交易中心、债券通有限公司。统计到具体产品层面；另外，结算代理行模式和债券通管道下的境外投资者在统计时有交叉。

续表 5-3

	结算代理行模式	"债券通"模式
交易执行环节		
交易方式	询价录入、请求报价、点击成交等方式	请求报价电子交易方式
操作平台	中国外汇交易中心（CFETS）债券交易系统	透过国际电子交易平台
交易品种	银行间债券市场现券及衍生品、回购	目前为现券交易，有待进一步拓展
交易对手	由结算代理行代为与对手方进行交易	直接与对手方进行报价交易
价格发现	透过代理行报价，透明度有待提高	报价较透明，利于价格发现
交易后托管结算		
托管结构	一级托管	多级托管与名义持有人制度
资金结算	通过中国现代化支付系统（CNAPS）完成	通过人民币跨境支付系统（CIPS）完成

注：具体参见香港交易所 2017 年 11 月 15 日的研究报告《助推中国金融市场开放——债券通的制度创新及影响》（载于香港交易所网站）。

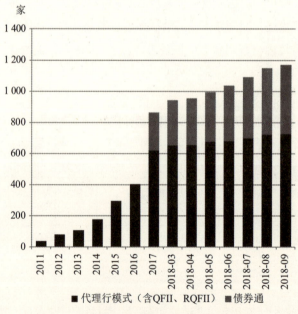

图 5-3　中国银行间债券市场境外投资者数量

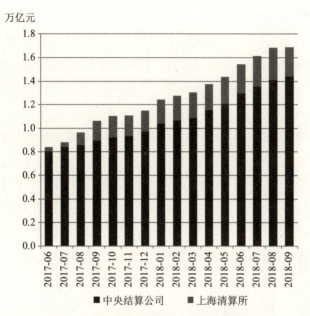

万亿元

■ 中央结算公司　■ 上海清算所

图 5-4　境外机构持有银行间债券市场余额

资料来源：中国外汇交易中心、债券通公司、中央国债登记结算有限责任公司（中央结算公司）、
　　　　　上海清算所。

从境外机构的整体参与度来看，中国债券市场与其他发达债券市场相比仍
然较低。目前境外投资者持有中国债券的总体比例仅占 2% 左右，持有中国国
债的比例约 4%，有待进一步提升（见图 5-5），但这同时也反映了中国债券市
场对外开放具有广阔的潜在空间[①]。

展望未来，一方面，在中国债券市场获纳入主要国际债券指数（如彭博
巴克莱综合指数）的背景下，那些追踪指数的大型资产管理公司将相应配置

---

① 　具体参见香港交易所 2017 年 5 月 16 日的研究报告《进军中国境内债券市场——国际视角》
　　（载于香港交易所网站）。

更多资金投资中国债券市场①；另一方面，随着人民币加入 SDR 的影响持续发酵，境外央行、主权财富管理基金等机构亦会稳步增加配置人民币债券资产，结合这两方面的推力，可以预见的是，投资中国债券市场的境外机构数量和资金规模将持续增长，占比将稳步提升。另外，债券通项下的机制完善和产品扩容，以及国内信用评级逐步与国际接轨等趋势在提升境外机构整体参与度的同时，亦将推动境外主体投资中国债券市场的产品结构和期限结构进一步多元化。

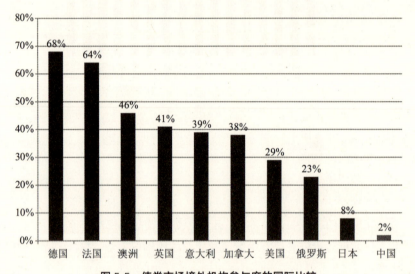

图 5-5 债券市场境外机构参与度的国际比较

资料来源：国际清算银行。

---

① 2018 年 3 月 23 日，彭博宣布计划从 2019 年 4 月开始，分步将人民币计价的中国国债和政策性银行债券纳入彭博巴克莱全球综合指数。具体参见香港交易所 2018 年 6 月 7 日的研究报告《将中国纳入全球债券指数：现况与前景》（载于香港交易所网站）。

"走出去"：境内机构参与境外债券市场的政策演进、现状及展望

境内机构赴境外发债

政策演进

早在 20 世纪 80 年代，中国人民银行就出台了相关规定，探索对境内机构在境外发行债券业务予以规范管理。进入 21 世纪以来，随着《国务院办公厅转发〈国家发展计划委员会、中国人民银行关于进一步加强对外发债管理的意见〉的通知》和 2003 年 1 月《外债管理办法》的出台，以及 2007 年《境内金融机构赴香港特别行政区发行人民币债券管理暂行办法》的发布，基本确立了境内机构境外发债业务的严格审批核准制度。近年来，在进一步深化改革开放的背景下，境内机构境外发债业务也完成了从审批制到登记备案制的转变，并建立了本外币一体化、全口径跨境融资审慎管理的机制，推动境内机构境外发债业务进入了发展的快车道（见表 5-4）。

表 5-4　　　　近年来关于推动境内机构境外发债的主要政策措施

年份	有关法规／举措	主要内容及改进
2015	《关于推进企业发行外债备案登记制管理改革的通知》（国家发改委外资〔2015〕2044 号）	取消企业发行中长期外债的额度审批，实行备案登记管理制度，并将人民币及其他币种的境外债券纳入统一管理
2016	《2016 年度企业外债规模管理改革试点工作》（国家发改委）	选择 21 家企业开展 2016 年度外债规模管理改革试点。试点企业在年度外债规模内，可自主选择发行窗口，分期分批发行，不再进行事前登记。鼓励外债资金回流结汇，由企业根据需要在境内外自主调配使用
	《四个自贸区所在省市外债规模管理改革试点工作》（国家发改委）	辖区内注册的地方企业境外发行债券，由地方发改委负责出具借用外债规模登记证明。鼓励辖区内企业境内母公司直接发行外债，并根据实际需要回流境内结汇使用，用于支持"一带一路"等国家重大战略和重点领域投资

续表 5-4

年份	有关法规 / 举措	主要内容及改进
2016	《中国人民银行关于在全国范围内实施全口径跨境融资宏观审慎管理的通知》（银发〔2016〕132 号）	将境内机构境外发债的资金汇回与境外借款等融资业务纳入本外币一体化管理，与融资主体的资本或净资产挂钩，受融资杠杆率和宏观审慎参数调节
2017	《关于进一步推进外汇管理改革完善真实合规性审核的通知》（汇发〔2017〕3 号）	规定债务人可通过向境内进行放贷、股权投资等方式将担保项下的资金直接或间接调回境内使用

资料来源：根据公开资料整理。

发展现状及展望

伴随着境外发债政策的松绑，近年来境内机构或出于低廉的境外融资成本，或出于简便的境外发债流程，或出于国际战略布局等方面的考虑，越来越多地选择赴境外发行债券融资，发债规模屡创新高。值得一提的是，据彭博统计，2017 年年度发债接近 2 500 亿美元，较 2016 年增长近 85%；2018 年在境内外发行条件不利的市场环境下仍然保持较高规模。从币种结构来看，涉及美元、欧元、澳元以及人民币点心债等，其中美元债规模最大，点心债规模有所回暖（见图 5-6）。

展望未来，在境内外融资业务联动日趋紧密的趋势下，并结合"一带一路"倡议的政策支持以及市场主体国际化布局的自发驱动，境内机构境外发债业务的市场需求预计将会持续增长。另外，从市场条件来看，中国财政部在香港的人民币债券发行已形成一条相对完整的基准收益率曲线，为其他中资机构的人民币债券发行、人民币资产定价及风险管理提供了重要参考；财政部于 2017 年第四季度重启美元债发行，也在一定程度上有利于搭建中资海外美元债的基准收益率曲线。中资机构境外本外币债券融资基准价格曲线的逐步完善，无疑将会推动其海外发债业务的进一步发展。

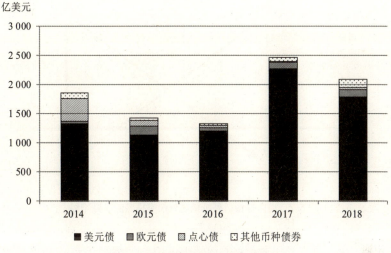

亿美元

图 5-6　中资机构境外发债年度规模

资料来源：彭博。

境内机构投资境外债券

政策梳理

　　总体来说，关于境内机构投资境外债券业务，其政策和路径因主体类型不同而有所差异。不同类型的境内主体可根据不同的路径安排，选择以人民币、人民币购汇、以及自有外汇这三种资金跨境形态开展相应的境外本外币债券投资。其中，以自有外汇资金形式参与境外债券投资这一途径主要适用于银行类金融机构，该业务纳入外汇综合头寸管理，不受购汇额度或资金汇出额度限制；对于绝大多数非银行类机构投资者而言，基本上均采用人民币购汇或人民币资金跨境形式参与境外债券市场，且需获得相应的资格和额度，具体路径如图 5-7 所示。

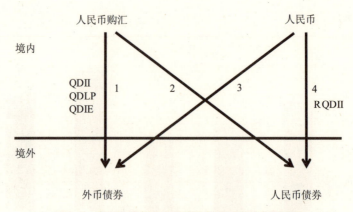

图 5-7　境内非银行类机构境外债券投资的主要路径

其中，第1种路径主要包括合格境内机构投资者（QDII），以及地方试点的合格境内有限合伙人（QDLP，上海等试点）、合格境内投资企业（QDIE，深圳试点）等政策管道；第2种路径亦属于 QDII 的政策范畴，但实际业务需求不大；第4种路径主要指人民币合格境内机构投资者（RQDII）业务；第3种路径虽存在较大市场需求，但目前尚未开通。

发展现状及展望

与境外机构投资境内债券市场的势头基本匹配，近年来境内主体投资境外债券市场的规模亦不断攀升。截至 2018 年上半年末，在不包含外汇储备资产的统计口径下，中国对外债券资产余额为 2 107 亿美元，约占对外全部证券投资的 40%（见图 5-8）[①]。从路径来看，以境内银行以自有外汇资金开展境外外币债券投资的方式占绝大比重，以 QDII 和 RQDII 方式开展的境外债券投资规模则相对较小。

---

① 资料来源：国家外汇管理局《中国国际投资头寸表》。

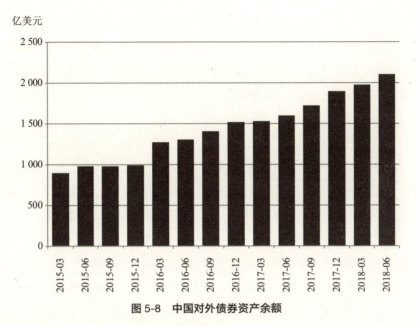

亿美元

图 5-8　中国对外债券资产余额

资料来源：国家外汇管理局《中国国际投资头寸表》。

展望未来，出于全球化资产配置和风险管理的考虑，境内机构境外债券投资的市场需求无疑将持续增长。从政策配套支持的角度，以下三个方向的完善或值得期待。

第一，扩大利用自有资金参与境外债券投资的主体范围。目前，获准以自有资金开展境外债券投资的主体主要限于商业银行，中国证监会自 2018 年开始对部分证券公司下发跨境业务无异议函，允许其以自有资金开展跨境业务，在外汇监管部门的配合下，该试点业务有望进一步落实和铺开，或扩大至其他类型的金融机构。

第二，优化 QDII 和 RQDII 的额度管理。2018 年 4 月，外汇局在过去 3 年未受理 QDII 额度申请后，重启审批工作并增加额度；5 月，中国人民银行亦进一步明确 RQDII 有关政策。接下来，QDII 在额度管理上采用与 QFII 和 RQFII 类似的基于投资主体自身资产规模或管理资产规模的"基础额度备案、超过额度审批"模式或将是一种趋势，与 RQDII 采用的额度备案制管理思路亦将趋同。

第三，南向"债券通"的适时推出。南向"债券通"的强烈市场需求不言而喻，从战略看，有利于深化中国债券市场双向开放，形成跨境资本双向流动和人民币汇率双向波动的良好局面；有利于提升金融账户人民币跨境交易，形成二级市场和一级市场的联动，促进境外人民币债券的计价发行和交易，从而推动人民币国际化；有利于推进和落实"藏汇于民"，减轻外汇储备对外投资的压力，达到多元化配置的效果。在路径设计上，可与银行自有资金境外投资、QDII 和 RQDII 等管道并行，允许以自有外汇、人民币购汇、以及人民币直接跨境等形式投资境外本外币债券；而互联互通和"资金死循环"等机制安排既可以进一步提升操作的便利性，又可以强化跨境交易和资金流监测，确保投资境外债券业务的安全高效运行。

离岸业务：锚定中国债券市场标的
的产品开发及交易

如前文所述，内地债券市场开放已取得一定的成绩，并将继续朝纵深发展。但是，我们也注意到，尤其是与美欧等成熟债券市场相比，内地债券市场遵循的"引进来"和"走出去"的双向开放框架需要从跨境范畴延伸至离岸领域，共同构成中国债券市场的更深层次开放（见图 5-9）。

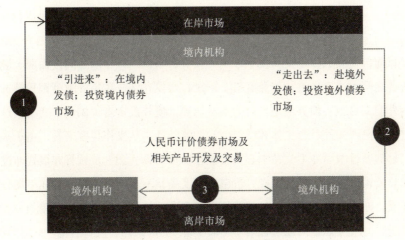

图 5-9　中国债券市场开放示意图

大力发展离岸人民币债券市场
及推动相关基础设施建设

从美元国际化的成功经验来看，欧洲美元债券市场的发展无疑进一步推动了美元作为国际货币的计价、结算和储备等职能。人民币国际化的深入亦需要离岸人民币债券市场的推动，尤其是在中国资本账户尚未完全开放的背景下，更具必要性。目前，以中国香港"点心债"、中国台湾"宝岛债"等为代表的离岸人民币债券市场虽初具规模，但发展步伐总体较为缓慢。展望未来，为进一步推动以香港等为代表的离岸人民币债券市场往纵深发展，建议继续保持离岸市场较为充裕的人民币流动性，并且着力搭建离岸人民币债券市场发展和人民币国际化的交易、托管、结算、支付等基础设施建设。

债券通项下境外投资者之间直接开展交易

目前，债券通项下交易仅限于境外投资者与境内做市商之间，而两个境外投资者之间无法直接进行债券交易。未来，建议允许一些境外大型银行等通过中国外汇交易中心债券交易平台为债券通项下境外投资者提供做市交易，这样可进一步拓展海外参与主体和增强债券的流动性。从操作角度来看，由于报价和交易均通过中国外汇交易中心系统执行，且结算、交割及托管亦最终通过中央结算公司或上海清算所完成，价格透明度高，不会出现价格分层或市场分层的情况，亦不会出现债券交易或结算游离在境外的情况，风险是可控的。在具体推进时，可考虑在内地与香港"互联互通"的框架内，发挥香港"一国两制"的优势，选择那些已在境内设立机构开展业务、并接受香港监管当局监管的在港中外资机构开展试点。

境外投资者运用所持有中国债券进行
担保品管理、质押融资等业务

从债券持有者的角度来看，除追逐资产保值增值的目标外，债券投资还应具备充当流动性管理工具的功能。以美国国债为例，其被全球投资者广泛持有的一个重要原因是它具有强大的货币替代和变现能力，可被持有者广泛用于质押融资，作为担保品或保证金等进行各类金融交易，能够很好地充当流动性管理工具，提升投资者资金使用效率。相比之下，境外投资者持有中国债券，则无法开展担保品或质押融资等业务，流动性管理的效用和资金使用效率大打折扣，这也在一定程度上制约着境外机构持有中国债券的积极性。下一步，建议探索在债券通项下利用两地托管机构的互联互通，逐步扩大持有中国债券标的的用途，这样既可增强境外投资者持有中国债券的意愿，亦能提升人民币计价资产的境外认可度，助推人民币国际化。

在离岸市场开发和交易债券期货等风险管理工具

追逐收益和风险管理是金融投资永恒的两个要义，是无法分割的整体。债券投资亦是如此，境外机构在投资中国债券市场的同时必然要求有相应的利率及期限等风险管理工具。从目前来看，境内银行间市场和交易所市场已形成一整套较为完整的衍生产品体系。就境内银行间市场利率掉期、远期利率协议、债券远期等风险管理工具而言，境外投资者除通过境内代理行管道外，希望可进一步通过"债券通"机制的延伸更广泛地参与。就境内交易所市场的国债期货产品而言，目前尚未对境外投资者开放，即使日后开放，亦需要境外投资者在境内重新开设和维护一整套账户体系，操作成本和难度较高，也与债券通"沿用境外投资者操作习惯"的设计理念相悖。

基于此，政策制定者可考虑允许在境外推出债券期货产品。考虑到境外债券期货的结算价最终收敛于在岸市场主导的现券价格，可确保定价权牢固掌握在境内，风险是可控的。另外，境外债券期货等衍生品可帮助投资者在无须调整现券头寸的前提下进行风险管理，能有效减少其因市场冲击带来的现券头寸大幅调整或跨境资金频繁进出，有利于维护境内债券市场的平稳运行。在具体推进中，可利用香港"第二主场"的优势，充分发挥其"试验田"和"风险隔离墙"功能，在不影响内地主市场对外开放节奏的情况下，开展先行先试，为日后的境内衍生品市场开放积累经验，继续支持和深化中国债券市场的改革开放。

跨境资本流动宏观审慎管理与债券市场开放
——国际经验与中国探索

香港交易所
首席中国经济学家办公室

本章导读

近年来中国人民银行宣布数项宏观审慎管理措施，包括调整境内人民币外汇远期交易的外汇风险准备金率，重启中间价定价"逆周期因子"等，对缓解外汇市场波动起到积极作用。从 2015 年开始，内地逐步构建了跨境资本流动宏观审慎监管框架，以保障境内金融市场平稳运行，有效应对潜在外部冲击。本章回顾了全球宏观审慎管理政策的国际实践，并探讨其在规范境内债券市场开放中的可行性。

2008 年全球金融危机以后，国际跨境资本流动监管框架发生重大转变，国际货币基金组织（Internation Monetary Fund，简称 IMF）发布一系列政策文件与制度指南，对资本流动管理原则、主要工具、运用次序、政策效果等进行了全面分析和设计，为新兴市场国家建立资本流动宏观审慎监管框架提供重要依据。宏观审慎管理是指通过一系列宏观审慎指针和税收工具，抑制系统性风险积累，以增强国内金融机构的稳健性（如提高外币负债的资本充足率、贷存比、贷款价值比、对未平仓外汇净敞口设限或限制外币抵押贷款比率等）。2010 年以后，新兴市场（如巴西、韩国等开放程度较高的国家）对资本净流入已尝试运用一定的宏观审慎措施，以应对金融危机后实施的量化宽松政策所带来的大量游资，但在资本流出方面的运用实例尚不多见。

中国内地自 2015 年所构建的跨境资本流动宏观审慎监管框架，具体内容包括：第一，在资本流出或人民币汇率面临贬值压力的时期，增加外汇风险准备金征收比例至 20%、对境外金融机构在境内金融机构存款征收存款准备金、在人民币汇率中加入逆周期调节因子、采取本外币一体化全口径管理等一系列措施，对市场进行调控。第二，在资本流入或人民币汇率面临升值压力的时期，内地监管机构对前期政策进行了调整，将中间价报价模型中"逆周期因子"恢复中性，将外汇风险准备金征收比例从 20% 降为零，取消境外金融机构在境内存放准备金的要求，根据逆周期系数调控境内金融机构对境外人民币业务参加行的账户融资规模，以及在全口径跨境融资宏观审慎监管框架下，允许境内企业在境外发行人民币债券资金汇入等。

债券通的闭环、透明、可控的特点，可作为跨境资本流动的调节阀，便于监管者整体平衡跨境资本流动，掌握资本流动管理主动权，也有利于监测发债企业募集外资规模，更好地发挥宏观审慎管理效力。参照 IMF 资本流动管理基本思路，本章对债券市场开放中可采取的措施作简单探讨，包括：第一，针对境外居民投资境内债券市场，根据资本流入程度和非居民持有债券（即资本流入）的长短期限，将宏观审慎原则纳入税费结构。通过透明、可预测的税费结构，更有效地调节跨境资本的期限结构，减少短期资本流动带来的冲击。第二，针对境内机构投资境外市场（居民的资本流出），将金融机构持有与之相关的境外本、外币债券统一纳入监管口径，调控外汇暴露风险。第三，继续引入境外投资者，推动成熟具流动性的境内市场加速形成，更有效地应对跨境资本大量流入和流出带来的冲击。

IMF 的跨境资本流动管理框架、工具和原则

2008 年全球金融危机及其后的量化宽松政策期间,新兴市场国家经历了资本大量流入、流出、再大量流入的过程。2007 年新兴市场资本流入达历史最高位 1.5 万亿美元,2008 年全球金融危机后,2008 年及 2009 年流入额分别锐减为 7 686 亿美元及 5 674 亿美元。随后发达国家量化宽松政策实施,新一轮流入席卷新兴市场,2010 年流入规模猛增至 1.2 万亿美元[①]。

跨境资本流动"大进大出"对新兴市场国家的金融稳定和货币政策独立性带来深远影响。为应对资本大规模流出入给宏观经济与金融稳定带来的挑战,如何管理跨境资本流动,哪种管制措施更为有效,是新兴市场国家以及国际社会需要面对的重要命题。

---

① 资料来源:IMF. *World Economic Outlook*, 2014 年 4 月。

国际资本流动监管态度的转变：
从鼓励自由流动到倾向资本管理和宏观审慎监管

　　IMF 等主流国际机构传统上倾向于国际资本应自由流动，强调新兴市场应推动市场开放促进经济增长，认为资本管制容易规避且无效，并不赞成对资本流动实施管制。但是 2008 年全球金融危机爆发以后，全球金融系统受到严峻考验，一向主张资本自由化的 IMF 也渐趋软化态度，并重新考虑资本管制的合理性与正当性。2010 年春季 IMF 发布《全球金融稳定报告》，正式承认资本流动有其风险，鼓励资本流入国可以宏观经济与审慎政策等工具搭配使用。此后，IMF 董事会讨论通过了一系列政策文件，2012 年年底、2013 年 4 月先后发布制度观点（Institutional View）与指南文件（Guidance Note），形成一个较完整的资本流动管理框架，对资本流动管理工具及其运用、资本流动监管、资本项目自由化等都进行了制度设计。遵循此框架，新兴市场国家开始逐步建立宏观审慎管理政策，与其他资本管理工具搭配使用，以取代资本管制措施或减少其对市场的扭曲。

IMF 资本流动管理工具和宏观审慎监管框架

　　根据 IMF 的定义，资本流动管理工具（Capital Flow Management Measures，CFMs）包括行政手段、税收在内的一系列措施，控制资本流动规模或影响资本流动的结构。具体包括：第一，通常意义上的资本管制，针对不同居住地采取相应跨境资本交易管理工具（residency-based CFMs）；第二，宏观审慎措施，主要目的是降低资本流动对整体金融系统的负面影响（而非限制资本流动本身）。宏观审慎措施实施的对象是以交易币种而非主体居住地进行划分，政策工具以限制境内主体的外债融资能力或信贷规模为主要目标，避免跨境资本流动对银行体系的整体信贷规模造成影响，保证金融机构的稳健性。

在具体实践中，宏观审慎监管框架通过建立一系列宏观分析指针和管理工具，抑制系统性风险的积累。这些工具主要以规管银行借贷、负债规模和外币交易为主，从而避免过度跨境借贷及资本流入对宏观经济和金融体系造成影响。下面介绍一些宏观审慎管理工具的国际运用。

与外汇交易相关的宏观审慎管理工具

这类措施的实施对象主要是本地银行，通过设定银行体系的外汇头寸上限来调控银行外汇风险敞口，以降低银行对短期外币负债的依赖，减少诱发系统流动性风险。具体工具包括银行外汇敞口限制、外汇资产投资限制、外汇贷款限制、本外币负债差别准备金率等。

在新兴市场国家中，韩国对这些工具的运用具有成功经验。2010 年 6 月，韩国金融当局颁布了一系列宏观审慎措施，防止外汇交易过度杠杆化，限定内资银行和外资银行的外汇衍生品头寸数量上限，分别规定其不能超过资本金的 50% 和 250%，从而限制银行利用美元短期负债从事外币交易的能力。此外，印度尼西亚、秘鲁等国家也采取过类似措施，对内资银行和外资银行持有的外汇衍生品头寸数量、银行的短期外汇借款额度实施一定的限额管理。

对银行外币存款或非核心外币短期负债征税

具体措施包括对银行的非居民短期负债与其资本金的比例实施限制、对不足 1 年的银行非存款外币负债征税等。2010 年 12 月，韩国金融当局宣布对本国银行和外国银行分行的外币负债课征"宏观审慎稳定税"，税率随期限的增加而递减。研究显示，韩国 2010 年采取旨在限制外币交易的措施后，银行短期外币借款下降，对国外融资冲击的脆弱性也随之下降。尽管宏观审慎政策不能代替必要的宏观经济政策调整，但已发挥一定作用[1]。

利用资本充足率、准备金比率、贷款价值比（LTV）、债务收入比（DTI）等指标调控

跨境资本流动可以对银行部门造成很大风险，比如增加了与外币贷款相关的信用风险、外币敞口造成的货币风险等。降低银行外币贷款或资产风险的主要措施可以是征收较高的外币贷款资本金要求，提高外币负债的准备金要求，或提高特定类型贷款在计算资本充足率时的风险权重。针对资产价格快速上涨，可降低贷款比例，提高保证金要求等。这类工具一般用以降低系统性风险，可以是以标价货币为征收基础，而非针对交易方居住地。

针对资本流入的管理

根据 2011 年 IMF 提出的资本流动管理政策框架，针对资本流入可选择的工具包括宏观经济政策、宏观审慎管理政策和资本管制，针对不同跨境资本流入的渠道和资本监管的适应程度，所产生的政策效果各不相同。

一般来说，宏观经济政策用以应对资本流入导致的宏观经济风险，宏观审慎政策用以应对资本流入导致的金融风险，如不足以应对时，则以资本流动管理工具（即资本管制）作为补充。

第一，如果资本流动是通过宏观经济渠道对本国经济造成影响的，比如资本急剧流入造成货币升值、外汇储备过度增加、增加货币政策操作的冲销成

---

[1] 资料来源：《亚洲运用宏观审慎政策降低风险》，IMF Blog 网站，2014 年 4 月 30 日。

本，可首先考虑通过宏观经济政策操作来降低资本流入的影响。

第二，如果资本流动是通过金融渠道影响本国经济金融稳定的，则首先考虑采取不同的工具以加强对本国银行、金融体系的宏观审慎管理来应对资本流入。这又分为资本通过受管制金融机构（主要为银行）流入和通过其他渠道流入这两种情况下的管理措施（见表6-1）。

表6-1　　　　　　　　　资本流入的两种渠道及使用的不同管理工具

1. 资本通过受管制的银行体系流入的情况	
过度依赖短期融资为长期贷款提供资金	存在银行负债结构的风险，可综合使用宏观审慎政策（如本、外币差别准备金率）与资本管制（如对外借款限制、提高非居民负债准备金率）等以降低负债结构风险
银行资产风险（包括存在外币贷款的信用风险与外汇敞口的汇率风险）	如最终借款人（如企业或家庭）借入外币但收入为本币时，会给银行带来信用风险，需严格监控银行的外币贷款（提高外币贷款的资本要求、对无风险对冲借款人有借款限制）；如银行借入外币贷出本币亦须承担汇率风险，此时需收紧外币敞口、提高外汇流动准备比例等
资本流入造成了银行贷款增加，信贷扩张造成一定的宏观经济风险	可采用合适的宏观审慎政策抑制本、外币信贷扩张，如同比例提高存款准备金率（或采用本、外币负债差别准备金率）、提高某些类型的贷款在计算资本充足率时的风险权重、强化贷款分类标准等，这些措施可提高银行贷款利率，抑制信贷增长
资本流入造成了银行贷款增加，导致资产泡沫	如果银行贷款导致资产价格泡沫，则可以宏观审慎政策应对，如采取逆周期资本金要求、降低担保品的贷放率（特别针对房地产贷款）、提高边际准备金率（针对股票贷款）。如宏观审慎政策无法及时有效处理以上风险时，则资本管制是可取的工具选择
2. 资本绕过受管制金融机构，流入境内市场的情况	
私人部门（非金融实体）直接从国外借贷，导致货币风险	2008年以后大量新兴市场国内借款人被较低利率吸引而承担了过高货币汇率风险。实施资本管制对未对冲的借款人（即主要收入非外汇的公司或家庭），特别是对风险较高的负债形式，或禁止国内（非金融）实体借入外汇，可能是适当的
非金融单位直接于海外借款，导致资产价格膨胀甚至泡沫化	这类借款易于绕过对国内银行体系的监管措施，加大了境内市场的金融杠杆，货币政策与审慎政策都无效，此时有效办法是直接限制其向外借款（及采用其他的补充工具）

资料来源：“Managing Capital Inflows: What Tools to Use?”, *IMF Staff Discussion Note, April* 2011。

针对资本流出的管理

资本流出是经济金融开放的正常现象，主要资本流出的渠道包括国内投资者向国外市场分散其投资组合、国内企业向外扩张、外商直接投资的收益的汇出，等等。如果外流规模较小，或外流规模虽较大但并不至引发危机，可通过宏观经济政策调整予以应对。如果出现了突然的、持续的、具有一定规模的资本流出，并损害宏观金融稳定，则需要考虑多种因素，成本以及在限制资本外流方面的综合有效性，选择相应措施。

根据 IMF 的资本流动管理原则，一般针对资本流出的管理措施是暂时性的。针对资本流出的管理工具应基于各国的具体情况，如行政管理能力、现行资本项目开放度等，管理范围尽可能广泛且随国内情况变化不断调整。具体措施包括：以居住地为划分标准的措施——限制居民向国外投资与转移、限制非居民出售国内投资并汇出，如对证券投资所得兑换设置最低停留期、对收益转移征税等；不以居住地为划分标准的措施——包括禁止本币资产的兑换与转移、限制非居民提取本币存款。

跨境资本流动管理需要遵循的原则

2008 年金融海啸后，新兴市场开始尝试实施宏观审慎管理措施，针对资本净流入为主（主要集中在 2009—2010 年期间，巴西、韩国和泰国等资本项目开放程度较高的国家），用于应对金融危机后实施的量化宽松政策所带来的大量游资流入和货币升值压力。而在涉及资本流出方面，运用实例并不多。在具体使用中，新兴市场国家在考虑各样政策工具时，需综合考虑如下原则：

1. 资本账户开放后，对汇率影响不大的、一定程度上的资本波动及流出属于正常的经济金融现象，对此并不需要使用专门的资本流动管理措施。

2. 宏观经济政策、宏观审慎管理政策和资本管制均可作为管理资本流入的应对工具，在选用上有先后次序，具体取决于跨境资本流入的渠道和本国的实际情况（如本国金融市场发达的程度、行政执行能力、资本项目开放度、制度与法律约束、与国际社会的借贷关系等）。

3. 根据资本流入的影响渠道的不同，可优先考虑以宏观经济金融政策调整和宏观审慎管理工具，来抵御资本流动和汇率波动。

4. 流入管理是流出管理的预防性措施。为缓和资本流出对本国市场所带来的影响，可遵照 IMF 资本流入政策框架，提前对资本流入实行管理。

内地跨境资本流动宏观审慎监管框架的建立和演变过程

在资本流出或人民币汇率面临贬值压力的宏观环境下，内地采取的宏观审慎措施

从 2015 年开始，中国人民银行已经将跨境资本流动纳入了宏观审慎管理范畴，分别针对在岸和离岸市场主体的顺周期加杠杆行为，以及外汇市场过度投机行为推出一系列的管理措施。具体工具包括：增加外汇风险准备金征收比例至 20%、对境外金融机构在境内金融机构存款征收存款准备金、在人民币汇率中加入逆周期调节因子、采取本外币一体化全口径管理等一系列措施，建立了跨境资本宏观审慎监管框架（见表 6-2）。

表 6-2	内地采取的主要宏观审慎措施（2015 年至 2018 年年中）

1. 针对跨境资金流动采取的宏观审慎管理	
针对境内主体通过借用外债加杠杆行为	2015 年中国人民银行建立了对上海自由贸易试验区跨境融资的宏观审慎管理模式。2016 年 4 月将本 / 外币一体化的全口径跨境融资宏观审慎管理措施进一步扩大至全国范围内的金融机构和企业 *。
针对离岸市场的人民币	2016 年 1 月，中国人民银行对境外金融机构在境内金融机构的人民币存款开始征收正常的存款准备金率，2017 年 9 月该存款准备金要求降低至零。
2. 针对外汇市场的过度投机行为采取的宏观审慎管理	
针对外汇市场需求	2017 年 5 月，人民币中间价定价机制中新增了逆周期调节因子，主要目的是适度对冲市场情绪的顺周期波动，缓解外汇市场可能存在的"羊群效应"。2018 年 1 月"逆周期因子"恢复中性，2018 年 8 月复又重新启用。
针对境内的外汇市场	2015 年 8 月底对银行远期售汇以及人民币购售业务采取宏观审慎管理措施，要求金融机构按其上月远期售汇（含期权和掉期）签约额的 20% 交存外汇风险准备金，2017 年 9 月 11 日外汇风险准备金征收比例从 20% 降为零，于 2018 年 8 月又恢复至 20% 以维持人民币汇率在合理均衡水平的稳定。

* 跨境融资是指境内机构从非居民融入本 / 外币资金的行为。全口径指在跨境融资层面上统一了本外币、中外资主体、短期与中长期管理。目前内地对银行类金融机构跨境融资采取宏观审慎管理措施。

资料来源：根据中国人民银行公布的相关政策整理。

在资本流入或人民币汇率面临升值压力的宏观环境下，对宏观审慎措施进行的回调

2017 年下半年，随着外汇市场上人民币贬值预期逐步减缓，国家又进行了新的逆周期调控，将前期的宏观审慎措施进行了回调或恢复，进一步推动人民币国际化向前发展。

第一，在人民币汇率方面，对中间价报价模型中的"逆周期因子"进行了调整，由各报价行根据宏观经济等基本面变化以及外汇市场的顺周期程度等，

自行设定"逆周期因子"，使中间价报价模型中的"逆周期因子"恢复中性。

第二，发布了《中国人民银行关于调整外汇风险准备金政策的通知》（银发〔2017〕207号），对《中国人民银行关于加强远期售汇宏观审慎管理的通知》（银发〔2015〕273号）进行了调整，将远期售汇业务的外汇风险准备金征收比例从20%降为零。

第三，跨境融资方面，2018年1月5日中国人民银行发布了《关于进一步完善人民币跨境业务政策促进贸易投资便利化的通知》（银发〔2018〕3号），对境内企业在境外发行人民币债券作出明确规定：按全口径跨境融资宏观审慎管理规定办理相关手续后，境内企业在境外发行人民币债券，可根据实际需要将募集资金汇入境内使用，反映出内地将利用宏观审慎监管框架，"松绑"企业海外发债的条件，进一步促进离岸人民币债券市场发展。

第四，2018年1月19日，中国人民银行又对商业银行人民币跨境账户融资业务进行了逆周期调节，规定人民币跨境账户融资上限将由商业银行人民币存款余额和逆周期系数决定，逆周期系数为3。境内代理行向境外人民币业务参加行提供的账户融资，曾是推动跨境贸易人民币结算的一项重要安排。2015年"8·11"汇改①后，为稳定离岸人民币市场，内地曾严格控制商业银行对境外参加行的账户融资规模。2018年1月19日政策调整，将原有的行政控制调整为逆周期系数调节，为配合宏观调控政策、促进人民币国际使用，留下了政策操作空间。

---

① 2015年8月11日，中国人民银行启动人民币对美元汇率中间价报价机制改革，此次改革被普遍视为人民币汇率市场化改革的重要一步。

通过逆周期等调控手段，继续推动宏观审慎管理试点，有利于海外人民币市场良性发展

根据孙国峰等（2017）研究表明，相对于资本管制，宏观审慎管理从全局的角度出发，通过市场化调控手段进行逆周期调节。在目前人民币汇率已具一定灵活性的情况下，宏观审慎管理相对更优。党的十九大报告中也明确提出健全货币政策和宏观审慎管理政策双支柱调控框架。

2015 年以后中国人民银行对跨境人民币管理工具进行优化，分别针对外汇、跨境贷款、流动性等多个领域推出宏观审慎的政策试验，既支持合法合规资金流出，也支持合法合规的资金流入。在具体操作中，有针对性地实施宏观审慎指标进行控制，更有利于人民币继续推进国际化进程和离岸人民币市场的良性发展。

针对国内债券市场开放和资本流动，可采取哪些资本流动管理工具

选择管理工具时的原则和思路

长期性资本流动有利于资源在全球范围内的合理配置，促进国民经济增长，但如果资本流入短时间内超出本国宏观经济政策调整能力与金融市场吸收能力，就可能对宏观环境产生影响（如汇率升值过快，引起资产价格上升，形成宏观经济风险），需要抑制资本流入（或改变流入结构），提高金融体系稳定。

根据 IMF 资本管理的基本思路，针对国内债券市场开放的跨境资本流动，

在选择相关管理工具时可基于以下原则和思路：

1. 出现资本流入时应采取何种资本流动管理工具，具体视资本流入的规模（是否已导致宏观金融风险）、资本流入性质（长期还是短期）和流入渠道（是通过银行系统还是非管制金融机构）而定。宏观经济政策、宏观审慎管理政策和资本管制均是管理资本流入的应对工具，它们各自承担相应功能，选用上有先后次序，综合运用时可具体取决于跨境资本流入的渠道和监管的适合程度。如果资本流入属长期性质，且主要作用于宏观经济整体环境（而非银行体系），则可更多依赖于宏观经济政策加以调整。

2. 缓解资本流入的另一个选择是允许资本有序流出。2017年下半年，人民币对美元整体呈现升值态势，对一篮子货币保持基本稳定。在此情形下，内地对前期实施的宏观审慎措施相应进行了回调或恢复。如果在适当时机下能够开通"债券通"下的"南向通"，更有利于资本双向流动，减少资本单向流动对汇率的压力。

3. 建议选择易于执行、便利实际操作的管制措施。价格型工具（如对资本流入征收税费）更透明、易于执行，对短期资本流动征税带来的社会成本也较低，可以优先使用。

"债券通"有助于对跨境资本流动实施宏观审慎监管

第一，"债券通"的闭环、透明、可控的特点，可作为跨境资本流动的调节阀，便于监管者整体平衡跨境资本流动，掌握资本流动管理主动权。

首先，"债券通"实现了跨境资金的闭环循环，即当期人民币的资本流出、流入相当于未来的人民币在渠道内定向回流；其次，资本流向信息透明，可及时监测对境内市场的影响，有利于监管机构根据资本流向及时出台措施调控资本流入，并进行实时的逆周期管理；再次，债券市场本身与宏观经济周期联系更为紧密，无论是企业债务融资活动还是跨境资本流向，"债券通"是更及时、动态的观察窗口，便于进行逆周期调节。

基于"债券通"的闭环、透明、可控的特点，监管者可利用税费、逆周期调节等手段更有效地调控跨境资金流向，将"债券通"作为跨境资本流动的调节阀，整体平衡跨境资本流动。

第二，"债券通"有利于监测发债企业募集外资规模，发挥宏观审慎管理效力。

目前跨境资本绕过宏观审慎管理的一个做法是，企业通过海外子公司到境外市场发行债券募集资金，存放于国内银行作为抵押，从而导致国内信贷扩张。这种以境外公司发行外币债券所产生的外币债务，并不能在以居住地为基础的国际收支账户中得到直接反映，因而掩盖了企业真实的外债规模，易于绕过宏观审慎调控措施，导致货币错配风险。

"债券通"为资金闭环设计，在此渠道内，无论是外资流入的规模、投资标的，债券交易都能清晰地纳入宏观审慎监管框架，便利监管者对企业融入境外资本的情况进行监控。

第三，当前外资流入债市整体规模仍有限，可更多依赖宏观经济政策进行调整。

2018 年 3 月底，境外机构在国债市场中的持有量占比为 5.85%，在国内债券市场整体占比为 1.90%①，与其他国家相比外资机构持有占比相对较低②。然而，债券市场外资净流入规模明显扩大。2017 年境外机构和个人投资境内债券市场增长达 3 462 亿元，2018 年第一季度境外机构和个人持有国内债券较 2017 年年底增加了 1 622 亿元，几乎接近 2017 年增加量的一半③。

相比之下，国际收支账户中其他项目（包括货物和服务贸易、直接投资账户）所涉及的跨境资本流动对汇率的影响相对更大。根据前文所述的资本流动管理基本原则，如资本流入属长期性质，且对宏观经济影响更大，则可更多依赖宏观经济政策调整，包括放宽汇率波动弹性、鼓励企业双向跨境投资等，引导资本双向流动。

可供选择的具体措施

第一，针对境外居民投资境内市场（非居民的资本流入），将宏观审慎原则纳入税费结构设计。

对某些特定证券（包括债务与股票资本）征收流入税是应对资本流入的主要方式。2008 年以后，韩国、巴西等国曾运用这种方式（见表 6-3）。从政策效果来看，对资本流入征税可显著控制本币升值。

---

① 资料来源：中央国债登记结算有限责任公司。
② 可参见刊于香港交易所网站的研究报告《进军中国境内债券市场——国际视角》，2017 年 5 月。
③ 资料来源：中国人民银行网站数据。

表 6-3   资本流动宏观审慎政策的部分国际实践

措施类别	实施国	具体措施
无息准备金、金融交易税	巴西、智利	2011 年 1 月巴西规定银行按货币市场美元空头头寸缴存无息准备金，期限 90 天，同年 7 月对期货市场的美元空头仓位征收 1% 的金融交易税；智利对短期资本流入收取无息准备金
准备金要求	土耳其	2011 年引入外汇缴存里拉准备金选择机制（reserve operation mechanism, ROM）和差别折算系数（reserve operation coefficients, ROC），吸纳流动性并提高外汇储备规模
宏观审慎稳定税	韩国	为应对资本流入压力，2011 年开始对国内和国外银行持有非核心类外币负债征收宏观审慎稳定税
对利息收入征税	韩国	2009 年 5 月对外国投资者免征所得税。2011 年 1 月恢复对外国投资者债券投资的利息收入征税，以抑制不断上升的非居民对韩国国债的投资（第二轮量化宽松措施之后），这项措施使居民和非居民之间恢复了公平竞争

资料来源："Managing Capital Inflows: What Tools to Use?", *IMF Staff Discussion Note, April* 2011；中国人民银行、国际货币基金组织联合研讨会《资本流动管理：国际经验》，2013 年 3 月。

通过透明、可预测的税费结构，可促使投资者在比较短期流动性的收益成本之间进行自主选择，以价格型工具调节境外资金跨境投资行为，从而更有效地调节跨境资本流动的期限结构，减少短期资本流动带来的冲击。

第二，针对境内机构投资境外市场（居民的资本流出），将金融机构持有与之相关的境外本、外币债券纳入监管口径，调控外汇暴露风险。

如果银行受监管的资本是本币计价，同时又持有外汇资产，则银行的资产和收益价值会受汇率变动影响。从审慎监管出发，需要重新评估银行管理外汇敞口的能力，防止在汇率走势逆转的情形下，外汇资产价值波动对银行资本充足率、信贷质量、以及流动性造成影响。

在内地现有的资本管理工具中，已经将银行机构的外汇敞口限制、外汇资产投资限制纳入了宏观审慎监管框架。金融机构逐步通过"债券通"、合格境内机构投资者（QDII）等渠道继续增持外币资产，可以考虑将境外的本币债券和外币债券纳入相应监管资本、风险准备金等风控指标，分别计算资本占用，以提高对其资本充足率的要求，并按照本币和外币分别进行流动性风险识别和监测，以减少银行资产负债币种错配带来的风险。

第三，建议继续引入境外投资者，推动成熟具流动性的境内市场加速形成，更有效地应对跨境资本大量流入和流出带来的冲击。

长远而言，进一步发展成熟具流动性的本国市场是应对外来资本冲击的更有效方式。开放市场可促进参与主体的多元化，能降低汇率波动及资本流动对市场的不利影响。由于国际化的参与主体更加成熟，带动了本地市场流动性的改善，并扩宽了本地市场的深度和广度，特别是引导国外资本进入长期债券市场，比如国债市场和地方政府债券市场，加速汇率、固定收益类风险对冲产品的开发，可更好地吸收资本流入、流出对宏观经济的冲击，进一步增强债券市场与其他市场的系统稳定性。

具体而言，扩宽市场的深度和广度的市场开放措施包括：

1. 可根据宏观审慎监管原则，适时推出"债券通"的"南向通"，完善资金双向流通机制；

2. 推进人民币债券加入国际债券指数，包括花旗全球国债指数（WGBI）、摩根大通国债－新兴市场指数（JPM GBI-EM）等，促使更多国际投资者进入中国债券市场，促进参与主体的多元化[①]；

---

① 可参见刊于香港交易所网站的研究报告《将中国纳入全球债券指数：现况与前景》，2018 年 6 月 7 日。

3. 在人民币汇率双向波动趋势明显的情况下，丰富和完善相应的风险对冲产品，为投资者规避汇率及利率风险提供工具，从而进一步提升中国金融市场的风险缓解能力和定价效率。

本章主要参考文献

1. International Monetary Fund. (2010) "Global Liquidity Expansion — Effects on 'Receiving' Economies and Policy Response Options", *Global Financial Stability Report*, April 2010.
2. International Monetary Fund. (2011) *Recent Experiences in Managing Capital Inflows — Cross-Cutting Themes and Possible Guidelines*, February 2011.
3. International Monetary Fund. (2012) *Liberalizing Capital Flows and Managing Outflows — Background Paper*, March 2012.
4. International Monetary Fund. (2012) *The Liberalization and Management of Capital Flows: An Institutional View*, November 2012.
5. International Monetary Fund. (2013) *Guidance Note for the Liberalization and Management of Capital Flows*, April 2013.
6. International Monetary Fund. (2015) *Managing Capital Outflows — Further Operational Considerations*, December 2015.
7. International Monetary Fund. (2017) *Increasing Resilience to Large and Volatile Capital Flows: The Role of Macroprudential Policies*, July 2017.
8. Ostry, Jonathan David, et al. "Managing Capital Inflows:What Tools to Use?", *IMF Staff Discussion Note*, April 2011.
9. 孙国峰、李文喆（2017）《货币政策、汇率和资本流动——从等边三角形到不等边三角形》，中国人民银行工作论文，2017 年 3 月。

注：本文部分内容曾刊发于《清华金融评论》2019 年 8 月刊。

07

穆迪对中国发行人的评级简介

萧一芝
穆迪投资者服务公司
大中华区信用研究分析部高级分析师

钟汶权
穆迪投资者服务公司
大中华区信用研究分析部主管

本章导读

　　本章内容梳理了中国企业作为美元债券市场主要发行人群体的发展历程。随着更多中国企业转向美元债券市场，越来越多的发行人需要信用评级。穆迪评级旨在为投资者提供简明的等级体系，用于衡量证券未来的相对信用度。本章对穆迪企业评级方法做了简要介绍。

穆迪对境外债券市场中国发行人的评级覆盖范围

2008 年以来，中国企业[1]的美元债券发行量大幅增长，发行人[2]数量和多元化程度也同时提高。按照地域划分，中国企业已成为亚洲美元债券市场最大的公司债券发行人群体。金融数据提供商 Dealogic 的数据显示，截至 2018 年 12 月 31 日，中国非金融企业发行的美元债券余额达到 4 600 亿美元，约占亚洲美元债券市场的 55%。2008 年 12 月 31 日的上述数据分别是 163 亿美元和 14%。

发债规模的增长拓宽了中国企业的融资渠道，并提高了其与全球债券市场的一体化程度。美元债券市场通常要求债券发行人遵循与其他国际市场相同的惯例，包括文件记录、信息披露和采用全球可比的评级。

图 7-1 简要概括了中国企业进入美元债券市场的历程。

---

[1] 中国企业仅指中国内地企业。
[2] 发行人仅指中国内地发行人。

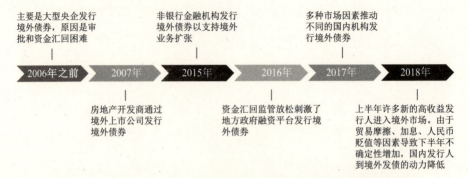

図 7-1　中国企業発行人作为美元债券市场主要发行人群体的发展历程

2006 年之前： 由大型央企主导境外债券发行，原因是境外发债审批以及境内外市场之间的资金流动有着严格的监管规定。这些大型央企的评级属于投资级别。

2007 年： 在中国房地产市场蓬勃发展的推动下，开发商大举拓展融资渠道。中国开发商的常见做法是在香港或境外市场上市，以及通过境外公司发行美元债券。由于监管规定导致房地产开发商的境内债券市场渠道有限，因此其在境外债券发行规模增速超过其他行业。多数房地产开发商获得非投资级别评级。

2015 年： 证券公司和资产管理公司等非银行金融机构开始在境外市场融资，从而支持其海外扩张。中国四大资产管理公司的评级是投资级别，而证券公司的评级则包括投资级别和非投资级别。

2016 年： 监管机构放松了对境外发债和资金汇回国内的规定，促使了包括地方政府融资平台在内的地方国企利用境外债券市场融资。地方国企的评级包括投资级别和非投资级别。

2017 年： 在人民币兑美元汇率趋稳的背景下，监管持续放宽鼓励不同行业的企业到境外发债。投资级别发行人寻求降低融资成本的机会，而非投资级别企业则借此拓宽融资渠道，将其作为流动性紧张和波动的境内债券市场的一个替代途径。

2018 年：由于利息成本上升及人民币兑美元贬值，投资级别发行人境外发行规模下降。更多非投资级别发行人因境内债券市场流动性波动而试图利用境外市场。但是，境内外市场利率的提高和债券违约事件的增加削弱了投资者对高收益债券的兴趣。

随着更多中国企业转向美元债券市场，越来越多的发行人需要信用评级。穆迪评级的中国公司债券发行人数量从 2008 年 1 月的 37 家增至 2018 年 12 月的 231 家（见图 7-2）。

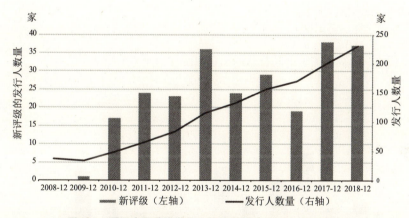

图 7-2　受评中国债券发行人快速增长（2008—2018 年）

资料来源：穆迪投资者服务公司。

穆迪对中国企业发行人的评级分布从投资级别的 A1（主权评级水平）到 Caa（非投资级别较弱水平）不等（见图 7-3）。多数评级是投资级别。大约 60% 的公司获得投资级别评级，其中多数是国有企业或其子公司。国企得到政府支持，其子公司则通过国企母公司受益于政府间接支持，因此穆迪认为其评级应高于个体信用评估结果。我们根据全球评级标准授予上述评级，并采用适用于全球相关同业的评级方法。这些评级便于投资者将中国企业与全球发行人加以比较。

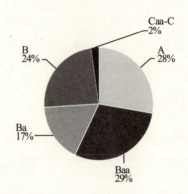

图 7-3　受评中国企业的评级分布（231 家发行人，截至 2018 年 12 月 31 日）

资料来源：穆迪投资者服务公司。

穆迪的评级覆盖了不同行业的国企和民营企业（见图 7-4）。

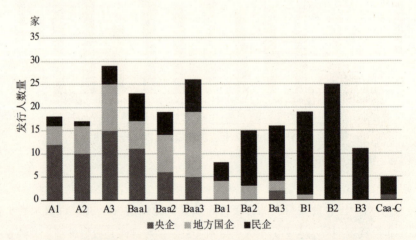

图 7-4　多数国企获得投资级别评级，多数非投资级别企业是民营企业

资料来源：穆迪投资者服务公司。

穆迪评级的公司债券发行人中房地产开发商数量最多。多数房地产开发商获得非投资级别评级。电力和燃气公用事业的发行人数量居第二位，且此类发行人多数获得投资级别评级（见图 7-5 至图 7-7）。

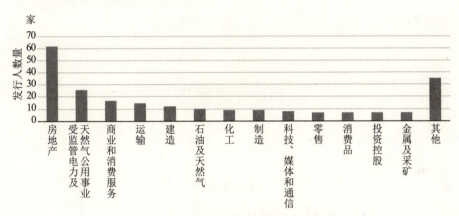

图 7-5　按行业划分的中国发行人评级分布

资料来源：穆迪投资者服务公司。

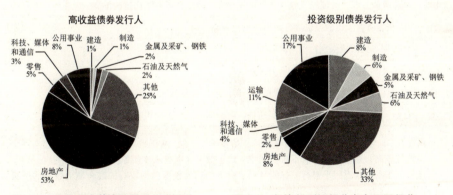

图 7-6　半数以上的高收益债券发行人属于房地产行业

图 7-7　投资级别评级分布在不同行业

资料来源：穆迪投资者服务公司。

穆迪评级简介

穆迪证券评级体系由约翰·穆迪于1909年创建。穆迪评级旨在为投资者提供简明的等级体系，用于衡量证券未来的相对信用度。

穆迪评级定义

全球级长期评级如表7-1所示。

表7-1　　　　　　　　　　　　全球级长期评级

Aaa	Aaa级债务的信用质量最高，信用风险最低
Aa	Aa级债务的信用质量很高，信用风险极低
A	A级债务为中上等级，信用风险较低
Baa	Baa级债务有中等信用风险，属于中等评级，因此可能有某些投机特征
Ba	Ba级债务有一定的投机成分，信用风险较高
B	B级债务为投机级别，信用风险高
Caa	Caa级债务信用状况很差，信用风险极高
Ca	Ca级债务投机性很高，可能或极有可能违约，有收回本金及利息的一定可能性
C	C级债务为最低等级，通常已经违约，收回本金及利息的机会微乎其微

注：穆迪在Aa至Caa各级评级之后采用修正数字1、2、3。修正数字1表示该债务在同类评级中排位较高；修正数字2表示排位居中；修正数字3则表示该债务在同类评级中排位最低。此外，"hyb"标识用于银行、保险公司、财务公司和证券公司发行的混合证券获得的所有评级。

资料来源：穆迪投资者服务公司。

穆迪各评级类别及违约概率的历史数据

表 7-2　　　各评级类别平均累计发行人加权全球违约率（1920—2017 年）

年 评级	1	2	3	4	5	6	7	8	9	10
Aaa	0.00%	0.01%	0.03%	0.07%	0.14%	0.21%	0.30%	0.43%	0.56%	0.71%
Aa	0.06%	0.18%	0.28%	0.43%	0.66%	0.93%	1.20%	1.46%	1.69%	1.96%
A	0.08%	0.25%	0.52%	0.81%	1.12%	1.47%	1.83%	2.19%	2.59%	2.99%
Baa	0.26%	0.72%	1.26%	1.86%	2.48%	3.10%	3.70%	4.31%	4.96%	5.60%
Ba	1.21%	2.87%	4.71%	6.64%	8.50%	10.27%	11.88%	13.44%	14.95%	16.54%
B	3.42%	7.78%	12.15%	16.12%	19.67%	22.79%	25.61%	28.01%	30.16%	32.01%
Caa-C	10.11%	17.72%	23.85%	28.87%	32.89%	36.06%	38.80%	41.30%	43.68%	45.73%
投资级别	0.14%	0.40%	0.72%	1.08%	1.48%	1.89%	2.29%	2.70%	3.13%	3.56%
投机级别	3.71%	7.44%	10.93%	14.06%	16.82%	19.22%	21.36%	23.27%	25.04%	26.71%
全部	1.50%	3.01%	4.42%	5.68%	6.80%	7.78%	8.66%	9.45%	10.21%	10.94%

资料来源：穆迪投资者服务公司。

表 7-3　　　　　各评级类别平均一年迁移率（1920—2017 年）

迁移后 迁移前	Aaa	Aa	A	Baa	Ba	B	Caa	Ca-C	评级 撤销	违约
Aaa	86.86%	7.78%	0.79%	0.19%	0.03%	0.00%	0.00%	0.00%	4.36%	0.00%
Aa	1.05%	84.12%	7.73%	0.72%	0.16%	0.05%	0.01%	0.00%	6.11%	0.06%
A	0.07%	2.70%	85.06%	5.56%	0.64%	0.12%	0.04%	0.01%	5.73%	0.08%
Baa	0.04%	0.23%	4.20%	82.90%	4.55%	0.73%	0.13%	0.02%	6.96%	0.25%
Ba	0.01%	0.07%	0.49%	6.15%	74.05%	6.85%	0.67%	0.09%	10.49%	1.14%
B	0.01%	0.04%	0.16%	0.61%	5.56%	71.76%	6.19%	0.46%	12.00%	3.21%
Caa	0.00%	0.01%	0.03%	0.11%	0.51%	6.71%	67.72%	2.95%	13.90%	8.06%
Ca-C	0.00%	0.02%	0.10%	0.04%	0.57%	2.82%	8.19%	47.69%	18.45%	22.13%

资料来源：穆迪投资者服务公司。

穆迪企业评级方法（打分卡）简介

信用评级方法阐述穆迪评级委员会用以授予信用评级的分析框架。评级方法说明了主要分析因素，穆迪认为这些因素是确定相关行业信用风险最重要的因素。评级方法并未罗列出穆迪评级反映的所有因素，而是阐述了穆迪在确定评级时采用的主要定性与定量考虑因素。为了协助第三方了解穆迪的分析方法，所有评级方法均向公众公开。

非结构融资（例如非金融企业、金融机构和政府）的评级方法通常（但不一定总是）包括一个打分卡。打分卡是一种参考工具，说明了通常对授予评级最重要的因素。作为总结的打分卡并未囊括所有评级考虑因素。打分卡中各个因素和子因素的权重代表我们对其在评级决定中的重要性估测，但各因素的实际重要性根据发行人的情况及其运营环境可能大相径庭。此外，定量因素和子因素通常是历史数据，但我们的评级分析以前瞻性预测为基础。同时，各个评级委员会会根据当前的运营环境等判断具有特殊重要性的评级因素，并决定是否要强调以及如何强调此类因素。因此，最终评级可能与打分卡指示的评级范围或水平不一致。

08

债券通与中国获纳入全球债券指数

香港交易所
首席中国经济学家办公室

本章导读

中国债市发展迅速，现已位居全球第三大债市，但中国在全球债券指数的比重却远低于其经济及债券规模所应占份额。近年来，中国先后推出不同举措以降低外资进入中国债市的门槛，特别是 2017 年 7 月"债券通"正式启动，在很大程度上移除了中国债市的入场门槛，并放宽了境外投资者在中国债市的交易限制，使中国进一步贴近全球广泛使用的债券指数的遴选标准。然而，外资参与中国债市仍存在若干操作上的问题，这包括：现行的交收安排还不能完全做到货银两讫、境外投资者买卖债券的税务政策欠清晰、汇出资金存有难点，及未能透过汇市对冲货币风险等。

在可见的将来，中国必然获纳加入广泛使用的全球债券指数，届时影响所及甚为深远。一旦全球债券指数陆续纳入中国并分配以较高比重，越来越多追踪这些全球债券指数的交易所买卖基金（ETF）将相应增持中国主权债券，到时市场上是否有相应的对冲工具来降低中国债市受国际市场波动的影响将至关重要。此外，为持续吸引全球大型机构投资者投资中国债市及让中国继续留于全球债券指数，维持一个坚稳的主权评级亦是一大关键因素。国内金融深化（包括扩大国内投资者基础、银行业和资本市场进一步深化，及优化机制环境）将有助于强化国内金融市场，有利于降低全球金融动荡对国内资产价格的不利影响。

国际投资在新兴市场债市的发展趋势

新兴市场债券占全球投资组合的比重日益增长

近 15 年来，全球债券投资趋势显著转强，其中越来越多资金流入新兴市场。21 世纪初以来，流入新兴市场的资金总额大幅增加，至 2013 年时已翻了 4 倍，令新兴市场债券在全球资本市场的比重显著增加（见图 8-1）。

新兴市场债券占全球投资者债券投资组合的比重大幅攀升，主要由于新兴市场在全球经济体内的影响力不断提升（见图 8-2），以及其日趋全球化的金融市场。1997 年亚洲金融危机爆发后，许多新兴市场大规模改善经济基本面，反映在大量新兴市场降低政府负债而获评为"投资级别"。

2008 年爆发全球金融危机后，新兴市场债市在全球投资中的重要性日益提升，甚至超越了股票市场（见图 8-3），主要原因在于主要发达国家的央行实施大规模量宽政策刺激经济增长所形成的低息环境，令投资者不得不转而寻求高收益投资产品。

图 8-1　新兴市场债券占全球债市价值及指数的比重（1995—2013 年）

资料来源：国际货币基金组织《全球金融稳定报告：从流动性驱动转向经济增长带动的市场》（*Moving from Liquidity to Growth Driven Markets*），2014 年 4 月。

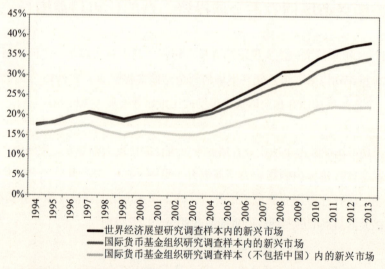

图 8-2　新兴市场占全球本地生产总值的比重（1994—2013 年）

注："世界经济展望研究调查样本内的新兴市场"为世界经济展望数据库所定义的新兴市场；"国际货币基金组织研究调查样本内的新兴市场"为国际货币基金组织数据库所定义的新兴市场。

资料来源：国际货币基金组织 2014 年《全球金融稳定报告》。

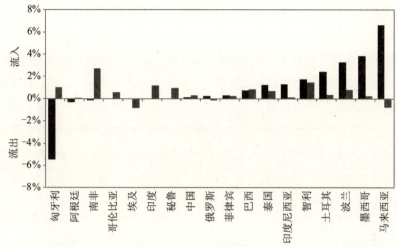

图8-3 2009—2013 年流入／流出新兴市场的总投资组合的年度均值

资料来源：国际货币基金组织 2014 年《全球金融稳定报告》。

新兴市场债券发行从强势货币转向本国货币

外资持有新兴市场债券的比例上升，亦与新兴市场债券发行人渐由以强势货币转为以本国货币进行债券融资有关。近年来，以本币进行债券融资的情况显著增加。

新兴市场以强势货币发行的债券[①] 数十年来一直是主要的资产类别。新兴国家发行人碍于本土债市疲弱，大多不能以本身的货币或在本国市场发债，而只能以发达国家的货币或在国际市场发债。这个做法令新兴市场发行人得以进入资金充裕的国际资本市场，以弥补自身市场发展不足所造成的资金短缺，却

---

① 强势货币债券是指以美元、欧元、英镑或日元计值的债券。

同时带来货币错配的问题，增加了新兴市场的市场脆弱性。

　　过去十年这个趋势几乎完全扭转。新兴市场在金融深化及造强金融机构方面的进展，令其本国市场的流动性更好，本土投资者基础更广，因此许多新兴市场逐渐由以强势货币发债转为以本币发行债券，从而避免过度对外举债（见图 8-4）。相对于传统的强势货币政府债券市场，本国主权债市的发展更为迅速（见图 8-5）。2000 年，以本币发行的债券大约占新兴市场可买卖债券余额的 55%。至 2013 年，该占比升至 83%[1]。至 2015 年，新兴市场以本币发行的债券总额升至 15 万亿美元，占其债务总额的 87.2%[2]。

图8-4　新兴市场于国际市场上发行的债券对强势货币的依存度（1995年3月 — 2013年9月）

注：依存度数值来自国际货币基金组织 2014 年《全球金融稳定报告》。该数值介乎 0 至 1 之间。数值越大表示该市场债券对强势货币的依存度越高。该图所示为所涉及国家的简单平均数。

资料来源：国际货币基金组织 2014 年《全球金融稳定报告》。

---

①　资料来源：*Emerging markets local currency debt and foreign investors*，世界银行，2014 年 11 月 20 日。

②　资料来源：*Development of local currency bond markets*，国际货币基金组织，2016 年 12 月 14 日。

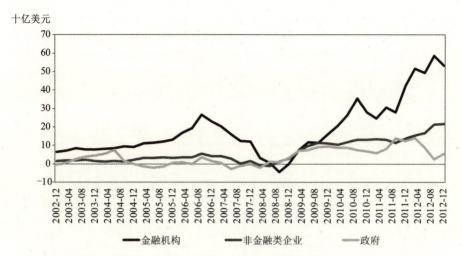

十亿美元

图 8-5 不同类别的发行人在国际市场上发行的新兴市场债券净额（2002—2012 年）

注：该等债券为过去及现在的新兴市场所发行的债券按发行人国籍进行划分，包括了总部设于新
　　兴市场经济体的海外附属公司所发行的债券（样本按资料来源中的定义）。

资料来源：国际货币基金组织 2014 年《全球金融稳定报告》。

新兴市场发债高度集中于几个国家

　　新兴市场本币债券的发行只集中于几个国家。根据世界银行的统计[1]，以 2013 年 12 月的债券余额计，新兴市场前十大发行国家所发行的政府债券占新兴市场本币政府债券的 81%；其中，中国、巴西及印度排名前三，其总和占新兴市场本币政府债券一半以上（见表 8-1）。

---

①　资料来源：*Emerging markets local currency debt and foreign investors*，世界银行，2014 年 11 月
　　20 日。

表 8-1   新兴市场本币政府债券的十大发行国（以余额计，2013 年 12 月）

国家排名	余额 （十亿美元）		占本地生产总值的百分比		占新兴市场 本币债券总额 的百分比
	2000 年 12 月	2013 年 12 月	2000 年 12 月	2013 年 12 月	2013 年 12 月
中国	133.89	1 361.82	11.17%	14.74%	26.29%
巴西	134.26	912.21	20.82%	40.62%	17.61%
印度	11.92	618.04	2.50%	32.93%	11.93%
墨西哥	59.64	306.68	8.72%	24.32%	5.92%
土耳其	15.77	243.74	5.92%	29.72%	4.70%
波兰	36.97	212.55	21.59%	41.07%	4.10%
马来西亚	44.24	160.93	47.17%	51.51%	3.11%
俄罗斯	8.95	144.27	3.44%	6.88%	2.78%
南非	71.35	126.68	53.69%	36.13%	2.45%
泰国	16.17	113.69	13.17%	29.36%	2.19%
总计					81.08%

资料来源：*Emerging markets local currency debt and foreign investors*，世界银行，2014 年 11 月 20 日。

　　然而，尽管新兴市场债券在全球市场中的比重规模不断扩大，但它们在全球债券指数的比重却不成比例。尤其是中国，相对于它在新兴市场以至全球市场中的经济规模和债券发行量，中国以人民币发行的债券在多个全球指数中的比重严重偏低。截至 2017 年年底，中国境内债券市场的市值达到人民币 64.57 万亿元[1]。即使中国债券市场已在相当大的程度上开放不同渠道，便利外资参与[2]，中国债券依然并未被纳入全球主要的指数，又或占比不足。比如近期中国债券（主权债及政策性银行债）获纳入彭博巴克莱全球综合＋中国指数，人民币资产的市场权重仅占指数的 5.31%，远不及中国在全球债券市场发行量的实际占比。

---

[1]　资料来源：中国中央国债登记结算有限责任公司《2017 年债券市场统计分析报告》，2018 年 1 月 16 日。

[2]　可参见香港交易所研究报告《进军中国境内债券市场——国际视角》，载于香港交易所网站，2017 年 5 月 16 日。

下面将讨论全球债券指数的建构，再探讨影响中国债券获纳入全球指数进程的因素，深入了解中国债券在全球指数比重偏低的原因。

全球主要的新兴市场债券指数

全球投资者对多样化的流动资产及工具的需求日益增长，因此获纳入各全球指数的国家愈来愈多。投资者可参考全球指数，评估他们的投资组合表现，也可以透过追踪指数进行被动式的资产组织者，或以买卖追踪指数的交易所买卖基金（ETF）等金融产品，实现投资于某些市场的投资策略。通常，指数供货商会将指数标的集中于流动性最好的国家及货币，让全球投资者易于跟踪指数。按照新兴市场债券的货币组成，指数标的又分为强势货币债券及本币债券。

摩根大通的全球债券指数

按货币及市场比重分类

摩根大通提供了许多不同的新兴市场指数，广泛用于资产管理及新兴市场债务投资。摩根大通指数根据货币的不同性质，分为两大指数组别（见表 8-2）。随着近年投资者对新兴市场本币债券兴趣日浓，摩根大通创设了以本币计价的新兴市场国债指数（GBI-EM）系列。以强势货币计价的债券，则有 1999 年 7 月推出、编制回溯至 1993 年 12 月的新兴市场债券指数（EMBI）。除主权债券外，该指数亦包含政府类债券，以反映范围更广的新兴市场主权债务。

每个指数组别又有多样的分项指数，根据投资范围、流动性及国家多样化因素，实施不同的纳入标准。

举例而言，GBI-EM 指数系列有三个分项指数：GBI-EM、GBI-EM Global 及 GBI-EM Broad。GBI-EM Broad 是最全面的指数，不考虑投资者进入市场的难易程度，所涵盖债券范围最大；而 GBI-EM 只涵盖投资者可直接进入当地债券市场的国家，最方便投资者复制，且易于用作 ETF 的基准；GBI-EM Global 在市场准入方面的选择标准则采取了中间策略，只摒除了设有明显资金管制的国家。

此外，每个分项指数各有一个"多元化"版本，指数中的国家权重与原指数不同。在"多元化"版本中，个别国家如市值权重特别高会被调低权重，不得超过摩根大通的调整方法所设的比重上限，而较小型市场的权重则会被调高。尽管调整后的权重将有别于该等国家的市值比重，这样的调整会使多元化版本的国家比例较为平衡。在实践中，定息及资产管理行业最广泛使用的是"全球多元化"（Global Diversified）指数。

表 8-2　　　　　　　　　　　　　摩根大通债券指数分类

	GBI-EM 全球多元化指数	EMBI 全球多元化指数
资产类别	● 本币、主权	● 强势货币、主权及类主权
国家入选准则	● 人均国民总收入须连续三年低于指数收入上限 * ● 大部分外国投资者均可进入 ● 不包括有资金管制的市场	● 人均国民总收入须连续三年低于指数收入上限 *
流动性准则	● 必须提供双向每日定价，及从当地交易台取得指引	● 必须有第三方估值供货商提供每日定价
工具入选准则	● 固定利率及零息 ● 最低发行额：10 亿美元（本地在岸债券）或 5 亿美元（全球债券）	● 所有固定、浮息、摊销型及资本型 ● 最低发行额：5 亿美元

* 摩根大通将"指数收入上限"定义为每年按世界银行提供的以图表集法（现价美元）计算的全球人均国民总收入增长率作调整的人均国民总收入水平。

资料来源：摩根大通。

主要特点：地域分布、评级及市值

GBI-EM 全球多元化指数以 18 个国家为限[①]。于 2017 年 8 月，欧洲占指数的多元化比重最高（35%），其次是拉丁美洲（33%）及亚洲（24%），详细见图 8-6。根据调整方法，部分国家（如巴西、墨西哥）在 GBI-EM 全球多元化指数中的比重以 10% 为限，远低于其在原有指数（GBI-EM Global）中不设上限而按正常市值计算的比重。

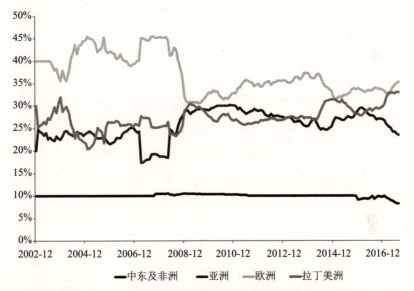

图 8-6　摩根大通 GBI-EM Global 多元化指数的地域比重（2002 年 12 月至 2017 年 8 月）
资料来源：摩根大通。

至于强势货币债券的 EMBI 指数，2017 年 8 月该指数中不同地区的权重分别如下：拉丁美洲 38%、欧洲 26%、亚洲 19%、非洲 11% 及中东 6%。同时，

---

① 资料来源：摩根大通（2017 年 8 月 31 日资料）。

该指数涵盖 66 个国家，远较本币指数范围更广（见图 8-7），亦平衡了部分规模较高和较低国家的比重，使指数更加多元化。

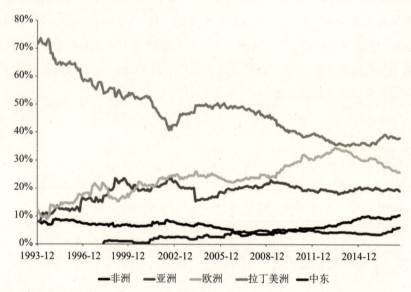

图 8-7　摩根大通 EMBI 全球多元化指数的地域比重（1993 年 12 月至 2017 年 8 月）

资料来源：摩根大通。

　　由于新兴市场不断进行结构性改善，GBI-EM 及 EMBI 的评级分布亦因而日益向上偏移，其主权债券的可靠性亦持续提升。2017 年 8 月，GBI-EM 全球多元化指数（本币）中逾 6 成权重的债券均达投资级别。即使是 EMBI 全球多元化指数（强势货币），投资级债券的权重亦占近半（48%），如表 8-3 所示。

表 8-3 　　　　摩根大通债券指数的主要特点（2017 年 8 月底＊）

	GBI-EM 全球多元化指数（本币）	EMBI 全球多元化指数（强势货币）
国家数目	18	66
工具数目	215	620
市值（十亿美元，2016 年年底）	965	445
表现（2008 年 12 月 31 日至 2016 年 12 月 30 日，年化数字）	3.33%	9.61%
信贷质素（平均值，穆迪／标普／惠誉）	Baa2 / BBB / BBB	Ba1 / BB+ / BB+
评级分布：		
A 或以上	23.62%	12.62%
BBB	42.35%	35.71%
BB	32.94%	23.32%
B	1.09%	24.48%
CCC 或以下	—	3.87%

＊ 另有说明除外。

资料来源：摩根大通。

　　由于摩根大通各指数系列已成为定息产品方面的市场标准，近年来摩根大通上述两个债券指数（包括强势货币及本币）的市值稳步上扬，于 2016 年年底两者合计已达 14 100 亿美元。尤其是本币指数，其增长较强势货币指数更快（见图 8-8），可见本地债市对新兴市场意义重大。摩根大通于 2016 年 3 月起将中国列入"指数观察"名单，将其视为有潜力纳入 GBI-EM 指数系列的国家。

十亿美元

图 8-8　摩根大通指数的市值

资料来源：摩根大通。

富时罗素的全球债券指数[①]

纳入标准

富时罗素（FTSE Russell）为投资于全球主权债券市场的投资者提供全球指数作基准参考，当中主要的本币计价债券指数是全球公债指数（WGBI），用于衡量定息、投资级主权债券的表现，现包含 20 多个市场的主权债，以多

[①] 原为花旗的全球债券指数。富时罗素是为全球投资者提供各类基准、分析及数据方案的环球领先供货商。伦敦证券交易所向花旗收购 The Yield Book 及花旗固定收益指数（Citi Fixed Income Indices）业务后，花旗定息指数于 2017 年 8 月 31 日成为富时罗素指数系列的一员。

种货币计价。要获纳入 WGBI，入选国家须符合特定的市场规模及评级标准，且没有市场准入方面的门槛（见表 8-4）。

表 8-4　　　　　　　　　　　　　**WGBI 的纳入标准**

市场规模	市场合资格的债券存量不得少于 500 亿美元 / 400 亿欧元 / 5 万亿日元
信贷质素	所有新市场：A-（标普）及 A3（穆迪）
准入门槛	潜在合资格市场应鼓励外资持有其债券、允许在货币市场进行投资相关的活动、为投资者的潜在货币对冲需要提供支持，及利便投资者资金汇回本国。税项、监管稳定性及操作难易等亦是会考虑的因素

资料来源：富时罗素，WGBI 指数规则，2018 年 4 月。

将中国纳入定息指数的最新进展

自中国银行间债券市场（CIBM）于 2016 年 2 月进一步开放予外国金融机构后，中国获纳入定息指数的资格得到了密切关注。随着中国人民银行推出措施，向合资格外国机构投资者进一步开放境内债市及外汇衍生产品市场，中国已符合若干全球指数的门槛标准，符合纳入 WGBI 的资格。

2017 年 3 月，花旗（WGBI 前营运商）宣布中国合资格获纳入旗下的另外三个国债指数——新兴市场国债指数（EMGBI）、亚洲国债指数（AGBI）及亚太国债指数（APGBI）。由于中国在宣布日之后连续三个月符合入选资格的要求，2018 年 2 月获正式纳入 EMGBI、AGBI 及 APGBI。根据富时罗素的资料，按 2018 年 4 月 1 日的数据计算，中国在 EMGBI、EMGBI-Capped[1]、AGBI 及 AGBI-Capped[2] 所占的市场权重分别为 52.55%、10.00%、58.85% 及 20.00%（见表 8-5、表 8-6）。

---

[1] EMGBI-Capped 是新兴市场国债权重上限指数（Emerging Markets Government Capped Bond Index），个别国家的权重以 10% 为限，限制个别市场的风险敞口。

[2] AGBI-Capped 是亚洲国债权重上限指数（Asian Government Capped Bond Index），个别国家权重以 20% 为限，限制个别市场的风险敞口。

表 8-5　　EMGBI 及 EMGBI-Capped 中各国家的市场权重（2018 年 4 月 1 日）

	债券数目	市值（十亿美元）	市场权重（%）	
			EMGBI	EMGBI-Capped
中国	136	1 320	52.55	10.00
墨西哥	15	147	5.87	10.00
印度尼西亚	33	127	5.04	9.69
巴西	5	124	4.94	9.51
波兰	18	122	4.85	9.32
南非	14	119	4.75	9.14
泰国	24	102	4.08	7.84
马来西亚	33	86	3.41	6.57
俄罗斯	19	78	3.12	6.00
土耳其	22	71	2.82	5.43
哥伦比亚	9	66	2.63	5.06
匈牙利	16	47	1.88	3.62
菲律宾	29	44	1.76	3.38
秘鲁	10	30	1.18	2.27
智利	14	28	1.13	2.17

资料来源：富时罗素。

表 8-6　　AGBI 及 AGBI-Capped 中各国家及地区的市场权重（2018 年 4 月 1 日）

	债券数目	市值（十亿美元）	市场权重（%）	
			AGBI	AGBI-Capped
中国内地	136	1 320	58.85	20.00
韩国	41	485	21.61	20.00
印度尼西亚	33	127	5.64	17.32
泰国	24	102	4.56	14.01
马来西亚	33	86	3.82	11.74
新加坡	20	70	3.11	9.56
菲律宾	29	44	1.97	6.04
中国香港	30	10	0.43	1.33

资料来源：富时罗素。

然而，中国仍未能够列入 WGBI 指数，尚列于观察名单中。中国已在 2017 年 7 月列入"全球公债指数－扩展市场"指数（WGBI-Extended）。截至 2018 年 3 月底，中国在 WGBI-Extended 指数中占 5.54%[①]。若中国在岸债券市场能进一步让外国投资者便于投资，其获纳入 WGBI 指数指日可期。

彭博巴克莱包含中国债券的指数[②]

随着中国债市越加开放及中国经济对全球举足轻重，2017 年 3 月彭博推出两个涵盖中国债券的混合债券指数："全球综合 + 中国指数"（Global Aggregate + China Index）及"新兴市场本币国债 + 中国指数"（EM Local Currency Government + China Index）。全球综合 + 中国指数结合了彭博全球综合指数（Bloomberg Global Aggregate Index）与 151 只中国国债及 251 只中国政策性银行发行的债券。纳入人民币计价的中国债券后，指数中人民币的比重为 4.6%，在美元、欧元及日元之后。同样，新兴市场本币国债 + 中国指数结合了新兴市场本币国债指数及 151 只合资格中国国债。按市值计算，指数中的中国债券比重为 38.2%。

2018 年 3 月 23 日，彭博宣布将会把人民币计价的中国国债和政策性证券加入彭博巴克莱全球综合指数这一国际定息投资者广泛使用的指数。纳入程序由 2019 年 4 月开始，为期 20 个月。在完成纳入以后，该指数将包括 386 只中国证券，占该指数的 5.49% 权重（按 2018 年 1 月的数据计）。

---

① 资料来源：富时罗素。
② 彭博在 2016 年 8 月 24 日收购了巴克莱的定息指数资产，有关指数其后均以"彭博巴克莱"为指数冠名。

事实上，中国获纳入彭博指数可追溯至 2004 年，当时彭博首推中国综合指数（Bloomberg China Aggregate Index）。继续开放国内债市，无疑是促进中国加快列入全球指数的催化剂。彭博上述举措，可说再向前迈进一步，让全球投资者紧贴中国市场的投资机会。

表 8-7 全球综合指数的主要准入准则

年期	距离最终到期日至少一年
债券余额	中国债券发行规模下限为人民币 50 亿元
信贷质素	证券须被评为投资级（Baa3/BBB-/BBB- 或以上）。取穆迪、标普及惠誉的中间评级； 若只有两家评级机构的评级，取较低评级； 若只有一家评级机构为债券评级，则使用该评级。
资格	人民币计价的证券中，只有国债及政府相关的证券符合资格加入指数

资料来源：彭博有关指数的资料便览（2017 年 2 月 20 日及 28 日）。

影响中国纳入全球债券指数的瓶颈

要支持人民币持续国际化，以及引入更多固定收益类证券投资者的资金来支持人民币汇价，吸引更多外资参与中国境内债市是重要一步[①]。有鉴于各个全球债券指数在环球债市的代表性，中国入指无疑将有助于推动更多外资投资中国债券资产。从全球指数供货商的角度来看，由于中国债市是世界第三，将中国债券纳入旗下指数亦有其战略意义。那么，中国加入全球债券指数，还存在哪些主要的障碍？

若论市场规模及信用评级，中国债市应已远高于大部分全球债券指数的准

---

① 见香港交易所研究报告《进军中国境内债券市场——国际视角》，载于香港交易所网站，2017 年 5 月 16 日。

入准则。截至2017年年底,中国债市总存量为人民币64.57万亿元[1],是世界第三大债市,仅次于美国和日本[2];主权信用评级方面,标准普尔给予中国的评级为 A+,穆迪 A1,惠誉 A+。

但若论市场入场门槛及可直接参与的程度,外国投资者进入中国境内债市可能要面对漫长的注册流程、投资额度、锁定期和资金汇回限制等,所涉及的参与成本是外资和指数供货商感到困扰的地方。

为降低入市门槛已采取的政策改变

中国已采取多种措施向外资开放境内债市。中国早于 2010 年已容许海外货币当局和合资格机构以离岸人民币投资 CIBM,随后为进一步开放境内债市,又于 2011 年正式公布人民币合格境外机构投资者(RQFII)计划,于 2013 年进一步放宽合格境外机构投资者(QFII)计划的投资限制。

自 2015 年,中国再接连推出多项重要的开放措施,进一步方便外资进入 CIBM,当中包括:2015 年 6 月,实行容许离岸人民币清算行及参与银行以在岸债券进行回购融资的政策;2015 年 7 月,公布政策措施,将合格债券交易范围进一步扩大至包括债券现券、债券回购、债券借贷、债券期货、利率互换及中国人民银行许可的其他交易类型;2016 年 2 月,中国人民银行发布新规例,放宽了可进入 CIBM 的若干类别境外机构投资者所适用的投资额度、锁定期及资金撤回限制等规定;2016 年 5 月,中国人民银行再进一步公布境外机构投资者投资流程的详

---

[1] 资料来源:中国中央国债登记结算有限责任公司《2017 年债券市场统计分析报告》,2018 年 1 月 16 日。

[2] 资料来源:中国人民银行网站。

细说明；2017 年，外资更获准参与境内衍生品市场以对冲货币风险。

更为重要的是，"债券通"于 2017 年 7 月正式开通，债券通下的"北向通"容许外资透过在香港的交易平台买卖中国境内债券。债券通不设每日投资额度及总投资额度，也没有资金汇款限制及锁定期要求，大大提高了外商进入中国境内债市的方便程度和交易效率。图 8-9 为中国境内债市的开放进程。

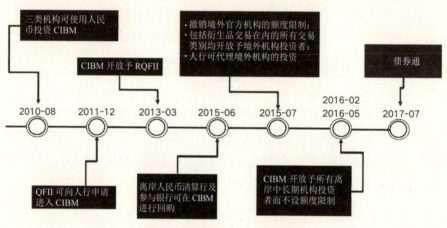

图 8-9　中国境内债市的开放进程

注：图中所示年月为政策正式公布的时间。

资料来源：正式公告及公开信息。

海外投资者透过债券通进行交易，不需要开立内地结算及托管账户，也无须向内地机关申请市场准入和交易资格，只要使用其在香港的既有账户，在债券通平台办理市场登记手续即可。此外，债券通采用"多级托管安排"及名义持有人模式为海外投资者进行登记、存托、清算及交收。因此，海外投资者完全不需要花费额外资源去研究内地债券市场所涉及的结算及托管制度细节以及相关法律法规，沿用其一直行之有效的交易及结算常规即可。

对拟进入中国债市的海外投资者而言，债券通是实现降低入场成本、增加参与利便性的一项创新及探究性举措。尽管该计划推出时日尚浅，市场参与者或需要时间适应，但它消除了进入中国债市的壁垒、放宽了外资参与的限制，令中国进一步贴近全球债券指数的严格入选标准。

有待完善的操作环节

虽然中国开放境内债市取得相当进展（尤其是债券通的开通），但运作上仍有若干问题是外资参与者极为关注的。

第一，货银两讫[①]的安排尚未在所有现有渠道中全面实施以符合国际标准。这对于在新兴市场投资方面须遵守相关合规要求的国际机构带来一定麻烦。目前，只有若干透过债券通交易的债券可享有这项结算安排，有必要将其扩展至所有在 CIBM 进行的债券交易。

第二，外资投资中国主权债券和公司债券的税收政策尚待明确。中国已公布预扣税并不适用于境外机构投资者在中国收取的利息及股息，但是否征收资本利得税则尚未明确。如果外资投资在境内债市的税制清晰，将有助全球债券指数供货商评估税制对其指数表现的影响。

第三，境外参与者出售境内债券后将资金汇回存有难点。这情况在市况受压时尤其令人关注。债券通由于不设投资额度、锁定期及资金撤离限额，因此其开通后已很大程度纾解了问题。然而，其他现有渠道（QFII 及 RQFII）亦需

---

① 货银两讫是证券交易中常见的交收安排。这是指交收过程涉及在同一时间交付交易中的指定证券及款项。

要类似的制度放宽，以令中国更贴近全球市场基准指数的严格准入标准。

第四，中国债市要纳入全球指数，外资必须能够在高流动性的外汇市场对冲货币风险。以本币计价的主权债券纳入全球指数后，主权层面的汇率错配会有所降低。然而，追踪这些指数的基金，通常以强势货币作为其表现的计算基础，多数为美元。因此，涉足人民币债券的全球投资者，其投资及回报会有货币风险。如果投资者需要解决这种风险，必须从一开始就进行货币对冲或使用以美元对冲的基准指数。因此，外国投资者如能够使用境内外的对冲工具，将进一步支持中国获纳入全球债券指数。

相关讨论

中国获纳入全球债券指数的潜在影响

现在中国已被纳入某些重要指数（如彭博巴克莱全球综合指数），方便投资者涉足中国在岸债券。2016 年 3 月开始，摩根大通亦将中国列入其 GBI-EM 系列的"指数观察"名单。一旦中国获成功纳入，中国在不设权重上限的指数中的权重占比将达到33%以上[1]，但在广泛使用的GBI-EM全球多元化指数中，中国的权重却很可能只限于 10%（与巴西及墨西哥等较小国家的权重相同）。

在可见的未来，中国获纳入更广泛使用的全球指数已是不可逆转的趋势，这将会大大改变全球债券投资的态势。根据上文估计，中国在摩根大通 GBI-EM 指数（不设上限）的市场权重很可能会是 33%，较其在富时罗素的 WGBI-

---

① 根据国际货币基金组织 2016 年 4 月《全球金融稳定报告》中的估算。

扩展市场指数的 5.54% 权重，又或在彭博巴克莱全球综合指数的 5.49% 权重还要高。目前后两个指数较广泛被全球基金追踪，其资产总值在 2 万亿美元至 4 万亿美元之间，以此推算，如中国债券获纳入更广泛使用的指数中，预计将有 1 000 亿美元至 4 000 亿美元的资金流入中国债券，那么中国债券的外资持有量将增至现时的 3 倍。即使在纳入初期，主动型基金中配置中国债券的权重可能较低，流入中国债券的资金可能较少，但中国权重有望逐渐增加到其应有的比例，并取代新兴市场中较小型国家的权重。

离岸对冲工具对中国入指后的重要性

近年来，投资于指数 ETF 已成为全球投资者投资新兴主权本土市场的主要途径。透过追踪全球新兴市场指数，投资者无须对较小型国家另作研究，就可实时轻易拥有多元化的新兴市场投资组合。由于 ETF 的组合结构透明度高，ETF 行业的增长速度惊人。全球 ETF 的管理资产由 2010 年的 1.3 万亿美元增至 2016 年的 3.4 万亿美元[①]。

中国一旦获纳入全球指数、或在当中占较高权重，就会有更多追踪这些债券指数的 ETF 相应增加其中国主权债券持仓，这将会增加这些 ETF 中人民币资产的相关风险。国债期货通常是对冲债券 ETF 风险的最佳工具，尤其是那些追踪以本币计价的主权债券全球指数的 ETF。2013 年，中国境内市场已推出国债期货产品，以便利投资者进行风险管理，然而该等产品尚未对外资开放，而由于缺乏主要市场用家如国内保险公司及银行等的参与，产品的流通量也有限。香港交易所亦曾推出类似的国债期货产品，价格以一篮子境内主权债券的平均收益率

---

① 资料来源：Statista 数据库。

为基础[①]。如果市场持续提供此类产品，将有助于投资者对冲以人民币计价的中国主权债券持仓风险，以及降低中国境内债市对全球市场波动的敏感度。

中国入指后投资者行为的转变对投资资金流动的影响

中国获纳入全球债市指数将鼓励更多环球基金流入以强势货币或人民币计价的中国债券资产。外资流入日增，无疑会令境内市场受全球风险偏好转变的影响。全球性的银行、退休基金、保险公司、央行储备及主权财富基金等大型全球机构投资者，多以通用的指数为基准，又或在偏离基准一定风险范围内增加头寸以博取更优厚的回报。因此，这些投资者的投资行为及其资金流动模式，将是中国获纳入全球债市指数后，评估外资资金流动稳定性的关键因素。

与以零售为主的互惠基金相比，具有全球视野的大型机构投资者（包括大型退休及保险基金、国际储备基金和主权财富基金）向新兴国家的境内债券市场投入的资金相对稳定，但在市场的主权评级下调时，这些投资者会出现较强烈的反应[②]。在市场受压时，这些大型机构投资者的新兴市场债券持仓较互惠基金有更高的稳定性，但在 2008 年雷曼兄弟倒闭后，新兴市场的主权评级被下调，以致这些投资者流入新兴市场的债券资金大幅减少[③]。从这个角度来看，要债券吸引全球大型机构投资者及维持不被全球指数剔除，维持坚稳的主权评级至为重要。此外，深化境内金融改革，包括扩大境内投资者基础、深化银行业和资本市场，以及改善制度建设等，亦将有助于强化境内金融市场，减轻全球金融动荡对国内资产价格的不利影响。

[①] 该试验计划已于 2017 年年底终止，以便相关机构为离岸人民币衍生工具将来的交易业务订定一套更有效的运作框架。

[②] 资料来源：国际货币基金组织 2014 年《全球金融稳定报告》。

[③] 具体可参见国际货币基金组织 2014 年《全球金融稳定报告》。

09

债券通与中国债券一级市场开放

刘优辉

中国农业发展银行
资金部总经理

本章导读

中国债券市场由最早单一的实物国债,发展为目前发行人类型多样化、品种齐全、规模位列世界第三的繁荣市场,并通过"债券通"等有利机制在开放共荣的道路上持续创新前行。一级市场作为债券市场整体的起始阶段和重要组成部分,主动性、灵活性和引领性都较二级市场有着明显的优势,在实现对外开放方面发挥着更加积极的作用。特别是在债券通的开通及发展过程中,一级市场发行人与监管部门、境内外基础设施紧密配合,顺利实现了境外投资者沿用原有债券托管方式投资境内新发行债券的便捷操作,深入推进了中国债券市场的改革开放,成为境外市场了解中国的又一重要窗口。

演变历程概述

中国债券发行的历史最早可追溯到 1950 年至 1958 年间国债发行的雏形——"人民胜利折实公债"和"国家经济建设公债"。之后，伴随着国债的演变发展，1981 年至 1997 年间中国债券又经历了运行机制尚不成熟的早期柜台市场和交易所市场时期。1997 年 6 月，银行间债券市场正式建立，银行间资金融通开始起步，债券基础设施建设加速，一级发行人类型逐步多样化，债券品种迅速增加，发行体量实现较快增长，参与主体延伸至全球。经过 21 年的飞速发展，中国债券市场已经成为中国金融市场深化改革的重要基石之一，并继美国、日本之后在国际市场上占据第三。截至 2018 年 10 月末，中国债券市场存量规模超过 80 万亿元，近 3 年平均增长超过 10 万亿元，平均增速约为 37%（见表 9-1）。

表 9-1　　　　　　主要债券类别及存量情况（截至 2018 年 10 月末）

类别		债券数量（只）	债券余额（亿元）	余额比重（%）
利率债	国债	279	144 729.64	17.41
	地方政府债	4 066	181 271.36	21.81
	政策银行债	345	141 239.58	16.99

类别		债券数量（只）	债券余额（亿元）	余额比重（%）
信用债	金融债	1 435	56 220.00	6.76
	企业债	2 512	25 658.16	3.09
	公司债	5 030	55 937.04	6.73
	中期票据	4 098	54 500.48	6.56
	短期融资券	1 836	18 592.50	2.24
	定向工具	2 335	18 792.48	2.26
	国际机构债	13	264.60	0.03
	政府支持机构债	153	16 445.00	1.98
	资产支持证券	4 631	22 186.15	2.67
	可转可交债	263	3 641.60	0.44
其他	同业存单	13 353	91 638.10	11.03
合计		40 349	831 116.69	100

资料来源：Wind。

发行人类型多样化

早期很长一段时间里，中国债券市场的唯一发行人是财政部，发行目的仅是国家宏观经济建设需要，其他市场机构参与较少、活跃程度低。但随着银行间债券市场主体地位的逐步显现，以及柜台、交易所市场融通功能的日趋完善，多层次中国债券市场体系基本确立，并成为资本市场的重要组成部分。各类型机构发行人进入债券市场主动融资的意愿明显增强。20世纪90年代一系列金融改革重要举措出台后，债券市场发行人范畴迅速扩展至金融机构、国有企业、民营企业、外资企业、境外机构等多类型机构。

债券品种日趋丰富

与大多数国家一样，国债是中国债券市场上出现的第一个债券品种，一直以来服务于国家财政目标实现。伴随着债券市场的不断成熟，中国债券一级市场的产品序列也不断丰富。

从投资者对信用风险的关注角度来看，中国债券一级市场所发行的债券类别大体上可以分为利率债和信用债。国债、地方政府债、央行票据、政策性金融债因其发行人的主体信用评级与国家主权一致或被赋予国家信用，统称为利率债；其他类别债券为信用债范畴。目前，国债、央票、政策性金融债在计算资本充足率时资产风险权重为零。

对外开放进程加速

2005 年，境外机构首次被允许进入中国银行间债券市场，标志着中国债券市场对外开放的大门正式打开。随后的十几年间，中国债券市场对境外机构的政策限制逐步放宽，投资渠道、投资主体、投资范围以及投资操作方式逐步拓展。2017 年 7 月，"债券通"的"北向通"开通为境外投资者投资中国境内债券市场提供了新的途径和便利条件，进一步助推中国债券市场的发展、开放和国际化，至此境外投资者可以通过 QFII、RQFII、CIBM 和债券通等渠道进入中国债券市场。2018 年，中国债券市场对外开放进程进一步提速，彭博宣布将在 2019 年逐步把以人民币计价的中国国债和政策性银行债券纳入彭博巴克莱全球综合指数，境外机构投资中国债券热情与日俱增。以最受境外机构青睐的国债和政策性金融债为例，2018 年 10 月末境外机构持仓国债和政策性金融债 14 054 亿元，比 2017 年 6 月（"债券通"开通前）增长了近一倍（见图 9-1）。

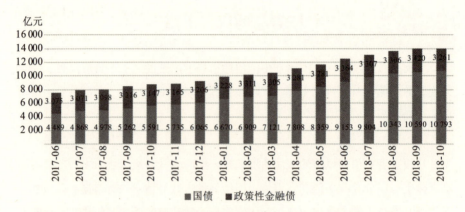

图 9-1　境外机构持有国债及政策性金融债趋势图（2017 年 6 月至 2018 年 10 月）

资料来源：Wind。

政策性金融债的迅速崛起

　　除财政部外，开发性金融机构——国家开发银行[①]，以及政策性金融机构——中国农业发展银行和中国进出口银行，是市场中发债体量最大的发行人，其所发行的债券在市场中统称为政策性金融债。自 1998 年第一只市场化发行的政策性金融债出现，至今也有 20 年的历史，其发债主要目的是依托国家信用筹集资金，支持国家重点领域和薄弱环节。期间，政策性金融债的发行方式由指令式派购发行过渡为市场化发行，规模迅速扩大，品种不断丰富，成为继国债、地方债后第三大债券品种，因此在中国债券市场中占据十分重要的地位。

---

① 　1994 年，三家政策性银行——国家开发银行、中国进出口银行、中国农业发展银行，在国家金融体制改革下相继成立。国家开发银行曾在 2008 年启动商业化转型，但 2015 年国务院通过的三家政策性银行改革方案，明确了国家开发银行为开发性金融机构、中国进出口银行和中国农业发展银行为政策性银行。为方便起见，本章将其统称为政策性银行，其发行的债券统称为政策性金融债。

与商业银行多元化业务发展和追逐利润最大化的经营模式有明显区别，政策性银行只有对公业务，没有对私零售业务，实行保本微利的经营目标。成立之初很长一段时间内，政策性银行主要依靠央行再贷款，并形成了早期的指令性派购发行的政策性金融债。直至银行间债券市场建立后，监管机构要求政策性银行提升市场化自筹能力，三家政策性银行纷纷开启市场化发债业务，确立了以发债为资金来源主渠道的筹资策略，为中国改革开放后的基础建设和产业发展奠定了重要的资金基础（见图 9-2）。

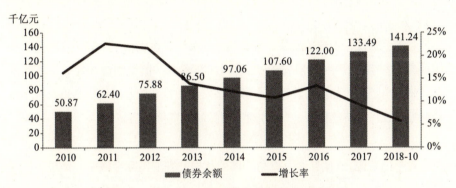

图 9-2　2010 年以来政策性金融债存量增长趋势图

资料来源：Wind。

"债券通"应运而生

互联互通：与世界接轨

债券市场 20 年发展历程表明，对外开放是推动市场发展的强大动力，开放推动改革，开放带来多赢。"债券通"开通便是中国金融市场对外开放历程中的重要里程碑事件，标志着内地与香港债券市场基础设施实现互联互通，中国债券市场与国际债券市场又多了一条重要、便捷、高效的联接通道。

"债券通"的开通，正值人民币纳入 SDR 后配置需求增加、美国和欧洲处于经济复苏期的历史时期。当时，10 年美国国债只有 2.2% 左右的低收益率水平，德国等欧洲地区国债收益率跌至负数，而中国国债却能保持 3.5% 左右的收益率水平。因而，中国高信用等级利率债对境外投资者具有很强的吸引力，为"债券通"的开通创造了良好的市场环境。

对世界来说，中国的发展一直受到世界关注，也吸引了全球广大投资者的积极参与。当前，中国经济进入新时代和新常态，供给侧结构性改革不断推进，显示出了强大的活力。随着中国经济发展质量和效益的双提高以及资本市场对外开放程度持续提升，"债券通"债券的投资价值凸显。

对中国来说，"债券通"有利于巩固和提升香港国际金融中心地位，扩大中国金融市场对外开放程度，助推人民币国际化进程，吸引境内外投资者参与中国经济建设，分享改革发展成果。

案例分享：首单"债券通"金融债发行

香港回归 20 周年之时，中国农业发展银行于 7 月 3 日"债券通"开通首日的历史性时刻，公开招标发行共计 160 亿元"债券通"金融债券，圆满完成全球首单"债券通"金融债券的一级发行任务，标志着"债券通"一级市场筹融资渠道正式开通。其中，首场面向境内外投资者，发行了 1 年期、3 年期和 5 年期 3 只债券数量各 50 亿元，认购倍率逾 10 倍，创中国利率类债券的历史峰值；随后同一日面向境外投资者开辟专场，追加发行了 10 亿元，认购倍率超过 2.5 倍，彰显了境内外投资者对中国债券市场和"债券通"农发债的高度认可。

中国农业发展银行是中国债券市场第三大发行主体，其债券信用评级与中国主权一致，年发行量超过 1 万亿元，债券存量逾 4 万亿元，具有体量大、期限全、票息适当、流动性高等特性，多年来为市场投资者提供了丰富的、无风险的利率产品及基准参考。同时，中国农业发展银行发行的债券都是具有高度社会责任属性的债券，募集资金全部投向"三农"、绿色、可持续发展等领域，兼具社会效益和经济效益，这与广大境外投资者的责任投资理念十分契合。正是基于以上重要考虑，中国农业发展银行被委以重任，自 2017 年 6 月 6 日接到中国人民银行委任到 7 月 3 日正式发行，在短短 27 天的日夜里全力筹备首发"债券通"金融债券的相关工作。

同时，还特别考虑内地与香港金融基础设施联通的新机制，以及境内外投资者不同的投资习惯等因素，制定了境内外高度融合优化的发行方案（见图 9-3）。

一是采用公开招标发行的中国债券发行成熟模式。一方面，坚持境内公开招标简便、透明、成熟的高效模式，选择流动性好的债券品种增发，对缴款时点设置、发行文件编写等多方面融合改进，维护境内外投资者的共同权益。另一方面，中西合璧，兼顾境外投资习惯，分为上午首场价格招标与下午境外追加专场数量招标，两者创新叠加，最大限度满足境内外投资者的认购需求。

二是创新采用 3 个"二合一"承销模式。境内承销与境外承销形成"境内外二合一"，82 家境内普通年度承销团员与 7 家境内特别承销商形成"境内二合一"，境外 2 家全球协调人与 8 家跨境联席顾问"境外二合一"，既能实现境内外投资者平等参与，共同定价，又能充分发挥境外协调人及跨境顾问的积极性，便于做好境外投资者的沟通及认购工作。

三是推进多方位路演营销，预热境内外市场。发行前，在上海、深圳地区异地首发农发债及在境内开展路演，使境内投资者了解和接受"债券通"农发债。同时，在定价前一周赶赴香港开展交易性路演，向境外投资者宣介这一创新产品和重大意义，创造首发前境内外良好的市场氛围。

四是全面做好发行技术准备，切实维护发行人、承销商和投资者各方利益。全程配合监管部门及发行托管机构完善制度流程，协调境外投资者的资格备案，同时与托管结算机构充分沟通发行和应急方案，紧急完成系统模拟测试，确保发行认购至券款交付环节畅通顺利。

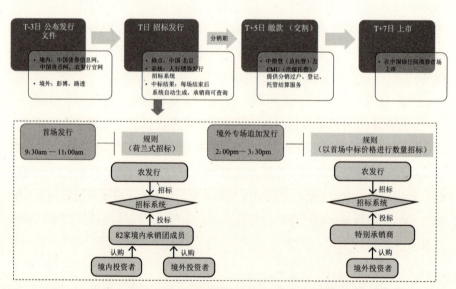

图 9-3　2017 年 7 月 3 日首单"债券通"农发债招标流程

案例分享：首单"债券通"绿色金融债发行

2017年11月16日，在打通"债券通"一级发行渠道的基础上，中国农业发展银行又创新通过上海清算所，以公开招标方式面向全球投资者成功发行30亿元"债券通"绿色金融债券。债券期限为2年期，募集资金专项用于节能、污染防治、资源节约与循环利用、清洁能源、生态保护和适应气候变化五大类别，共计61个项目，同样获得了境内外市场充分认可。

近年来，国家大力推动绿色生态发展、提出建设美丽中国、打赢污染防治攻坚战、实施乡村振兴战略等重要战略指南，"绿水青山就是金山银山"的理念已深入人心。这恰好与中国农业发展银行的服务领域和客户群体高度相关、深度契合。中国农业发展银行是绿色理念的拥护者、绿色项目的发掘者、绿色金融的推动者，更是绿色债券的发起者和市场建设者之一，曾创新推出存量债券第三方绿色认证、公开发行当时单只最大规模的绿色金融债券。此次发行"债券通"绿色金融债券是在"债券通"渠道开通和不断完善后，考虑境外投资者特别是欧洲投资者关于绿色债券的需求，将"债券通"与绿色债券有机联系在一起的又一创新之举。

首单"债券通"绿色金融债券的发行方案除了秉承以往公开招标公平透明的发行模式，又为"债券通"的境外投资者量身特制了一些新元素。例如，实现政策性金融债首次通过上海清算所发行托管，促进多层次中国债券基础设施架构形成，增强"债券通"托管结算的实践能力；采用小型跨境承销团的发行模式，有效发挥境内承销商、跨境协调人的境内外协同作用和沟通便捷优势，充分挖掘绿色债券的投资需求；与中节能咨询公司合作，创新采用境内和国际双重标准进行绿色认证，制作中英文双语报告便于境外投资者参阅，等等，以最大程度满足境内外市场融通的需要。

之后，又在 2018 年两次续发该只债券，充分满足境内外投资者需求，增强债券流动性；并在续发时首创预发行、预招标结合的发行模式，提前发现价格和需求，为投资者量身定制发行规模。

中国债市开放发展方向

基础设施互联互通

"债券通"的开通是以基础设施互联互通为基础的市场开放，有效解决了境内托管结算机构国际化程度不足的现状。相当于搭建了一个海上平台，使境外金融机构可以通过香港这个国际性金融中心进入广阔的中国债券市场，促进中国债券市场进一步国际化的同时，使境外投资者参与到中国债券市场的建设中来，分享中国债券市场发展的硕果和红利。未来，"南向通"的适时开通将实现中国债券市场的双向开放。待"债券通"互联互通机制充分成熟后，还可借鉴"沪港通"到"沪伦通"的发展方向，促进内地债券市场基础设施与其他境外基础设施合作，将"债券通"范围扩展至全球的重要金融中心。

互联互通的最大问题还是境内基础设施之间以及境内外基础设施之间的有效联接。"债券通"开通后，各项对外开放有利政策相继出台，基础设施联接技术不断完善。特别是 2018 年确认了境外投资者投资境内债券市场利息收入和交易收益三年免税，实现了"债券通"DVP 结算方式落地，为境外投资者投资境内债券提供了一定的政策优惠和操作便捷。但"债券通"发行渠道、托管、结算、缴款等各环节的便利度仍有待提升，需要完善相应机制和规定，并真正落地实施。

信息披露渠道的畅通

"债券通"债券一般在境内的信息平台作信息披露，承销商必须为境内有承销资格的机构，且未实现境内外同时挂牌上市，缺乏国际型交易所信息披露途径和上市交易场所，境外投资者获取债券信息的成本较高、渠道较少。为此，可以加强托管结算机构与国际型交易所等境外机构之间的合作，通过建立信息传输渠道，将境内优质债券的信息及认购方式披露在活跃的境外专业平台，提供一条可以让境外投资者了解中国债券本身和参与途径的便捷渠道，实现信息共享，维护境内外投资者参与认购的公平性和公正性。

目前，中国农业发展银行已分别与债券通有限公司及卢森堡证券交易所洽谈了有关合作事项，实现了境内农发债一级招标发行信息在债券通网站上与境内同步披露，并实现了所有存量农发债信息在卢森堡证券交易所披露。

做市报价及估值质量的提升

"债券通"境外投资者虽然可以向经批准的境内做市商直接询价交易，但做市商报价的质量水平、国际化规范程度仍待改善，需要通过建立一定的考核机制和资格标准以提升做市商与境外报价的有效性，还可引入国际编制估值方式和机构。在注重中国特色的同时，打破中国境内单一估值垄断的局面，提升境外机构参与中国债券市场的积极性，促进估值的科学合理、公开透明，发挥做市商积极合理报价对市场的公平引导作用。此外，应尽快研究并推出境外发行的离岸人民币债与"债券通"债券合并报价交易，促进境内外人民币债券二级市场价格趋于一致。

境外了解中国的重要窗口

债券是金融市场重要的投融资工具之一，投资人投资债券前会对发行人和债券本身进行全面的评估，包括发行人的经营情况、资产质量、所在国家经济发展、筹资来源、募集资金使用情况等，来判断债券违约风险。因此，QFII、RQFII、"债券通"等渠道的开通不仅促进了境内外资金的融通，还成为境外市场了解中国的重要窗口。近两年来，中国作为世界第二大经济体、新兴市场的代表，受到了全球金融市场的关注，也逐步对全球金融形势有了一定程度的影响力。中国债券市场的发行人通过信息披露、路演宣介、互动交流等方式与境外彼此了解，增强互信，不仅仅是推销债券，而是展示自身、展示中国经济发展、实现对外开放的重要过程。金融是经济发展的重要推动力之一，相信中国债券市场的持续开放，将有益于结识新的合作伙伴，吸引境外市场各方参与中国经济建设，实现最终的互利共赢。

10

中资境外债券的发展意义、品种和流程简介及政策发展建议

李建民

中银国际金融产品板块主管

麦善宇

中银国际债券资本市场部联席主管

王　卫

中银国际研究部副主管

吴　琼

中银国际固定收益研究部联席主管

本章导读

本章内容描述了近年中资境外债券的发展情况及趋势，分析了中资发行人在境外进行债务融资的动因，对所需的相关批准和流程进行了梳理，研究了境外债券投资者的特性，并提出了相关的政策发展建议。

近年境外债券市场发展情况及趋势

中资境外债券发行的重要性日益增加

中资美元债的发行目前占亚洲美元新发市场份额逾 60%

在国际市场上，中国境外债券的发行近年来呈上升趋势。2017 年中资发行人在亚洲（日本除外）美元债券市场的新债发行达 1 995 亿美元，而 2010 年之前仅为不到 50 亿美元。2010 年之前，中国美元债券的发行在亚洲（日本除外）美元债券市场的份额仅为个位数，但这一比例在 2016 年增至 60%，2017 年增至 68%，而 2018 年首 10 个月则增至 71%（见图 10-1）。

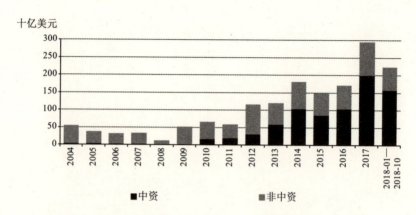

十亿美元

■中资 　　　　■非中资

图 10-1　亚洲除日本外美元新债发行量（2004 年至 2018 年 10 月）

资料来源：中银国际研究部。

多种融资主体

更多发行人选择中资境外债券市场

随着愈来愈多发行人选择该市场，中资美元债市场继续趋向多元化。按行业来看，金融和工业领域至 2018 年 10 月底占市场的主导地位，分别占有42.6% 和 34.5% 的市场份额，其次是地产行业（17.6%）、公用事业（4.8%）和主权债（0.3%），具体见图 10-2 所示。

在金融领域中，除银行外，较新的发行人主要来自非银行金融机构，包括资产管理公司、租赁公司和保险公司等，受益于这些行业较好的增长前景。同样地，国内租赁业务的高速发展也使业内企业在离岸资本市场的融资需求不断增长。

从工业行业发行总量来看，属于工业领域的能源企业（主要包括石油、天然气和煤炭）占 9.7%，是传统的债券发行人，也是占比最大的群组之一。近年来，随着国企改革的推行，一些长期从事对外贸易和海外业务的国企也开始利用境外渠道来融资。与此同时，一些领先的中资科技公司和进入离岸市场时间不长的地方融资平台在境外有较为可观的发行。

在其他主要特征中，国企发行人占比很高，达到78%，而民营企业则为22%（见图 10-3）。

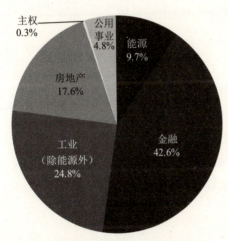

图 10-2　离岸中资美元债存量按行业划分

注：至 2018 年 10 月底。

资料来源：中银国际研究部。

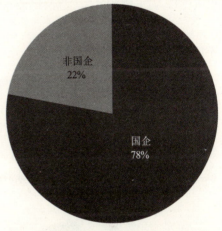

图 10-3　离岸中资美元债存量按发行人类型划分

注：至 2018 年 10 月底。

资料来源：中银国际研究部。

多种产品及发行方式

多种产品

优先级、次级债和资本工具

就优先权而言，优先级债券，即那些等级等同于同一发行人其他非次级债务的债券在中资境外美元产品中占据主导地位。尽管金融机构和企业都可以发行次级债，金融类次级债的发行主要是由政策驱动的。自 2013 年中国版巴塞尔 III 规范推出以来，许多内地中资银行已经发行了巴塞尔 III 规范下的 T2 和 AT1（额外一级资本）债券补充资金。这些资本补充工具已成为面向全球投资者的"中国概念"固定收益投资产品的新品种。另外，中国内地资产管理公司也会发行 AT1 债券来补充资金。展望未来，鉴于中国内地监管机构正在起草相关指导政策以鼓励银行发行在危机事件中具有吸损能力的证券，总损失吸收能力（TLAC）债务工具不远的将来可能会在市场首次亮相。

不同年期与评级的债券、永久债

按年期来划分，3 年内到期的中资美元债总余额占市场余额的 52%；而 4—6 年期，7—9 年期和 10 年期以上（不包括永续债）分别占 21%、11% 和 5%，而永续债占比为 11%（见图 10-4）。就评级而言，投资级和高收益级债占比分别为 66% 和 18%，剩余 16% 没有评级。具体而言，Aa、A 和 Baa 评级债券占比分别约 0.1%、40.4% 和 25.6%，而 Ba、B 和 Caa 则分别占 9.4%、8.1% 和 0.5%（见图 10-5）。

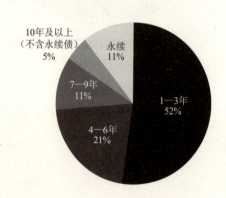

图 10-4　离岸中资美元债存量按年期划分

注：至 2018 年 10 月底。

资料来源：中银国际研究部。

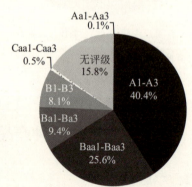

图 10-5　离岸中资美元债存量按评级划分

注：至 2018 年 10 月底。（由于数据经过四舍五入，百分比的总和并不等于 100%）

资料来源：中银国际研究部。

来自企业和金融机构的中资美元永续债具有多种发行结构。有些是"永久固定"息率型永续债，另一些具有利息递增特性。通常而言，更高的重置息率意味着有更大的可能性行使期权赎回债券，且在"不赎回"的惩罚代价过大的情况下，一些永续债券实际上等同于短期债券。永续债也具有一些混合工具特征，比如票息累计延迟支付、股利推动、股利制动等。

美元债、离岸人民币债、欧元债

中国有意推动人民币成为国际货币。在境外，从离岸人民币现价市场到离岸人民币债券的新的离岸人民币市场蓬勃发展，也为企业融资和投资者带来了新的机会。离岸人民币债券市场自诞生以来，在全球发行人和投资者的参与方面日益丰富，已成为以人民币融资的国际平台。目前，离岸人民币债券市场规模约为人民币 3 680 亿元（不包括离岸人民币存款证）。

除了较为成熟的离岸美元和人民币债券市场外，中资欧元债券市场虽然规模较小，但也成为企业筹集资金一个较新的途径。自 2013 年以来，中资发行人共计发行了约 430 亿欧元债券，其中大部分来自中资金融或投资级/国有非金融企业。

尽管在过去几年中，这个市场上较低的绝对票面利率一直是其中一个主要吸引力，绝大多数中资企业的发行源于对欧元实际资金的需求，也包括在欧洲收购。展望未来，中资企业"走出去"和"一带一路"倡议将有力推动该市场发展。

多种发行结构：直接发行、担保、维好、备用信用证

中资发行人可以灵活地根据发行环境和自身需要选择发行结构。中资境外债券的主要发行结构可以分为四类：

1. 境内母公司或境外红筹发行人直接发行（"直接发行"）；

2. 境外实体发行并由境内母公司提供担保的形式增信（"跨境担保"）；

3. 境外实体发行并由境内母公司提供维好协议（可附加或不附加项目股权回购承诺）的形式增信（"维好协议"）；

4. 由中资或非中资银行备用信用证增强的发行（"备用信用证增信"）。

值得注意的是，与境外债券发行相关的监管法规的发展或会影响中资发行人选择其发行结构。例如，2014 年 6 月，国家外汇管理局（以下简称外管局）修订了跨境担保的政策。新政策下，企业提供跨境担保仅需简单与外管局事后登记。自那以来，我们看到中资企业跨境担保支持的境外债券显著增长，但使用维好协议来支持境外债券也依然流行。

从法律法规角度来看，除直接发行外，不同发行结构所提供的信用增强的力度亦有所不同。与维好协议的结构相比，境内企业担保提供了偿债的直接承诺，被认为是一种更强的信用支持结构。在这种结构下，债券的评级等同于境内担保人的优先级无抵押债券的评级。此外，中资发行人使用的维好协议的债券也有待通过诉讼的检验。因此，维好协议债券的评级通常被穆迪和标普较集团下调一级或两级，但惠誉无降级。另一方面，备用信用证是针对具体债项的信用增信行为，代表了提供该备用信用证的金融机构对该债项的直接、无条件及非从属的责任。备用信用证的重要性得到了评级机构的充分认可，被视为所涉债项的全面信用担保，因而债项获得了等同金融机构优先级无抵押债的评级。

特殊类别：绿色债和"一带一路"债

绿色债、"一带一路"债和资产证券化债都是中资境外债券市场的新兴债券类别，很大程度上受益于政府政策的支持。

绿色债：改善现有环境问题已然成为中国政府的首要任务之一。受益于政府积极推动绿色金融，中国自 2016 年以来成为发行绿色债券的主要国家。在境外市场上，在中国金融机构和国有企业的带动下，亦有一系列绿色债券的发行。2017 年，离岸市场占中国绿色债券发行的 18%。2017 年市场首发了通过"债券通"发行的绿色债券。

"一带一路"债："一带一路"倡议已然成为商贸路线投资和开发的主要推动力，这些商贸路线将中国多个地区与世界紧密相连。尽管"一带一路"债券市场处于发展的初期阶段，不少中资银行已在离岸市场发行"一带一路"债，以支持"一带一路"沿线国家的绿色基础设施建设。2017 年，习近平主席提议建立"一带一路"绿色发展国际联盟。在推动绿色环保的"一带一路"倡议下，预计绿色债券将成为"一带一路"项目融资的重要工具。

中资发行人在境外债券市场融资的考虑及意义

中资发行人在境外进行债务融资的动因大致可以归为以下两个方面：一是经济因素，包括降低综合融资成本、减少汇兑损失等；二是政治因素，通过中央及地方政府机构对企业境外融资的政策支持，降低融资相关的时间及沟通成本，提高地方政府及企业效率等。

为中资企业降低融资成本

由于境内外债务融资成本存在一定差异，中资企业因此可灵活选择发行成本较低的市场进行债券融资。2010 年至 2014 年，由于美国、欧洲、日本等海外主要经济体自 2008 年次贷危机之后均维持宽松的货币政策，使得境外债务融资成本较低；与此同时，人民币保持升值趋势，由此中资企业可以通过配置人民币资产和外币负债套利，中资境外债券发行量也随之大幅增长。然而 2015 年 8 月 11 日汇率改革使得人民币进入贬值周期，以及美国自 2015 年末至今进入加息通道，使得境外债务融资的成本优势有所削弱，但中资企业仍可根据上述套利原理，利用境外债务融资降低其综合融资成本。

为中资企业的国际业务提供本币融资

近年来，围绕"一带一路"倡议和"走出去、引进来"战略，越来越多的中资企业积极拓展国际业务，推动实施海外战略性资源及市场布局。在上述背景下，境外债券融资作为中资发行人境外融资的主要手段，为其海外项目实施提供了资金保障。此外，企业可以根据自身发展需要，同时发行多币种债券，进一步提高融资效率，降低汇兑风险。

为中资企业有效规避汇率及外汇政策的风险

针对近年来中国由于资本外流带来的外汇政策不断收紧，以及由于中美贸易摩擦和其他地缘政治危机造成的汇率波动，越来越多中资企业，尤其拥有境外资产和业务的发行人，通过境外债务融资，以降低汇兑损失和外汇政策风险。

为中资企业丰富融资渠道

首先，公司通过统筹利用国际和国内两个市场、两种资源，有效对冲境内外市场波动和周期变化，优化资金结构，增强公司财务平衡和可持续发展能力。其次，公司可以根据中央及地方政府机构对企业融资的政策变化，灵活选择具有政策优势的债务融资方式，从而降低融资相关的时间及沟通成本。再次，境外债券市场对于募集资金用途的要求相比境内更为宽松，一定程度上提高了中资发行人资金使用的灵活性。

境外发债有利于树立中资企业的境外声誉

发行过程中通常会在全球主要金融中心进行路演推介，向境外投资者介绍公司的经营业绩，有助于增进境外投资者对中资企业的认知，提高中资企业的海外声誉和影响力。另外，随着国际评级机构对中资企业的理解不断加深，越来越多发行人选择进行国际信用评级，进一步提高了境外投资者对公司的认可度。

中资发行人在境外发展所需的相关批准及流程介绍

发改委备案登记

国家发展和改革委员会（以下简称发改委）于 2015 年 9 月 14 日发布实施《国家发展和改革委员会关于推进企业发行外债备案登记制管理改革的通知》，

企业发行外债的额度审批，实行备案登记制管理（见表 10-1）。境内企业若在境外发债且年期在 1 年以上，需向发改委进行事前与事后登记，且上述要求针对所有发行结构。

表 10-1　　　　　　　　　　　　发改委登记要素

事前登记	
登记文件	《发改委备案申请报告》和过去 3 年发行人及增信方的年度审计报告。其中，发改委备案申请报告需列明：（1）发行人及增信方的基本情况；（2）发行方案；（3）募集资金用途及回流安排；（4）发债的必要性和可行性分析
受理机构	对于实施外债改革试点的省市，企业需先向试点省市发改委提出备案登记申请，再提交国家发改委；中央管理企业和金融机构，以及试点省市以外的地方企业和金融机构直接向国家发改委提出备案登记申请
时间要求	在债券正式交割前获得《企业借用外债备案登记证明》。根据近期市场情况及执行经验，通常需预留 6—8 周
事后登记	
登记文件	企业外债信息报送表。按照发改委提供的表格格式，填写发行主体、注册所在地、机构代码、主营业务、行业类别、注册资本、最近的总资产、净资产、负债率、净利润、外债余额、发行外债的基本情况及资金回流及使用情况等信息
受理机构	国家发改委
时间要求	发行结束后 10 个工作日内

外管局相关事宜

外管局仅针对境内公司直接发行和境内集团公司提供跨境担保发行的境外债券设有时限登记的要求，时间要求为发行结束后 15 个工作日内。其中：

● 部分公司所在地外管局会有登记要求；

● 如果境内企业选择采用担保结构发行，需要向外管局进行事后登记。

发债流程

中资境外债券的发行流程一般包括：获得董事会及相关监管的审批→国际评级（选择性）/ 准备发行文件→宣布交易并进行路演→簿记建档、销售及定价→完成交易及交割。整个流程理论上一般需要 6—8 周；若进行国际评级，一般需要 18—20 周（见表 10-2）。

各部分流程的主要工作详见如下：

- **董事会及相关监管的审批**：发行人董事会决议批准发行境外债券，并向所在地省市发改委或国家发改委申请备案登记，并获得国家发改委出具的《企业借用外债备案登记证明》。

- **国际评级**：提出评级要求→资料收集→公司管理层会议→评级机构内部分析→评级委员会发出评级结果→通知公司→公布评级→每年跟进复审。

- **准备发行文件**：包括展开尽职调查（包括管理层尽调、中国法律尽调和审计师尽调），草拟发行通函、安慰函、法律意见书、债券条款、代理协议、认购协议等发行文件，以及草拟路演演示材料及投资者问答等路演文件。

- **宣布交易并进行路演**：S 规则下的境外债券发行人通常选择在中国香港、新加坡、伦敦路演；若发行规模较大，会在法兰克福、苏黎世等投资者较为集中的城市进行路演。144A 境外债券发行人除了上述路演城市选择之外，通常还需要在美国进行路演。

表 10-2　境外债券项目执行示意性时间表

主要事项

	第1周	第2周—第11周	第12周	第13周—第18周	第19周	第20周	第21周
	M T W T F	M T W T F	M T W T F	M T W T F	M T W T F	M T W T F	M T W T F

监管
- 就发改委事宜向发改委进行登记

评级
- 委任评级顾问向反机构
- 准备评级演示文件及财务模型
- 评级机构演示会议、政府部门访谈及实地考察（如需）
- 演示会议演示后的跟进工作
- 获得评级

准备发行文件
- 委任主承销商/选择法律顾问
- 启动会议
- 审计师准备安慰函
- 准备发行文件（认购协议、法律意见稿及销售条款书）
- 尽职调查
- 向联交所递交上市申请
- 印刷e-reds

路演和销售
- 准备路演宣传材料
- 交易前确定性尽职调查
- 宣布债券发行
- 路演
- 簿记建档、定价和分配
- 签署认购协议等相关文件

交割
- 印刷发行通函最终版
- 确定交割前备忘录
- 交割前确定性尽职调查
- 出具安慰函及法律意见书
- 交割并付款

资料来源：中银国际。

- 簿记建档、销售及定价：公司与承销团讨论决定是否公告发行→承销团向市场公布初始价格指引→开始簿记建档、投资者下单→承销团向市场公布最终价格指引→投资者订单分配→召开定价会议。

- 完成交易及交割：包括发行通函定稿、投资者认购、结算前尽职调查、提交法律意见、结算及交割等。

发债主要中介机构及职责

表 10-3 　　　　　　　　　　　　发债主要中介机构及职责

中介机构	职责
发行人	● 提供发行债券所需的信息 ● 配合尽职调查 ● 审阅发行通函及与其国际和中国律师讨论发行文件
主承销商/簿记行	● 协调其他中介机构 ● 设计条款、尽职调查、审定发行通函 ● 准备路演推介材料、簿记建档、定价、配售债券、售后市场支持
发行人国际法律顾问	● 为发行人提供法律顾问服务 ● 起草发行通函（业务介绍及有关发行人的风险因素部分） ● 审阅法律文件包括票据描述（"DON"）、交易文件（包括认购协议及债券契约等） ● 协助债券上市 ● 出具法律意见书
承销商国际法律顾问	● 为主承销商提供法律顾问服务 ● 起草DON及其他交易文件（包括认购协议及债券契约等） ● 起草尽职调查问题 ● 进行文件尽职调查 ● 起草发行通函（除业务及有关发行人的风险因素部分） ● 出具法律意见书
发行人中国法律顾问/ 承销商中国法律顾问	● 提供中国法律顾问服务 ● 审阅发行通函，及交易文件中涉及的中国法律问题 ● 进行文件尽职调查 ● 出具中国法律意见书

中介机构	职责
会计师	● 出具安慰函 ● 针对发行人财务状况及发行通函中出现的财务信息提供负面保证
信托人／付款代理行	● 代表债券持有人利益，提供债券托管、利息和本金支付服务
信托人律师	● 审阅信托协议和财务代理协议

境外债券发行涉及的主要法律文件

表 10-4 境外债券发行涉及的主要法律文件

文件	责任方	备注
发行文件		
发行通函	发行人，承销商，法律顾问	披露及推介文件，包括： ● 公司概述及财务信息（3 年财务报表及最近的中期或季度业绩报告） ● 业务及行业概述 ● 票据描述及担保 ● 发行计划 ● 转让限制／税项
认购协议	承销商，承销商法律顾问	承销商与发行人之间针对购买票据达成的协议
债券条款	承销商法律顾问	主要债券条款包括票息、年期、限制契约、违约事件
财务支付代理协议	承销商法律顾问	发行人与代表债券持有人的财务支付代理／信托人之间达成的协议
债券契约	承销商法律顾问	发行人与信托人之间签订的契约，评述债权人的权益
完成文件		
安慰函	承销商，法律顾问，审计师	针对发行人的财务状况及发行通函中出现的财务信息提供负面保证
法律意见书	发行人及承销商的法律顾问	为发行人和承销商提供有关债券发行的法律意见
完成备忘录	承销商法律顾问	各方遵照签署发行文件及最终发行通函的各种完成程序

中资企业境外债券主要发行结构

表 10-5   中资企业境外债券主要发行结构

境内公司直接海外发债	
发行主体	境内公司
优势	规避了跨境担保及资金回流难题
不足	发行人在境内支付境外投资者利息需承担 10% 的预提所得税
境内公司跨境担保	
发行主体	境外特殊目的实体（SPV）
担保人	中资企业境内集团
结构简介	通过中资企业向其境外发行主体提供担保，达到增信的目的
优势	● 由境内母公司担保能提高整体信用度，有效降低融资成本；结构简单，准备时间较短 ● 能加深国际投资者对集团公司的认识，多元化公司的融资渠道
不足	募集的资金不能用于购买主要资产在中国境内的境外公司股权
境内公司提供维好和股权回购承诺	
发行主体	境外 SPV
维好协议和股权回购承诺提供方	中资企业境内集团
结构简介	通过中资企业向其境外发行主体提供维好和股权回购承诺，从而实现增信。如果发行人无法按时付息或偿还本金，境内集团会收购发行人的境内项目公司的股权，收购所付资金将汇出境外用以偿还利息或本金
优势	● 无须外管局登记 ● 规避了跨境担保限额
不足	● 发行结构较复杂，境外 SPV 需下设境内子公司并持有境内资产以支持股权回购协议的行使效力 ● 发行利率相比其他结构较高
境内/外银行提供备用信用证担保	
发行主体	境外 SPV
维好协议和股权回购承诺提供方	国有四大银行或境外银行（多为国有四大银行在国外的分行）
结构简介	● 通过银行向中资企业的境外发行主体出具担保函或备用信用证，达到增信的目的 ● 此外，发行人需要取得至少一家国际评级机构的发行债券评级
优势	● 无须经过任何监管机构审批，发行时间相对缩短，发行额度更为灵活 ● 通过备用信用证或保函作为增信工具，其债券评级有很大机会视同于由其银行发行的债券评级，可有效提升债券信用，大幅减低发行利率 ● 公司无须进行向评级机构披露其业务或营运的相关信息
不足	● 发债募集资金回流内地比较困难，大概率触及银行跨境担保或者境内反担保政策 ● 提供增信的银行会收取保函费，可能高于增信后所节省的利息成本 ● 将占用企业在银行的授信额度

境外债券投资者的特性及考虑

多元化的投资者构成

新债发行的配额数据揭示了中资美元债券投资者构成的情况。以下的研究是基于自 2014 年至 2018 年 10 月发行的 715 只离岸美元债券的配额数据。

按投资者类型划分，基金（包括资产管理公司和对冲基金）平均占交易分配的 42%，其次是银行 33%，保险公司 7%，私人银行 9%，主权财富基金 4%，以及其他（主要是企业）5%，如图 10-6 所示。

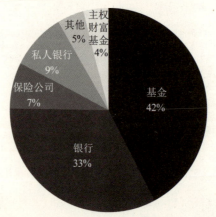

图 10-6　2014 年至 2018 年 10 月中资美元债的新债配额（按投资者类型分布）

资料来源：中银国际研究部。

相比较，尽管境内债券投资者逐步多元化，商业银行仍是主要的买家，截至 2017 年年底持有超过 65% 的境内债券。而中资美元债券尽管大量由基金持有，但在不同的投资者群体中分布更均匀。同时，数据显示零售投资者通过私人银行买入是市场的主要投资群体之一，占中资美元债券投资中相当大的份额（9%）。而境内债券市场则主要由机构投资者组成。

亚洲主导、国际化特征鲜明

按地域分布，亚洲投资者平均占美元新债发行额的78%，其次是欧洲投资者10%，美国投资者7%，以及其他投资者5%（见图10-7）。

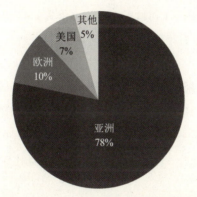

图 10-7　2014 年至 2018 年 10 月中资美元债的新债配额（按地域分布）

资料来源：中银国际研究部。

与境内债券市场相比，中资美元债券投资者的地域分布显示了市场的国际性。这归功于亚洲新美元债券市场是一个历史悠久、全球投资者长期以来一直活跃的市场。相比之下，境内债券市场国际化程度仍然偏低。根据中央结算公司数据的测算，目前境外机构持有的债券规模在境内全市场占比约2.6%。尽管如此，未来几年随着市场对外开放程度扩大，外国投资者的参与预计将会实现大幅增长。

季节因素

基于 2011—2017 年新债发行的数据，我们对亚洲（日本除外）的美元和离岸人民币新债市场的季节性周期变化进行了统计分析（见图 10-8）。

美元债市场显示出明显的季节周期性，大致遵循主要节假日和市场运行表：圣诞节后的 1 月繁忙开张，之后是节庆高峰 2 月和公司年报 3 月的放缓，接着来临的是每年最忙的 4—5 月；6—8 月为夏季淡静期，然后是夏后冲锋的 9—11 月，以赶在 12 月圣诞节年末休整。中资的境外美元新债发行格局仍有几个显著差异：不少发行计划趋于放在前半年段，使得 4—5 月的这个高锋时段更为繁忙；而 9—10 月由于"十一黄金周"有所放慢。

除了 12 月发行放缓而积累下来的闸口压力，"1 月效应"通常会看到基金经理年初对收益较高的债券需求，以为全年回报摆兵布阵，从而反过来给一级市场带来氛围支持。另一市场因素是新兴债券市场常见的夏季疲乏症，包括夏季新债发行的减少。此外，8 月中报期也令新债市场比较淡静。

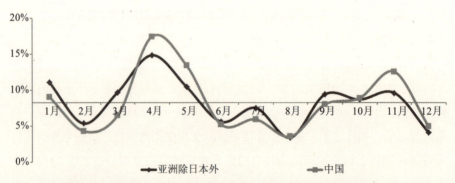

图 10-8　2011—2017 年亚洲美元债的平均月发行的年度百分比分布

资料来源：中银国际研究部。

相关政策发展建议

中国国债发行常规化：有利于国企收益曲线的形成

国债发行计划应保持国债发行的适度规模、支持国债交易市场的发展，同时进一步提升国债品种的多样化，长、中、短期相结合。

债券市场的制度化和市场化的发行审批安排

债券市场的发行审批程序在不断向制度化和市场化方向发展。自 2015 年 9 月起，发改委启动实施了企业外债备案登记制管理改革。这是由原来的完全政府审批制度向市场化发展的一个重要里程碑。

外债发行备案登记制为企业的境外债券融资活动提高了便利性和灵活性。近两年来外债发行的高涨一部分与这个政策的放松有关，尤其是推升了房地产、地方政府融资平台等企业外债发行规模。由于这些企业评级情况参差不齐，一些自身实力有限，但申请备案登记的外债规模偏大，境外发债规模增长较快，债务风险快速扩大。

为加强风险防控，强化部门之间外债管理协调配合机制，发改委、财政部在 2018 年 5 月联合印发了《关于完善市场约束机制，严格防范外债风险和地方债务风险的通知》（以下简称《通知》）。

《通知》明确了"控制总量、优化结构、服务实体、审慎推进、防范风险"的外债管理原则，从健全本外币全口径外债和资本流动审慎管理框架体系、合理控制外债总量规模、优化外债结构等方面着力防范外债风险。

在《通知》的原则性框架下，有关部门正在制定《企业发行外债登记管理办法》，以补充和完善企业外债申报方式和办理程序，规范备案登记管理，不搞变相行政审批，防止自由裁量，为企业跨境融资以及企业按真实需求灵活安排发行计划提供更多便利。同时，完善部门间协同监管机制，以进一步强化监管统筹，加强信用惩戒处罚力度。

进一步完善外债发行登记制的目的是继续推进证券发行市场化。对企业而言，市场化的债券发行制度有利于灵活把握发债时机，按市场规律来自主选择发债时间和发债批次，有效内外统筹使用外债资金，最后达到降低借贷成本、提高发债的财务和经济效果。

境外"一带一路"债券的可行性及未来发展方向

利用境外债券市场为"一带一路"建设提供持续有效的资金支持，意义重大。然而，由于存在一系列结构性和制度性问题，在支持"一带一路"发展的过程中，境外债券市场的作用目前并未得到充分发挥。提升境外发债规模是填补"一带一路"资金缺口的较好方式。

未来境外"一带一路"债券可以从主权债务和商业债务两方面来发展。

政府和非金融企业是"一带一路"倡议推进和落实的主要参与方，它们应是境外债券市场资金支持的重点。但现实情况是，我国政府和境内非金融企业的境外债券融资规模处于较低水平。相反，金融机构为主要的境外债券发行体。

"一带一路"倡议的实施需要大量长期低成本资金作为保障。一方面，"一带一路"沿线国家的金融市场发展程度较低，发行体的信用风险偏高，而当地金融体系无法满足"走出去"企业的资金需求，中资金融机构也难以完全覆盖。另一方面，"走出去"的中资企业信用资质较好，在国内拥有丰富的债券发行经验，但境外债券发行数量仍较少。如果能够借助境外债券市场筹集资金，将有利于丰富"走出去"企业的资金筹集渠道，填补资金缺口，弥补沿线参与机构和企业的信用不足，甚至有助于减少外汇风险敞口，支持"一带一路"项目。

　　从主权债务方面，"一带一路"主权政府以及其政策性金融机构可以发行"一带一路"专项债券来支持"一带一路"项目，其中可以包括资产证券化债券。以主权背景信用发行的债券可以达到较高的信用评级、较低的融资成本，同时为政府对"一带一路"项目的参与和资助获取市场资金，为"一带一路"项目站台助力。同时也能与其他参与方分担投资风险，分散风险集中度，以及共享经济效益。这些沿线国发行的"一带一路"专项债也可以对中国政府和机构投资者开放，吸引中国资金的间接投资。

　　从商业债务方面，一是通过"一带一路"参加银行发行"一带一路"专项债券，以间接融资的方式为"一带一路"参加企业提供资金支持。因为商业银行的信用较好，风控能力较强，抗震基层较坚实、利益导向较明确，充分利用银行的间接融资渠道为"一带一路"提供资金支持是非常重要的一部分。二是通过"一带一路"参加企业发行债券，在债券市场进行直接融资。"一带一路"参加企业发债可以充分利用国际开发性金融机构项目授信支持、参与国的主权支持以及商业银行的信贷支持来增信发行，以降低融资成本，提高投资者信心。

　　发行的债券可以是多币种、多市场、多方式。即可以是项目的当地本币、人民币或其他主流币种（如 G3）；可以是当地发行或区域性发行；可以是定向私募或公开发售。对中国政府和企业支持、参与的项目，通过中国的境内或境外人民币市场发行人民币债券，更有一举三得的效果：一是可以对冲汇率风险，二是助推人民币国际化，三是进一步为人民币债券市场扩容。

无论是商业银行还是实体企业，参与"一带一路"建设，仍需按市场规律办事，以合理的投资回报、良好的经济效益和利民的社会影响作为成败的尺子。债券融资也需遵循这些导向。无效或低效、不可持续或影响名声的项目，需要及时前期甄别。

"一带一路"项目的甄选既要看长期效益，也要看短期可持续性。通过优化融资成本，分散融资风险，融入当地经济发展趋势，协同当地产业发展方向，支持当地政府民生政策，来达到项目的可预见、可执行、可收获的经济效益和投资回报。

资产证券化债券

虽然近几年来中国境内的资产支持证券市场发展迅猛，但中资企业在境外发行资产支持证券案例仍寥寥可数。这有多方面的原因：

- 一是亚洲本身的资产支持证券市场一直发展缓慢，尤其是经历 2008 年的次贷危机后，包括亚洲在内的全球投资者对资产支持证券的投资兴趣一落千丈，到目前仍是元气未复。

- 二是亚洲的债券市场仍处于发展阶段，无论是市场的深度和广度，还是投资者的经验范畴，均不够成熟。这也是造成亚洲投资者不太愿意涉足复杂度更高的资产支持证券类债券产品的原因。亚洲投资者还需要对这类产品进行更多的学习和教育。

第三部分

香港固定收益与货币产品的
金融生态圈构建

11

香港国际金融中心：
缘起、核心力和突破点

肖耿

北京大学汇丰商学院教授
香港国际金融学会会长

本章导读

在短短的 20 年内，香港已从一个区域性国际金融中心演变成一个世界级的全球金融中心，除了股票市场，香港在银行、保险、基金、私募投资及直接投资方面也非常活跃，并领先全球。

香港长期核心竞争力的根本来源是"一国两制"中独一无二的制度安排，以及历史遗留的、与西方市场经济制度兼容的法律、货币、金融、经济、企业、城市及社会制度与管理经验。香港资本市场在过去 20 多年取得了非常亮丽的成绩，但远远没有穷尽其作为一个世界级国际金融中心的潜力。互联互通与新经济企业上市制度改革将为香港维持其顶尖世界级全球金融中心地位奠定重要基础。

未来 20 年，香港在金融领域可实现的突破包括：（1）港元应该与国际货币基金组织的一篮子储备货币 SDR 挂钩，并成为与 SDR 同等市场价值的一个超主权竞争性货币；（2）以港元或 SDR 计价的债券市场、商品期货市场将可能与股票市场一样在香港崛起；（3）香港会成为首屈一指的人民币国际化及"一带一路"融资债务离岸中心。

中国香港背靠崛起中的中国内地，紧跟西方最发达的经济金融枢纽，携手可能是世界上最有竞争力的"粤港澳大湾区"相邻城市群，应该能引领世界金融未来的发展潮流。

香港是一个世界级的全球金融中心吗

2018 年 7 月 1 日是香港回归祖国 21 周年。令人惊喜及欣慰的是，在短短的 20 余年内，香港已从一个区域性国际金融中心演变成一个世界级的全球金融中心。根据国际著名的"全球金融中心指数"的综合评分，香港在十大全球金融中心中排名第四，仅次于伦敦、纽约、新加坡，而上海及深圳目前还没有入围。如果按上市公司的市值总额排名，香港股票市场在全球排名第四，仅次于纽约、上海及深圳。

根据香港证券及期货事务监察委员会（香港证监会）的公开资料显示，在 2016 年，香港交易所的首次公开股票发行（IPO）筹资金额排名世界第一，达到 251 亿美元，不仅超过排名第二的 NYSE Euronext（132 亿美元）、第四的 NYSE（114 亿美元）、第五的 Nasdaq Nordic Exchanges（79 亿美元）及第八的 Nasdaq（75 亿美元）这 4 个欧美股票市场，也超过排名第三的上海证券交易所（125 亿美元）及第九的深圳证券交易所（71 亿美元）这两个中国内地股票市场。

正由于香港股票市场出众的融资能力，2016 年中国的沪、深、港三个股票市场的 IPO 合计总额达到 447 亿美元，超过上述 4 个欧美股票市场 400 亿美元的 IPO 合计总额。这标志着中国资本市场的融资能力已经在全球领先，虽然还有不少中国企业，如阿里巴巴，选择了利用除香港以外的海外资本市场集资。

在 2012—2018 年，香港市场 IPO 的累计总量超过 1.5 万亿美元，其中一半以上是为内地企业在全球集资。2016 年年底香港上市公司中，64% 的市值属于内地企业（其中 H 股公司市值占 21%、红筹股公司市值占 18%、民企市值占 24%）。

正由于香港活跃及开放的金融市场，国际投资者可以在中国内地金融市场还没有成熟之际捷足先登，通过香港市场投资中国创新及成功的企业，如联想、腾讯。

除了股票市场，香港在银行、保险、基金、私募投资及直接投资方面也非常活跃，并领先全球。可以说，内地在金融业发展方面最希望拥有的制度、能力、实践及人才，都可以在香港找到。全球百大银行中，70% 在香港有业务。香港也是首屈一指的全球人民币离岸业务中心。香港拥有区内最活跃的保险业市场，吸引了全球顶尖的保险公司。中国香港基金管理业在亚洲领先，其资产总额在 2015 年达到 2.2 万亿美元，超过新加坡、澳洲、日本、中国内地及韩国。香港的私募基金业也非常活跃，不仅吸引了大量的海内外资金，更重要的是聚集了一大批融贯中西、熟悉金融与实业的优秀人才。香港对中国内地的直接投资几十年来也一直领先全球，其中相当部分属于经过香港转口对中国内地制造业的外商直接投资，对中国制造业融入全球供应链作出了决定性的贡献。

香港世界级全球金融中心如何炼成

　　香港的金融行业起步于英国统治年代，很早就深深融入了西方国际金融市场，也经历了无数次的国际金融危机，特别是 20 世纪 70 年代由石油危机导致的美元脱离金本位、90 年代的亚洲金融危机及 21 世纪初源于美国的国际金融危机。

　　在 20 世纪 70 年代初的石油危机时期，港元被迫与英镑脱钩，之后改为与美元挂钩，这种做法有效地稳定了香港的银行、股市及楼市，为后来迎接内地的改革开放及高速经济增长奠定了基础。20 世纪六七十年代，整个香港的经济发展水平与广州接近，许多领域由于规模小甚至不如广州。但在内地开始实行改革开放政策后，香港的国际贸易及出口加工业迅猛发展，并深深融入珠三角地区，成为全球供应链在亚洲的枢纽，为内地引进了资金、技术与管理经验，并将在内地加工的产品出口到世界各地。香港在这段时期迅速发展成一个以贸易、物流、金融、专业服务及地产为主导的全球服务业枢纽，服务业占本地生产总值超过 95%，工资及资产价格也由于生产率的提升而不断上升。

　　20 世纪 80 年代初，香港回归 "一国两制" 模式的安排基本上稳定了香港未来发展的政治、社会及经济环境。回归前后，尽管各界对政治与社会稳定相当担心，曾经出现人才流失的移民潮，但回归后的几年，政治与社会比预期要稳定，反而是经济受到了 1997 年亚洲金融危机的巨大冲击。

　　在亚洲金融危机时期，港元及香港的银行与股票市场受到索罗斯等金融投机者的严峻挑战，但香港监管部门果断入市干预，在恒生指数从大约 12000 点相对正常均衡的市场水平跌到大约 6000 点时，用香港的外汇储备资金购买了当时 33 只蓝筹股 10% 的股份，迅速稳定了股市、债市、汇市及楼市。在市场稳定之后，监管部门又巧妙地以"盈富基金"将所有其持有的股票在恒生指数达到大致12000点的水平时卖给了私人投资者。这次香港监管部门对市场失灵的干预成了金融监管当局处理系统性风险的经典案例。之后香港进一步完善了货币、银行、证券、楼市及其他金融产品与服务的监管制度。

香港成功处理亚洲金融危机的一个重要背景是当时中国政府以维护中国、亚洲及全球金融与经济稳定的大局为目的，坚决维护了人民币兑美元汇率的稳定。这一历史性的人民币汇率稳定政策奠定了香港及亚洲其他金融市场稳定与复苏的基础，并直接促进了之后十年外商通过香港对中国内地制造业直接投资的迅速扩大，改写了全球供应链的地理分布及运作模式，为之后中国沿海地区的工业化与城市化、中国金融业的起步发展作出了不可估量的贡献。

有了应对亚洲金融危机的经验，在2008年国际金融危机爆发后，香港的股市及楼市虽然经历了剧烈的波动，就业与工资也有显著调整，但并没有出现金融危机。相反，生命力极强的香港金融市场开始迎接内地经济全面开放及崛起的挑战与机会，此期间的重大利好事件包括中国加入世界贸易组织、香港与内地签订更紧密经贸关系的安排，以及中国宣布"一带一路"全球发展倡议等。

香港全球金融中心的核心竞争力

用新制度经济学的分析框架来看，香港的核心竞争力可以总结为一条：市场交易的边际制度成本很低。香港的要素成本普遍高昂，如土地、人才，甚至资金，因为来到香港后的人才与资金就拥有了流向全球任何地方与市场的自由，如果他们能在其他地方及市场得到比在香港工作、生活及投资更高的回报，他们不会留在香港。

维护香港自由市场基础设施的固定成本并不低，香港公务员、监管部门的专业人士、警察及社会机构雇员的工资与市场看齐，人数也相当多，但由于香港经济的极高效率，香港极低税率下的财政状况非常健康，几乎没有内外政府债务。高昂的固定制度成本得到的回报是极低的边际市场交易成本，也就是在市场交易量增加时，每单位交易量平摊的制度成本非常低。

边际交易成本低导致香港经济出现一个非常独特的经济运作规律：香港经济增长及要素价格主要由交易量决定。而在短期，香港贸易、金融、专业服务及物流的交易量并不太依赖本地政策，而主要被全球经济的动态发展主导。亚洲、欧洲、北美洲及世界其他地方的经济波动都或多或少地会影响香港市场，香港经济可以说是世界经济的晴雨表，但对本地短期政治及社区问题并不敏感。

香港长期核心竞争力的根本来源是"一国两制"中独一无二的制度安排，以及历史遗留的与西方市场经济制度兼容的法律、货币、金融、经济、企业、城市及社会制度与管理经验。"一国两制"通过维持一个政治、经济、社会的界线来保障香港可以与内地不同。由于香港与内地有一个清楚及严格的边界（"两制"），香港才可以像一个快艇一样紧跟西方发达经济体的航空母舰群。同时，由于"一国"，香港又可以"近水楼台先得月"（如"内地与香港更紧密经贸关系的安排"），享受内地巨大的市场及物理空间，并充当不可替代的中西方经济、文化及社会沟通平台。而香港面临的挑战也在于如何同时维持"一国"及"两制"的优势，并妥善处理"一国两制"制度安排执行过程中的矛盾及利益冲突。

香港作为全球金融中心的潜力：
互联互通与新经济企业上市制度改革

香港资本市场在过去二十多年取得了非常亮丽的成绩，但远远没有穷尽其作为一个世界级国际金融中心的潜力。

香港交易所在过去三年里成功推出了具有战略意义的"沪港通"、"深港通"及"债券通"，为连接中国内地与全球金融市场构筑了一条条风险可控、规模可调、市场共享的金融产品特别通道。香港交易所近年亦收购了伦敦期货交易所，希望依靠中国内地对商品期货交易的巨大需求在香港开拓全球领先的大宗商品期货交易市场。

2014年，业务主要在内地的电商平台"阿里巴巴集团"原打算在香港上市，但香港监管当局为了保护投资者利益并严格遵守其传统的同股同权原则，拒绝了阿里巴巴在香港上市的计划。阿里巴巴最后选择在美国纽约交易所上市，其IPO集资达到惊人的250亿美元，创下世界纪录。失去阿里巴巴的香港股票市场开始反省：如何才能既维护投资者权益，又与时俱进适应创新型新经济对资本市场的新要求，并在与世界其他股票市场竞争中更上一层楼？令人欣慰的是，2017年6月16日，也就是失去阿里巴巴上市机会的三年后，香港交易所终于发布了"建议设立创新板"的公开咨询文件，开启了香港资本市场下一步的重大升级的准备。可以预期，一旦有市场需求，升级后的香港交易所应该有能力为IPO规模达到250亿美元的未来中国创新企业在全球融资。

2018年3月，李克强总理在《政府工作报告》中特别提出"粤港澳大湾区"的发展规划，将香港及澳门特区的未来发展提高到帮助国家进一步开放及发展的战略层次。"粤港澳大湾区"城市群包括珠江三角洲各有特色的11个城市，其中特别值得关注的有香港特别行政区（世界级全球金融中心）、澳门特别行政区（世界级博彩、会展及娱乐城市）、广州（中国最重要的内外贸易枢纽）、深圳（中国最具创新、开放及市场精神的经济特区）以及佛山与东莞（世界级制造业基地）。"粤港澳大湾区"人口规模达到 6 800 万，超过英国、法国及意大利三国的人口；GDP 达到 13 000 亿美元，接近韩国及俄罗斯的 GDP，超过澳洲、西班牙及墨西哥的 GDP。"粤港澳大湾区"的目标竞争对象为纽约、旧金山及东京湾区，其有效整合将为香港维持顶尖世界级全球金融中心的地位奠定基础。

未来 20 年，香港在哪些金融领域可实现重大梦想与突破

港元应该在未来 20 年内与国际货币基金组织的一篮子储备货币 SDR 挂钩，并成为与 SDR 同等市场价值的一个超主权竞争性货币。而以港元或 SDR 计价的债券市场、商品期货市场将可能与股票市场一样在香港崛起。香港也能成为首屈一指的人民币国际化及"一带一路"融资债务离岸中心。

货币领域：港元与 SDR 挂钩

香港目前与美元挂钩的联系汇率制度在过去 20 年是非常成功的，因为它的制度规则及操作过程简单透明，实际上是直接采用美国的货币政策，即港元与美元的汇率固定在 1 美元兑 7.8 港元，而港元的利率也基本与美元利率趋同。因此，香港金融市场的参与者基本上将港元等同于美元。但是，在未来 20 年，美国的货币政策可能会越来越不适合香港的经济与金融现实，这个问题在国际

金融危机之后已经开始暴露。例如，美国的量化宽松和零利率货币政策就与香港的经济及金融现实有冲突，这导致香港房价由于利率太低而上涨过快。

香港是一个融贯中西的全球金融中心，一旦港元与一篮子货币 SDR 挂钩，港元的利率就会是一篮子货币中每个货币利率的加权平均，而权重就是 SDR 中每种货币的权重。这个加权平均利率应该最适合香港的全球金融中心地位。而一旦港元与 SDR 挂钩，SDR 将立刻具备一个巨大的、有生命的市场，因为以港元计价交易的民间金融与非金融资产会将 SDR 从一个没有市场的概念性超主权储备货币演变成一个既有竞争性（其他经济体如新加坡，也可以发行与 SDR 挂钩的货币），又有超主权权威性（由国际货币基金组织界定 SDR 的权重、基准利率及在全球危机时期承担超主权货币最后贷款人的角色）的可交易货币。

港元与 SDR 挂钩，也是平衡中国香港与中国内地、美国、欧洲、英国及日本的经济金融关系的一个自然选择，可以大大降低以美元为主要国际储备货币的现有国际货币体系的一些内在矛盾与系统性风险，例如，美国将无法通过美元贬值来刺激美国的经济增长，以致新兴市场不得不积累大量美元外汇储备。

债券市场：发行以超主权储备货币计价的债券

目前 SDR 的使用范围不够广，无法成为主要国际储备货币。主要障碍来自地缘政治利益，以及几个发行储备货币的央行（不仅包括美国，也包括欧元区、中国、日本和英国）对 SDR 的重视程度。加密货币的出现或许能让 SDR 的未来发展另辟蹊径：私人部门目前可以直接与央行合作，创造一种加密 SDR 数字货币，或称"电子特别提款权"（e-SDR），作为计价单位及储值手段。如果私人部门及市场参与者将 e-SDR 视为一种比其组成成分的国际储备货币波动更小的资产记账单位，资产管理人、交易员和投资者就有可能采用 e-SDR 为他们的商品和服务交易定价，以及为他们的资产和负债估值。

在香港建立以 e-SDR 计价的债务市场，能够吸引一些不愿卷入储备货币发行国地缘政治博弈中的国家及投资者。跨国企业及国际与区域金融机构应该可以提供所需的 e-SDR 资产供给。在需求端，退休基金、保险公司和主权财富基金可以购买以 e-SDR 计价的长期债务。

从长期看，香港或伦敦等国际金融中心有望成为应用区块链技术发展 e-SDR 货币及金融产品的试验田，并可以通过一些特别互换便利机制提高以 e-SDR 计价资产的流动性。比如，在国际地缘政治越来越复杂多变的时代，以 SDR 计价的超主权货币是全球商品期货市场的理想计价及交易货币。规模庞大的"一带一路"倡议项目也有可能用 e-SDR 进行计价及融资。

结语

未来 20 年，要实现港元与 SDR 挂钩并成为一个竞争性超主权货币这一梦想，其障碍与对手，不是深圳、上海、北京，也不是伦敦、纽约、新加坡，而是香港人自己。从全球发展、"一带一路"及"粤港澳大湾区"未来建设的大视角看，香港需要解放思想，思考如何将香港打造成一个数一数二的世界级全球金融中心。香港背靠崛起中的内地，紧跟西方最发达的经济金融枢纽，携手可能是世界上最有竞争力的"粤港澳大湾区"相邻城市群，应该能引领世界金融未来的发展潮流。

注：本文部分内容曾刊发于《中国金融》2017 年第 13 期。

12

人民币国际化

洪灏
交银国际控股有限公司
董事总经理
研究部主管

本章导读

　　人民币国际化的趋势在进行中，但距离真正实现还需要一段相当长的时间和多方面的布局准备，而中国债券市场的开放推动了人民币从计价货币到结算货币及储备货币的演进，是推动人民币国际化的重要步骤。本章内容对人民币国际化的必要性和现状进行了说明，对投资中国债市提出了一些意见。

人民币国际化的前提

根据国际货币基金组织（IMF）的定义，货币国际化是指某国货币越过该国国界，在世界范围内自由兑换、交易和流通，最终成为国际货币的过程。我们认为，人民币国际化的趋势在进行中，但距离真正实现还需要一段相当长的时间和多方面的布局准备。

第一，一国的货币要实现国际化，必须要有强大的经济实力和综合国力。就国内生产总值（GDP）体量而言，中国已经是全球第二大经济体。从经济质量上而言，当前无论从科技公司募集到的投资额，还是从专利申请数量来看，中国和美国在科技以及高端制造业方面的差距都在缩小。随着中国持续加大对科技研发的投入，在包括 5G、人工智能和信息产业等领域逐渐形成了一定优势。2015 年 3 月 5 日，李克强总理在全国两会上作《政府工作报告》时首次提出"中国制造 2025"的宏大计划。2015 年 5 月 19 日，国务院正式印发《中国制造 2025》，以期改变中国制造业"大而不强"的局面，从而为人民币国际化奠定坚实的基础。但 2018 年以来，美国发起的贸易战，以打击高端制造业为根本目的，对人民币的国际化造成了阻力。

第二，人民币的汇率需要相对稳定并随市场状况在合理区间波动，才能在境外逐步担当流通手段、支付手段、储藏手段和价值尺度，从而由国家货币走向区域货币，再走向世界货币。这就要求中国无论在政治上，还是在经济上，对内要高度的统一，严守货币纪律。此外，经过近几年发展，中国经济对外贸的依赖度在逐步降低，贸易顺差只占 GDP 的 2%—4%。对美国的出口依赖程度也在大幅下降，目前只有 18% 左右，面对外围的压力和美国经济下行的潜在风险，中国可以更加侧重于内向型发展战略，维持经济运行的相对平稳和汇率的相对稳定。相信因为对美国的出口依赖程度远低于当年日本的 35%，人民币不会重演当年日元对美元超过 60% 的升值。人民币的走势与央行的资产负债表及中国经济周期相关。随着遏制影子银行和去杠杆进程的推进，中国央行资产负债表的增长将放缓。这与中国的三年经济周期是同步的，人民币面临贬值压力，但从央行的态度和中国的全口径外债余额和外汇储备量比例估算61%（2018 年 6 月末全口径外债 18 705 亿美元除以中国 10 月外汇储备 30 531 亿美元）来看，人民币也不会单边大幅贬值。

人民币国际化在曲折中前进

人民币汇率在其市场化形成机制方面，虽然仍有一定政府干预的特征，但制度上已取得明显进步。一方面，随着人民币汇率市场化改革逐步推进，人民币的波动幅度逐步扩大。1994 年人民币对美元汇率日内浮动幅度是 0.3%，2007 年扩大至 0.5%，2012 年扩大至 1%，2014 年 2 月，这一幅度扩大到 2%，这是改革推进的重要一步。预计未来幅度还将进一步放开，最终实现完全的自由浮动。另一方面，随着香港这个人民币离岸金融中心的建立，人民币的在岸汇率（CNY）与离岸汇率（CNH）之间的偏差已显著缩小。

从战略来看，人民币国际化是中国金融市场的全面开放。初步的看点是资本账户自由兑换，离岸金融中心建设。人民币国际化最大的特点在于，其初步阶段是与资本账户自由化同步进行的，两者之间并没有必然的先后顺序，这样的经验在国际范围内都是很少的。在资本账户达到一定开放程度之前，对外贸易的跨境结算是人民币输出的重要渠道。此外，"一带一路"倡议追求的政策沟通、设施联通、贸易畅通、资金融通、民心相通，为推进人民币国际化创造了良好条件。该倡议的实施，为人民币的区域使用及全球推广提供了更广泛、更便利的机会，是人民币国际化重要的推动力量。

2015 年 8 月人民币主动贬值以后，离岸人民币存量从 1 万亿元变成了 5 000 亿元，流动性急剧缩小。但可以留意到，从 2017 年 1 月到 2018 年 9 月末，香港人民币存款余额回升 20%，至约 6 000 亿元。同时，环球银行金融电信协会（SWIFT）在电邮公告中发布数据。2018 年 7 月，SWIFT 人民币全球交易使用量升至 2.04%，人民币在全球支付货币中的使用排名为第五位，与 2017 年相同。而美元在全球支付市场的份额下降至 38.99%，是 2 月以来的最低水平；欧元所占份额上升至 34.71%，创下 2013 年 9 月以来的最高水平。英国在使用人民币的经济体中排名第二（位列中国香港之后），占人民币结算贸易交易的 5.58%。

人民币国际化的好处和必要性

配合国家"走出去"的战略和实体经济"走出去"的步伐，人民币跨境使用的发展和香港、新加坡、伦敦等人民币离岸金融中心的形成，将为境内企业进入国际市场进行人民币直接融资创造有利条件。通过发行人民币债券、人民币股票、权证等离岸融资工具，获取低成本资金以补充资本。

深层原因是中国经济的国际化趋势，我国实体经济的国际化已迈出较大步伐，国际贸易触角已延伸至全球各地，对外投资快速发展。人民币国际化正是中国金融业走出去的核心命题之一，也是中国经济与世界接轨的必要条件。一方面，人民币跨境使用范围的扩大、地域的延伸，将为中国企业"走出去"提供有力的支撑，以人民币为计价基础的对外贸易、跨境投资、海外并购、境外援助与援建项目等全球化经营活动能够更有效地开展。另一方面，人民币国际化可以减少不同币种的结算环节，有利于避免跨境业务的汇兑损失和汇率波动风险。

纵观近现代金融发展史，货币一直处于金融体系的核心位置，是一国综合经济实力和国际影响力的象征。昔日的英镑、今日的美元，无一不是以经济实力支撑货币核心、以货币权力掌控全球市场。随着我国综合国力的不断增强，人民币在国际市场的地位势必相应提高。而中国要想在国际经济金融事务中不处处受制于人、谋求更大的话语权和影响力，仅仅靠"雄厚"的美元储备或增加在国际组织中的少量话语权是远远不够的，还有必要追求人民币的国际化，不断提升人民币在国际金融体系中的使用率和影响力。人民币跨境使用需求越来越大，离岸人民币业务自然要发展。

债券通

债券市场的发达程度决定着该国金融市场的发展深度和资源的配置效率，许多金融产品和工具的风险定价都依赖债券市场所形成的收益率曲线（特别是国债收益率曲线），即国债收益率曲线是整个金融市场风险资产的定价基准。

"债券通"的"北向通"先开通，是因为内地的债券市场比较有深度。对于"南向通"，债券种类的选择、收益率和流动性都不是很好。2015 年 8 月人民币主动贬值以后，离岸人民币从 1 万亿元变成了 5 000 亿元，流动性急剧缩小，暂时开通"北向通"，给国际投资者更多的投资机会。

外资对人民币资产的增持通道不断拓宽，还要得益于债券市场对外开放政策的日益完善。中央国债登记结算有限责任公司（下称"中债登"）披露的数据显示，2018 年 8 月境外机构在中债登托管的人民币债券余额为 14 120.84 亿元，当月增持量达 580.07 亿元。这是境外机构连续第 18 个月增持人民币债券，仓位较 2017 年同期增长 64.70%。

"沪港通"、"深港通"和"债券通"实现突破，为下一步人民币资本项目可兑换提供了新的方式。同时，债券市场开放推动了人民币从计价货币到结算货币及储备货币的演进，是推动人民币国际化的重要步骤。

中国债市投资意见

考虑到人民币国际化、资本账户开放等因素，未来外资参与内地债市尚有巨大空间。汇率只是回报的一部分，汇率波动不是投资者进行资产配置时所担忧的问题。同时，考虑到 2018 年的政策工作的重点之一是"防风险"，随着违约潮的发展，货币政策工具可能在 2018 年晚些时候释放，以确保守住这一政策底线。因此，债券违约应是局部事件，总体风险可控。

持有至到期

对于长期投资者来说，美债长期收益率上行趋势已经逆转，中国可能是为数不多还有高收益、高评级投资标的的国家。因此对中国的主权债和信用资质良好的国企发行的债券，可以考虑持有至到期。因为国企在经历了过去两年供给侧改革的洗礼后，产能过剩大大缓解，盈利能力更加稳健，再融资优势明显。另外，2018 年 8 月 30 日，国务院常务会议决定，对境外机构投资境内债券市场取得的利息收入，暂免征收企业所得税和增值税，政策期限暂定3 年。同年 8 月 31 日，债券通交易分仓功能正式上线。从免税政策角度来看，美债收益也是免税的，该项措施让境外投资者可从同一水平上来对比中美投资机会。

交易策略

对于意图从交易债券获利的投资者来说，需要密切跟踪发行人的财务状况和评级状况，可以从未来业绩有稳定增长的行业中挑选被上调评级潜力大的公司债，提前买入并等待利好发生获得价格上涨带来的收益，反之亦然。虽然目前民企风险较大，但上市公司中不乏好的投资标的债券。但需要避免一些前期投资风格过于激进、杠杆率过高的企业无法通过发债借新还旧，以避免债券违约。

衍生品套利

期现套利

由于国债期货采用实物交割，且临近到期日时期货价格会趋同于现货价格，可以通过寻找最便宜可交割债券（Cheapest to Deliver，CTD）作为交割物，以最经济的形式完成期货交割，获取基差收益。类似地，通过卖出高基差债券的方式也可以捉住期货与现货微小定价差异的机会。该策略主要的风险在于 CTD 债券不是不变的，且持有国债期货可能发生保证金不足爆仓的情况。

跨期套利

对于同一个期货品种，不同期限到期的合约具有不同的价格，称之为期限结构。对于国债期货，任意两个合约之间的价差主要由利率和融资成本决定。假设这两者稳定的前提下，两个合约价差应具有均值回归的特点。因此当价差（远期期货价格减近期期货价格）较大时，可做空远期期货，做多近期期货；反之则做多近期期货，做空远期期货。对于跨期套利而言，主要的风险来自利率和融资成本的大幅变动，以及期货合约流动性不足这两个方面。

跨品种套利

中国目前上市的国债期货有三种，分别是 2 年期、5 年期和 10 年期。三者价格存在较高的相关性。对于三者中任意的配对，可认为价差存在均值回归的特点，并进行对应的交易。然而，由于品种不同，均值回归特性相对于前面两种交易策略是较弱的，具体交易时需要对市场的基本面进行深入的考察。

对冲工具

中国利率市场化改革令利率波动增加，投资者可以选择以利率掉期做对冲用途。人民币汇率的市场化改革令外汇风险增加，市场透过买卖外汇衍生品作为对冲。另外，由于国际贸易、"一带一路"倡议基建项目以致内地企业发展国际业务，进而内地金融机构的资产负债表中，以外币计价的占比不断增长。

内地的金融机构会选择用境内场外市场上的风险管理工具，以及与境外机构进行场外利率及外汇衍生品交易，为其日益增加的外币资产作对冲。

在中国人民银行和国家外汇管理局监督下的中国外汇交易中心（CFETS）所运营的场外衍生品市场中，有早期的债券远期合约和后来发展起来的外汇、利率及信贷衍生品（远期、掉期、期权、国债期货等），供不同的投资者选择。香港的场外市场有人民币外汇现货、远期、掉期及期权等，香港交易所提供包括人民币期货、期权、国债期货在内的场内交易产品，可便利境外参与者对冲持有的中国债券资产及外汇波动风险。

具体结算时，香港交易所场外结算公司可以接受中国注册成立的内地银行透过香港分行成为直接结算会员，令内地银行经过香港分行直接结算。这就为内地银行提供了一个更便利、成本更低的场外衍生产品中央结算方案。

人民币国际化仍需解决的问题

目前人民币国际化已经进入货币国际化的第三阶段——使人民币成为其他国家可接受的交易、投资、结算和储备货币。但第一阶段经常项目下的国际收支实施自由兑换和第二阶段资本项目自由兑换，在面临人民币汇率有贬值压力的环境下，依然未能完全实现。

在市场发展初期，回流机制的建立完善是关键。在欧洲美元市场形成的初期，资金循环流动类型以"纯双向"及"净流入"为主，美国持续不断地从欧洲各美元充裕国家借入美元，正是美国国内投资者对于美元回流的巨大需求支持了市场的发展。人民币的回流机制的真正建立还需要时间。

在欧洲离岸美元的发展过程中，作为第三方需求的石油美元的作用不容忽视。如何为人民币寻找可以赖以结算大宗商品标的也非常重要。

中国需要与其他国家央行合作，为资金来源提供重要支持。20 世纪 60 年代，美联储与欧洲各国央行签署了货币互换协议。而欧洲各国基于利润或者货币控制的考虑，将巨量美元投入市场，成为当时市场上主要的美元供给方。

13

离岸人民币产品及风险管理工具
——互联互通机制下孕育的香港生态系统

香港交易所
首席中国经济学家办公室

本章导读

随着内地金融市场持续开放、人民币进一步迈向国际化，市场渐渐兴起林林总总的离岸人民币证券及衍生产品。香港在 2003 年获准试办人民币业务，是世界首个开展离岸人民币业务的市场。此后在内地政策开放兼中央政策的支持下，人民币金融产品在香港开始盛行。现时在香港交易所上市的人民币产品计有债券、交易所买卖基金、房地产投资信托基金、股本证券以及人民币货币及大宗商品的衍生产品等。

人民币证券品种当中，以人民币债券在世界各地交易所上市为数最多，但其交投大部分于场外市场进行。在以离岸人民币交易的证券及人民币衍生产品方面，香港交易所可以说是走在其他主要交易所之前，所提供的产品数目最多，成交也相对活跃。在人民币证券方面，只有其他数家交易所有提供数只除债券以外的人民币证券，但很少甚至没有成交。人民币货币期货和期权倒是相当受欢迎的产品，世界各地多家交易所都有提供。然而，这些人民币衍生产品的交投大都集中在香港交易所和另外两家亚洲交易所。

透过"沪深港通"和"债券通"的北向交易，环球投资者可在香港投资于内地市场的合资格人民币证券，其可于离岸买卖的人民币产品种类因而进一步拓宽。统计数据显示，环球投资者对通过上述市场互联互通机制从离岸进行人民币产品交易的兴趣日益增加，而与此同时，香港的人民币衍生产品交易活动亦因应相关风险管理需要而同见增长。就这样，香港的人民币产品生态系统便逐渐成形并发展起来。

内地与香港市场互联互通机制可以扩容调整，意味着环球投资者可在香港进行交易的合资格在岸人民币产品类别和产品数目均有机会扩大。在内地部门大幅放宽外资参与在岸人民币衍生产品市场之前（现时在岸人民币衍生产品的供应及产品种类仍甚为有限），市场亦要先行发展出多种多样的离岸人民币风险管理工具（包括人民币股本证券衍生产品、定息或利率衍生产品以及货币衍生产品），方可配合全球市场的人民币产品交易。在市场互联互通机制的有利配套下，若再加上所需的政策支持，香港的人民币产品生态系统料可蓬勃发展，形成产品丰富、交投活跃、在岸与离岸市场互动愈趋紧密的兴盛局面。

离岸人民币产品市场的兴起与发展

政策举措推动离岸人民币产品发展

2003 年 11 月，中国人民银行与香港金融管理局（以下简称金管局）签署了备忘录，准许香港银行开办个人人民币业务。香港于 2004 年正式开展人民币业务，是首个有金融机构试办人民币业务的离岸市场。初期服务范围只限于汇款、兑换及人民币信用卡。到 2007 年 1 月国务院批准香港扩充人民币业务，允许内地金融机构在港发行人民币金融债券，香港开始出现人民币投资产品，最先是人民币债券（俗称"点心债"）的发行。有关此政策的实施办法[①]于 2007 年 6 月颁布，同月稍后一家内地国营政策性银行即在港发售首只人民币债券[②]。

---

① 中国人民银行与国家发展和改革委员会（发改委）于 2007 年 6 月 8 日联合颁布的《境内金融机构赴香港特别行政区发行人民币债券管理暂行办法》。

② 由国家开发银行发售的两年期人民币 50 亿元人民币债券，票面息率 3%，至少 20% 售予散户投资者。

及后政策进一步放宽，香港人民币债券市场提速发展。2010 年 2 月，根据政策厘清文件[1]，香港人民币债券的合资格发债体范围、发行安排及投资者主体可按照香港的法规和市场因素来决定。同月，中国人民银行批准金融机构就债务融资在港开设人民币户口，这使香港得以推出人民币债券基金。2011 年 10 月，再有新规则[2] 容许以合法渠道（例如境外发行人民币债券及股票）取得的境外人民币在内地直接投资。随着政策的进一步支持[3]，香港场内场外的人民币金融产品蓬勃发展，不再只限于人民币债券。

与此同时，内地政府继续致力推动人民币国际化，建基于内地金融市场的进一步开放。2010 年，中国人民银行开始接受合资格境外机构使用离岸人民币投资于中国银行间债券市场[4]，2015 年起再推出其他开放措施，进一步提高这类机构的参与度。此外，2002 年出台的合格境外机构投资者（QFII）计划进一步延伸，于 2011 年推出人民币合格境外机构投资者（RQFII）计划，使境外投资者可使用离岸人民币投资于内地境内的金融市场（包括中国银行间债券市场及股票市场）。2014 年 11 月，内地与香港股票市场交易互联互通机制正式推出，沪港股票市场交易互联互通机制（"沪港通"）率先开通。透过"沪港通"，境外投资者可以买卖在上海证券交易所（以下简称上交所）上市的合资格证券（"沪股通"），内地投资者则可以买卖在香港联合交易所（以下简称联

---

[1]　金管局《香港人民币业务的监管原则及操作安排的诠释》，2010 年 2 月 11 日。

[2]　中国人民银行颁布的《外商直接投资人民币结算业务管理办法》；商务部颁布的《关于跨境人民币直接投资有关问题的通知》。

[3]　2011 年 8 月，时任国务院副总理李克强于访港期间公布一系列有关香港发展的中央政策。具体而言，国家将提供政策支持香港发展成为离岸人民币业务中心，包括鼓励香港发展创新的离岸人民币金融产品、增加赴港发行人民币债券的合格机构主体数目，并扩大发行规模。2012 年 6 月，内地政府正式宣布一套政策措施，加强内地与香港之间的合作，包括支持香港发展为离岸人民币业务中心的政策。

[4]　资料来源：中国人民银行《关于境外人民币清算行等三类机构运用人民币投资银行间债券市场试点有关事项的通知》，2010 年 8 月 16 日。

交所，是香港交易及结算所有限公司（香港交易所）旗下经营证券交易业务的公司）上市的合资格证券（"港股通"），当中涉及的交易及结算分别由投资者所属当地市场的相关平台自行处理。2016 年 12 月，联交所与深圳证券交易所（以下简称深交所）之间相类的互联互通机制——深港股票市场互联互通机制（"深港通"），也正式开通（"沪港通"与"深港通"合称"沪深港通"）。及至 2017 年 7 月，内地与香港债券市场交易互联互通机制（"债券通"）亦顺利启动，先行推出"北向通"，日后再适时研究扩展至"南向通"。

随着离岸与在岸市场的互联互通日益紧密，香港的离岸人民币金融体系亦愈见活力满盈。

现时，在联交所上市的人民币证券（以人民币进行交易的证券）包括债券、交易所买卖基金（ETF）、房地产投资信托基金（REIT）和股本证券，其他海外交易所也有类似的人民币证券上市买卖，但种类不及联交所多。此外，透过"沪深港通"及"债券通"（统称"互联互通机制"）的北向交易，离岸人民币在金融市场上的应用已大大扩宽，香港市场上来自世界各地的投资者可在中国内地以外地方买卖的人民币证券类别亦因此而大有拓展。

人民币国际化进程衍生离岸人民币风险管理需求

今天人民币积极走向世界，终极目标是成为一个集交易货币、结算货币兼储备货币于一身的货币，在这进程上，人民币的汇价难免会由市场力量所决定。2015 年 8 月 11 日，中国人民银行采取政策性措施，改革银行间外汇市场上人民币兑美元汇率中间价的形成机制，促使人民币汇率更趋市场化。经此汇改后，人民币于 2016 年 10 月 1 日获国际货币基金组织纳入其特别提款权的货币篮子。此后，市场报道指多个国家的央行机构（新加坡金融管理局、欧洲中央银行、德国联邦银行和法国中央银行）均陆续将人民币加入其外汇储备中[①]。基于人民币已是特别提款权货币，并已晋身为世界第八大国际支付货币（2018 年 9 月数据，全球占比 1.10%）[②]，预计其他国家的外汇储备也会陆续加入人民币。

为于人民币渐次走向国际化的进程中向市场提供货币风险管理工具和投资工具，香港交易所于 2012 年 9 月推出首只人民币衍生产品——美元兑离岸人民币期货。今天，香港交易所的人民币衍生产品组合已包括人民币兑多种外币的货币期货及期权以及大宗商品期货。

在香港交易所以外，至少还有 10 家海外交易所也有提供人民币衍生产品交易，当中大部分是人民币货币期货及期权。事实上，芝加哥商品交易所（CME）早于 2006 年 6 月已推出其以在岸人民币为单位的中国人民币兑美元期货，只是交投甚少。

除人民币货币衍生产品以外，其他海外交易所少有就其他相关资产提供以人民币为单位的期货及期权产品。观察中只有迪拜黄金与商品交易所（以下简称迪拜商交所）有提供上海黄金期货合约，合约按上海黄金交易所（以下简称上金所）发布的"上海金"基准价并以离岸人民币现金进行结算。

对照香港与海外市场所提供的人民币衍生产品及相关交投活动，可见人民币汇价愈益开放，全球投资者对人民币汇率风险管理工具的需求亦相应激增。尽管中国是许多重要大宗商品的主要进口国[③]，人民币在全球大宗商品的定价能

---

① 根据 2016 年 6 月至 2018 年 1 月期间的传媒报道。

② 资料来源：SWIFT RMB Tracker（2018 年 9 月）。

③ 例如：中国的铁矿进口占全球进口总量百分比已由 2000 年的 14% 升至 2016 年的 67%；中国的原油进口占全球进口总量百分比亦由 2009 年的 11% 升至 2017 年的 19%（资料来源：Wind）。

力仍然有限，世界各地交易所以人民币为单位的大宗商品衍生产品亦不多见。此外，有见环球投资者经债券通买卖内地债券日趋活跃，全球市场将越来越需要人民币定息或利率衍生产品去对冲相关持仓，这方面的需求当会不断增加。参与内地境内衍生产品市场交易尚未能全面满足这些需求[①]，离岸人民币利率对冲工具对全球投资人士而言将会变得极其重要。

总的来说，人民币货币衍生产品是现时最受追捧的离岸人民币衍生产品；人民币大宗商品衍生产品则尚待发展，人民币在国际大宗商品市场的定价能力仍在建立之中；而离岸人民币定息及利率衍生产品预期会随着全球投资者持有愈来愈多人民币资产而蓬勃发展。至于人民币股本证券衍生产品，虽然离岸市场目前并未有提供，但随着人民币股本证券的跨境环球交易有增无减，预期市场对这类衍生产品亦将有殷切需求。

香港的人民币产品组合

证券产品

香港证券市场首只人民币债券于 2010 年 10 月 22 日上市。2011 年接着有首只人民币 REIT 上市，到 2012 年再陆续迎来首只人民币 ETF（黄金 ETF）、首只人民币股票以及首只人民币认股权证上市。2018 年 9 月底，香港上市的人民币证券合共 134 只，当中大部分都是人民币债券。有关香港交易所旗下证

---

① 依照中国人民银行 2016 年 6 月 21 日发出的债券通措施《内地与香港债券市场互联互通合作管理暂行办法》，境外投资者可经债券通进行北向交易的合资格证券为中国银行间债券市场上的所有现券，并不包括债券衍生产品。只有境外储备机构方可于中国银行间债券市场买卖债券远期、利率掉期、远期利率协议等债券衍生产品。

券市场（指联交所市场）推出人民币证券产品的时序以及人民币证券数目的增长情况分别见图 13-1 及图 13-2。

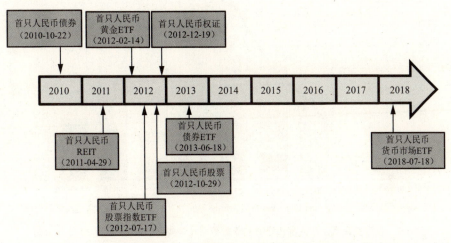

图 13-1　香港交易所推出新人民币证券产品的时间表（截至 2018 年 9 月）

资料来源：香港交易所。

人民币证券数目在所有主板上市证券中的占比于 2015 年年底及 2016 年年底增至逾 2%，但于 2017 年年底及 2018 年 9 月底减至约 1%，主要是由于上市人民币债券的数目减少。另一方面，上市人民币 ETF 的数目多年来一直有所增长。2018 年 9 月底，人民币证券中 59% 是人民币债券，39% 为 ETF。人民币 ETF 中，股票指数 ETF 占比最高（占所有人民币证券的 34%）。人民币证券数目虽然在主板所有证券中的占比尚低，但于 ETF 中则占显著比重（46%）[①]。具体数据见图 13-2 至 13-4。

―――――――――――

① 除一只人民币黄金 ETF 外，这些 ETF 全都以人民币及其他货币（港元及 / 或美元）作双柜台或多柜台交易。

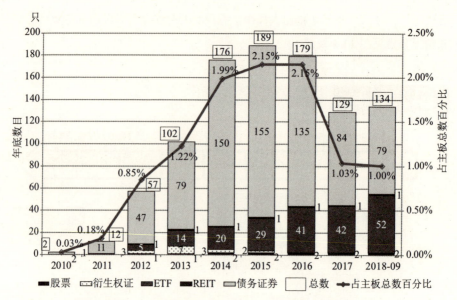

图 13-2　香港交易所上市人民币证券的年底数目（按类别，2010 年至 2018 年 9 月）

资料来源：香港交易所。

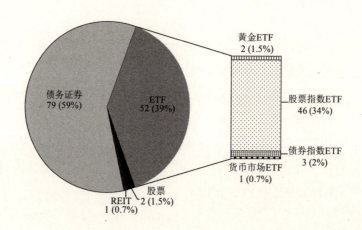

图 13-3　香港交易所上市人民币证券数目（按类别，2018 年 9 月底）

注：由于四舍五入的关系，百分比的总和未必等于 100%。

资料来源：香港交易所。

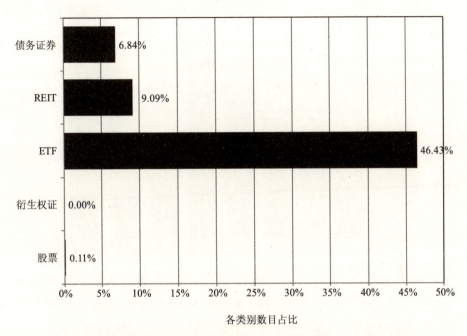

图 13-4　香港交易所上市人民币证券数目的占比（按类别，2018 年 9 月底）

资料来源：香港交易所。

人民币证券的成交自 2011 年起连续 5 年增长，于 2016 年才告回落。由于上市数目少，主板市场以人民币买卖的证券在总交易额中的占比仍然微不足道（见图 13-5）。其中，人民币 ETF 自 2012 年推出以来每年均占最高比重，2018 年截至 9 月占 69%，主要为股票指数 ETF 的交易。唯一一只人民币 REIT 排行第二（同期占 25%）。人民币债券的上市数目虽然最多，但其成交占比却尚低（同期占 3%）。具体数据见图 13-6。

总体而言，香港交易所的人民币证券正稳步发展。人民币 ETF（主要为股票指数 ETF）相对比重较高。

图 13-5　香港交易所上市人民币证券每年人民币成交额（按类别，2010 年至 2018 年 9 月）

注：人民币证券的成交并不包括该等证券的非人民币交易柜台（如有）的成交金额。

资料来源：香港交易所。

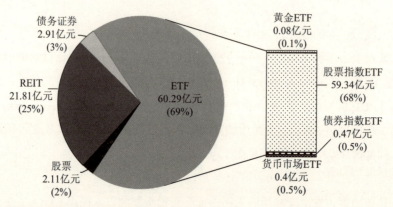

图 13-6　香港交易所上市人民币证券的人民币成交额占比（按类别，2018 年 1 至 9 月）

注：人民币证券的成交并不包括该等证券的非人民币交易柜台（如有）的成交金额。

　　由于四舍五入的关系，百分比的总和未必相等于 100%。

资料来源：香港交易所。

衍生产品

香港交易所衍生产品市场（即香港期货交易所市场）的首只人民币衍生产品为 2012 年 9 月推出的美元兑人民币（香港）期货。该产品初期成交不太活跃，2015 年 8 月 11 日，人民币汇率机制改革，刺激该产品交投转趋活跃。2016 年人民币汇率波幅加剧，促使该产品交投进一步上扬。有见全球以人民币计价的经济活动日增，预期市场对人民币货币衍生产品的需求日渐增长，香港交易所于 2016 年 5 月推出三只全新以现金结算、按离岸人民币分别兑欧元、日元及澳元的人民币计价货币期货——欧元兑人民币（香港）期货、日元兑人民币（香港）期货及澳元兑人民币（香港）期货，以及推出以现金结算、美元计价的人民币（香港）兑美元期货。

香港交易所另于 2014 年 12 月推出以人民币计价的大宗商品期货合约，作为支持人民币国际化用途及为实体经济作人民币定价的另一产品计划。首批推出的产品为铝、铜及锌的伦敦金属期货小型合约。铝、铜、锌这三种金属是中国占全球耗用量重要比重的金属[1]，也是香港交易所附属公司伦敦金属交易所（LME）交投最活跃的期货合约[2]。一年后，香港交易所再推出另外三只伦敦金属期货小型合约（铅、镍及锡）。该六只人民币计价金属合约为对应 LME 现货结算合约的现金结算小型合约，是中国内地以外首批针对相关资产人民币风险敞口的金属合约产品，对人民币作为亚洲时区内相关金属的定价标准起支持作用。

---

[1] 中国占全球金属耗用量：2015 年铝为 36%（6 937.4 万吨中占 2 496 万吨，资料来源：World Aluminium, http://www.world-aluminium.org）；2015 年铜为 46%（2 180 万吨占 994.2 万吨，资料来源：The Statistics Portal, https://www.statista.com）；2014 年锌为 45%（1 375 万吨中占约 625 万吨，资料来源：Metal Bulletin、The Statistics Portal）。

[2] 2017 年，LME 铝、铜及锌的期货合约成交量占 LME 大宗商品衍生产品总成交量的 35%、23% 及 20%（资料来源：LME）。

2017 年 3 月 20 日，香港交易所推出其首只人民币货币期权合约——美元兑人民币（香港）期权，进一步丰富旗下人民币货币风险管理工具。产品种类的增多，可让投资者应本身的人民币风险敞口采纳不同投资策略。

此外，以中国财政部发行的国债为相关资产的期货合约（财政部国债期货）于 2017 年 4 月 10 日试行推出。人民币债券衍生产品会是有效对冲利率风险的工具，特别有利于自 2017 年 7 月推出的"债券通"下的交易。该项试行计划于 2017 年底暂停，有待为离岸人民币衍生产品制定合适的监管框架。图 13-7 显示了人民币衍生产品在香港交易所推出以来历年的日均成交量及期末未平仓合约。

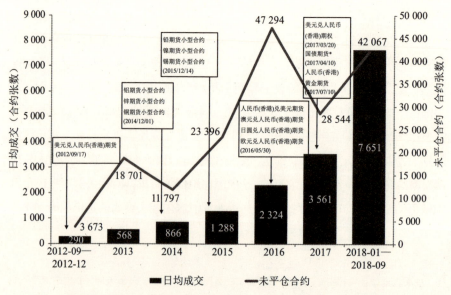

图 13-7　香港交易所人民币衍生产品日均成交量及期末未平仓合约
（2012 年 9 月至 2018 年 9 月）

* 财政部国债期货在试行计划下推出，后于 2017 年 12 月合约到期后暂停交易。

资料来源：香港交易所。

香港交易所的人民币衍生产品中，离岸人民币与美元货币对的汇率期货及期权合约的成交最为活跃。当中的旗舰人民币衍生产品——美元兑人民币（香港）期货，于 2017 年的全年成交量大增 36%，日均成交量达 2 966 张。其同类产品——人民币（香港）兑美元期货，于 2017 年的成交量亦有可观增幅，达 145%。美元兑人民币（香港）期货的成交量于 2018 年进一步上升，2018 年 1 月至 9 月期间的日均成交量升至 7 295 张，较 2017 年的日均成交量激增 146%。2017 年 3 月新推出的美元兑人民币（香港）期权于 2017 年及 2018 年 1 月至 9 月期间的成交量分别为 10 473 张及 19 310 张；其未平仓合约也大幅上升，于 2018 年 8 月 30 日更创 10 126 张的历史新高，2018 年 1 月至 9 月的月度平均为 5 247 张（见图 13-8）。此外，所有现金结算的人民币货币期货于 2018 年均见成交量及未平仓合约增幅拾级而上，未平仓合约总数从 2017 年年底的 735 张升至 2018 年 9 月底的 2 538 张。

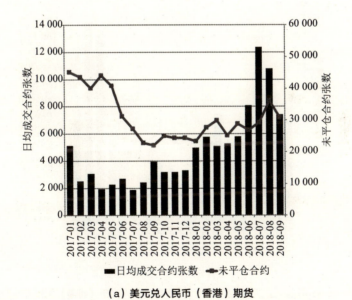

（a）美元兑人民币（香港）期货

图 13-8 香港交易所美元兑人民币（香港）及人民币（香港）兑美元合约的日均成交量及未平仓合约（2017 年 1 月至 2018 年 9 月）

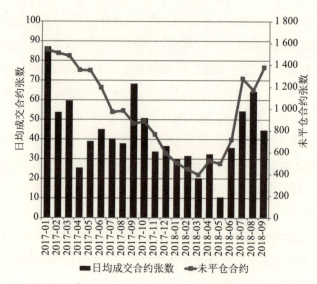

（b）人民币（香港）兑美元期货

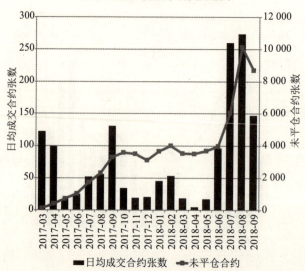

（c）美元兑人民币（香港）期权

续图 13-8　香港交易所美元兑人民币（香港）及人民币（香港）兑美元合约的日均成交量及未平仓合约（2017 年 1 月至 2018 年 9 月）

资料来源：香港交易所。

总体而言，全球投资者在人民币国际化的进程中对人民币货币产品需求殷切，香港交易所的人民币货币衍生产品切合投资者需要，备受欢迎。香港交易所将会陆续推出更多产品，丰富其人民币衍生产品组合，以迎合投资者日益增长的需求。

香港的离岸人民币产品组合领先全球

全球主要交易所当中，有人民币证券或衍生产品在旗下市场挂牌上市的不太多[①]。

证券产品

有人民币证券上市的主要离岸交易所包括中欧国际交易所（以下简称中欧所）、日本交易所集团（以下简称日本交易所）、伦敦证券交易所（以下简称伦敦证交所）、新加坡交易所（以下简称新交所）和台湾证券交易所（以下简称台证所）[②]。中欧所是德意志交易所与上交所及中国金融期货交易所（以下简称中金所）组成的合资公司，在德意志交易所旗下的交易平台提供与中国相关的证券买卖（部分以人民币买卖）。

就上市数目而言，绝大部分产品为人民币债券——资料显示超过 400 只离岸人民币债券在香港交易所以外的离岸交易所买卖，其中包括卢森堡证券交

[①] 有关资料是在全球交易所官方网站上尽力而为搜索所得，不保证全面及准确。

[②] 有关香港交易所及海外交易所已知的人民币交易证券名单，见本章附录一。

易所、伦敦证交所、台北证券柜台买卖中心、新交所及德意志交易所旗下的法兰克福证券交易所①。相反，离岸交易所少有提供其他类别人民币证券。只有少数以人民币交易的 ETF 在中欧所、伦敦证交所及台证所等交易所上市。类似于香港交易所，新交所及台证所均有提供双币证券交易柜台——新交所有一只股本证券设有人民币交易柜台，而台证所则有两只 ETF 设有人民币交易柜台。

与全球其他主要交易所比较，香港交易所提供的人民币证券数目最多②。在中国内地以外市场，最受欢迎的场内人民币证券产品类别是 ETF。虽然上市的人民币债券数目也不少，但其场内交易即使有亦交投疏落③。

表 13-1 比较香港交易所与全球其他所知有提供人民币证券的交易所的人民币证券产品数目，表 13-2 则比较各交易所的人民币 ETF 的成交。2018 年（截至 9 月），在香港交易所交易的人民币 ETF 的平均每日成交金额（日均成交）为 3 300 万元，即使按每只证券的平均数亦高于其他交易所。

表 13-1　　香港交易所及个别交易所以人民币交易的上市证券（2018 年 9 月）

交易所	股票	ETF	REIT	债务证券	合计
香港交易所	2	52	1	79	134
伦敦证交所	0	2	0	118	120
新交所	1	0	0	109	110

---

① 资料来源：2018 年 10 月 4 日汤森路透。由于同一人民币债券可能在多家交易所交易，故有关数字包括重复点算。须注意名单未能与交易所的官方来源核证。

② 根据现有所知数据及资料。

③ 债券交易通常在场外而非交易所内进行。发行商安排债券于交易所上市，或是为配合一些按其授权规定必须投资于认可证券交易所上市证券的投资者及基金经理，使他们也可买卖其债券。

续表 13-1

交易所	股票	ETF	REIT	债务证券	合计
中欧所	0	2	0	1	3
台证所	0	2	0	0	2
日本交易所	0	0	0	1	1

注：香港交易所以外的数据乃尽力而为编制。

资料来源：香港交易所的产品资料源自香港交易所；其他交易所的产品资料源自相关交易所网站。

表 13-2　　人民币 ETF 总成交及日均成交（2018 年 1 月至 9 月）

交易所	总成交（百万元）	日均成交（百万元）
香港交易所	6 029	32.8
中欧所 *	0	0
伦敦证交所	1	0.0
台证所	63	0.3

* 人民币产品在德意志交易所平台上交易。

衍生产品

　　于香港交易所以外的其他交易所买卖的离岸人民币衍生产品绝大多数是人民币货币期货及期权。这些交易所包括美洲的 CME 及巴西证券期货交易所（以下简称 B3）[①]，亚洲的新交所、ICE 新加坡期货交易所（以下简称 ICE 新加坡期交所）、韩国交易所（以下简称韩交所）及台湾期货交易所（以下简称台

[①]　前巴西证券期货交易所（BM&FBOVESPA）于 2017 年与 Cetip 合并，公司名称于该年 6 月
　　16 日改为 Brazil Bolsa Balcão（B3）。

湾期交所），东欧的莫斯科交易所，非洲的约翰内斯堡证券交易所（以下简称约翰内斯堡证交所），欧亚大陆的伊斯坦布尔证券交易所（以下简称伊斯坦布尔证交所），及中东的迪拜商交所①。除了香港交易所，迪拜商交所是唯一一家交易所推出了以人民币交易的商品合约——黄金期货合约。

一如在证券市场，全球交易所中香港交易所提供最多的人民币衍生产品。表 13-3 列出香港交易所及全球其他交易所的人民币衍生产品数目。

表 13-3　　香港交易所及个别交易所的人民币衍生产品（2018 年 9 月底）

交易所	货币		商品		合计		总数
	期货	期权	期货	期权	期货	期权	
香港交易所	5	1	7	0	12	1	13
B3	1	0	0	0	1	0	1
伊斯坦布尔证交所	1	0	0	0	1	0	1
CME	4	2	0	0	4	2	6
迪拜商交所	1	0	1	0	2	0	2
ICE 新加坡期交所	2	0	0	0	2	0	2
约翰内斯堡证交所	1	0	0	0	1	0	1
韩交所	1	0	0	0	1	0	1
莫斯科交易所	1	0	0	0	1	0	1
新交所	5	1	0	0	5	1	6
台湾期交所	2	2	0	0	2	2	4
合计	24	6	8	0	32	6	38

注：香港交易所以外的数据乃尽力而为编制。

资料来源：香港交易所的产品资料源自香港交易所；其他交易所的产品资料源自相关交易所网站。

---

① 有关香港交易所及海外交易所已知的人民币衍生产品名单，见本章附录二。

人民币货币期货已成为全球最普及的人民币衍生产品，香港交易所以外至少有10家其他交易所有提供这类产品。投资者对美元／离岸人民币合约的兴趣最大，从该类产品的成交相对较高可见一斑。人民币对另一国际货币欧元及其他本国货币如新加坡元、韩元及俄罗斯卢布的合约交易微乎其微，甚或全无交易（据各交易所的官方数据所见）。

　　数据显示，人民币货币期货的交投主要集中于亚洲的香港交易所、新交所及相关产品成交稍逊的台湾期交所（见图13-9）。香港交易所则更是全球人民币货币期权交投最为活跃的交易所。（有关各主要交易所每只人民币货币产品于2018年1月至9月的日均成交，见本章附录三。）

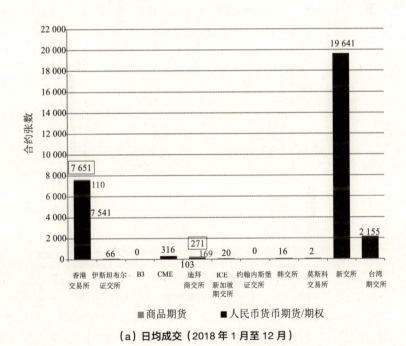

（a）日均成交（2018年1月至12月）

图13-9　香港交易所及个别交易所人民币衍生产品成交及未平仓合约（2018年1月至9月）

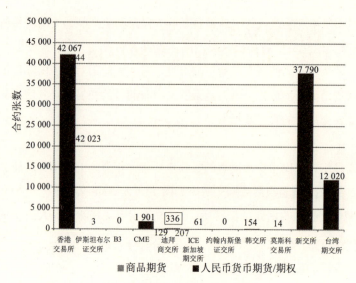

（b）未平仓合约（2018 年 9 月底）

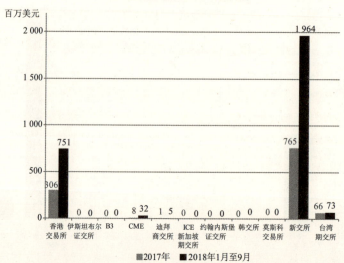

（c）人民币货币衍生产品日均名义成交金额（2018 年 1 月至 9 月对比 2017 年）

续图 13-9　香港交易所及个别交易所人民币衍生产品成交及未平仓合约（2018 年 1 月至 9 月）

资料来源：香港交易所产品数据源自香港交易所；伊斯坦布尔证券交易所产品数据源自期货业协会（Futures Industry Association）的统计数据；其他交易所的产品数据源自相关交易所网站。

香港交易所人民币产品生态系统
得力于互联互通机制

2014 年 11 月"沪港通"启动后，全球投资者可在中国境外市场买卖的人民币证券数目增加不少。2016 年 12 月及 2017 年 7 月先后开通"深港通"及"债券通"后，市场更是进一步拓宽。在互联互通机制下，中国内地以外的投资者可通过北向交易，经香港交易平台买卖上交所及深交所上市的合资格人民币证券，以及在中国银行间债券市场买卖人民币债券。全球投资者在互联互通机制下买卖人民币证券的成交远远超过中国内地以外上市人民币证券的成交，境外（尤其是香港）的上市人民币衍生产品交投的增长相信亦与此有关。

"沪深港通"的北向证券交易持续增加

除为数不多、在内地以外上市的人民币证券以外，"沪港通"为内地以外的环球投资者带来 570 多只上交所上市股票，"深港通"又增加了逾 800 只股票[1] 可供买卖。自"深港通"启动后，这些证券的北向交易大幅增加，其相关成交在内地 A 股市场总成交额中的占比于 2018 年 9 月增至 3.5%[2]（见图 13-10）。

自 2017 年 5 月以来，"深股通"每月占北向交易日均成交 40% 以上。截至 2018 年 9 月，环球投资者透过"沪深港通"所持人民币证券的累计投资额达 5 890 亿元（上交所上市证券占 57%、深交所上市证券占 43%），具体数据见图 13-11 及 13-12。

---

[1] 2018 年 9 月底，投资者可通过沪股通及深股通买卖 579 只上交所上市合资格证券及 862 只深交所上市合资格证券。

[2] 买入与卖出的合并成交总额减半得出单边成交额，用以计算其占 A 股市场单边成交额的比率。

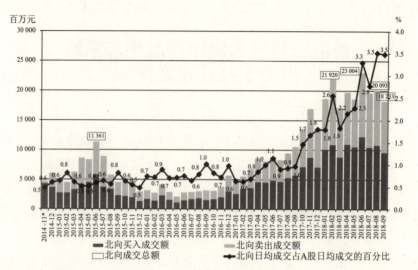

图 13-10　"沪股通"及"深股通"（北向交易）日均成交（2014 年 11 月至 2018 年 9 月）

* 由 2014 年 11 月 17 日"沪港通"开通起计。"深港通"于 2016 年 12 月 5 日开通后亦计算在内。

资料来源：香港交易所。

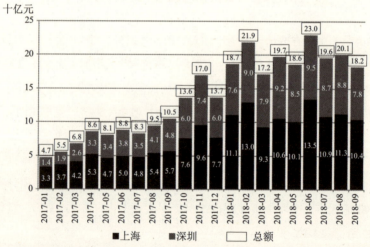

图 13-11　"沪股通"与"深股通"于北向交易的日均成交占比（2017 年 1 月至 2018 年 9 月）

注：成交总额包括买入及卖出成交额。

资料来源：香港交易所。

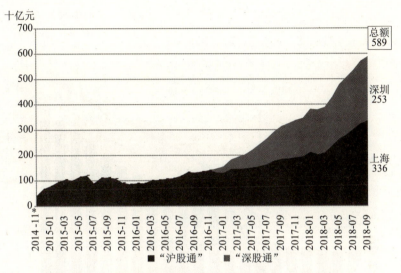

图 13-12　北向累计投资额（2014 年 11 月至 2018 年 9 月）

* 由 2014 年 11 月 17 日 "沪港通" 开通起计。

资料来源：香港交易所。

"债券通" 推动境外债券持仓

　　"债券通" 启动后，中国银行间债券市场的境外投资者债券持仓稳步上升。境外投资者在中国银行间债券市场持有的债券存量[1] 在 "债券通" 启动后 15 个月内翻了一倍，由 2017 年 6 月底的 8 425 亿元升至 2018 年 9 月底的 16 890 亿元。期内的境外投资者持仓增加净额相较 "债券通" 启动前的年度增幅上升达 5 倍之多[2]。然而，由于内地债券市场规模庞大（2018 年 9 月底中国银行间债券市场

---

[1]　中国银行间债券市场的债券存量包括中央国债登记结算有限责任公司（中债登）及银行间市场清算所股份有限公司（上海清算所）分别托管的债券市值。

[2]　2017 年 6 月底至 2018 年 9 月底期间，中国银行间债券市场境外机构持仓的增加净额为 8 464.8 亿元，而截至 2017 年 6 月的 12 个月期间的增加净额则为 1 433.7 亿元。

总值 69.9 万亿元），故境外投资者于中国银行间债券市场的中国债券持仓占比仅由 2017 年 6 月底的 1.46% 微升至 2018 年 9 月底的 2.42%（见图 13-13 ）。

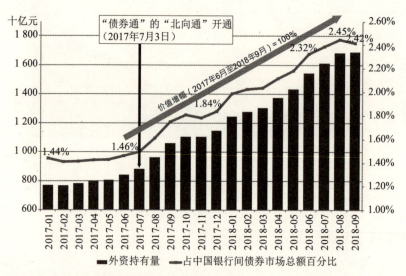

图 13-13　外资在中国银行间债券市场的国债持有量（2017 年 1 月至 2018 年 9 月）

资料来源：中债登及上海清算所网站。

使用香港交易所人民币衍生产品进行人民币风险管理

货币衍生产品

香港交易所的旗舰人民币衍生产品——美元兑人民币（香港）期货，备受环球投资者欢迎，可满足他们对人民币货币风险管理的需要。随着人民币汇率波动增加，美元兑人民币（香港）期货合约的成交量亦呈上升趋势，2018 年 8 月 6 日更创出 22 105 张合约的新高纪录，而未平仓合约则随人民币汇率走势而浮动（见图 13-14 ）。

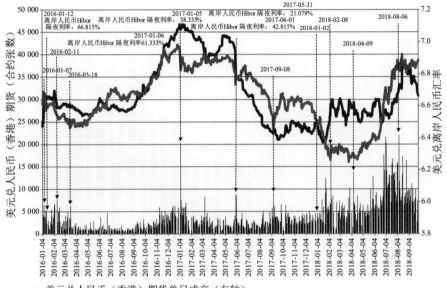

**图 13-14　香港交易所美元兑人民币（香港）期货交易数据与离岸人民币汇率
（2016 年 1 月至 2018 年 9 月）**

资料来源：香港交易所及汤森路透。

　　有趣的是，美元兑人民币（香港）期货合约的成交于 2017 年 1 月在香港
的离岸人民币隔夜同业拆息（Hibor）上升期间飙升，之后的平均每日成交张
数亦随着沪股通及深股通成交呈上升趋势。美元兑人民币（香港）期货合约的
平均每日成交张数由 2017 年 4 月的 1 930 张升至 2018 年 7 月的 12 367 张，之
后两个月才回落至 2018 年 9 月的 7 408 张。期内，沪股通及深股通成交由人
民币 90 亿元升至 2018 年 6 月的人民币 230 亿元，再回落至 2018 年 9 月的人
民币 180 亿元。此中的升势亦与 2017 年 7 月以来境外投资者于中国银行间债
券市场的债券持仓走势一致（见图 13-15）。

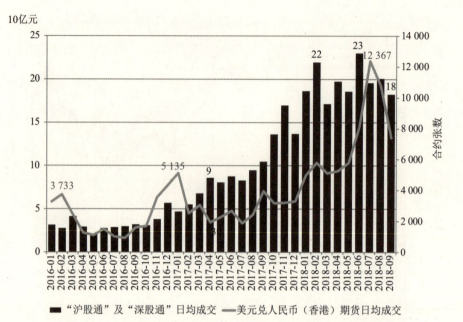

图 13-15　"沪股通"及"深股通"（北向交易）日均成交与香港交易所
美元兑人民币（香港）期货日均成交（2016 年 1 月至 2018 年 9 月）

资料来源：香港交易所。

其中一个合理解释是，"沪深港通"及"债券通"下的人民币证券交投上升，或会令投资者在人民币汇率波幅扩大的情势下更有需要对冲其人民币货币风险。

定息衍生产品

除了货币风险外，投资者在离岸市场及透过债券通等渠道在内地在岸市场投资人民币债券亦需要有风险管理工具去对冲人民币利率风险。香港交易所于2017 年 4 月推出了全球首只人民币债券衍生产品——以人民币买卖及结算的五年期中国财政部国债期货（财政部国债期货），作为人民币债券投资的利率对冲工具。从这只期货产品推出后至2017年7月^①几个月的交投，以及其交投与香港交易所上市人民币债券成交之间的关系来看，发现财政部国债期货推出后的数个月，人民币债券的成交额显著增加。

2017年4月推出财政部国债期货后，人民币债券成交额在香港交易所人民币证券当月成交总额中的占比飙升至61%，后逐步回落至7月的27%。2017年4月至7月这四个月期间，人民币债券占人民币证券成交总额的45%（2016年仅为3%）。从人民币债券每日成交额的走势可见2017年4月至7月的交投增加，与财政部国债期货推出的时间正好吻合（见图13-16及图13-17）。

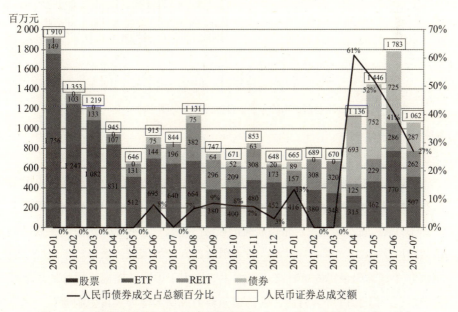

图 13-16　香港交易所各类人民币证券成交额（2016 年 1 月至 2017 年 7 月）

资料来源：香港交易所。

---

① 香港交易所于 2017 年 8 月 31 日刊发通告，通知交易所参与者国债期货将于 2017 年 12 月合约到期后暂停交易。

13 离岸人民币产品及风险管理工具　│　249
——互联互通机制下孕育的香港生态系统

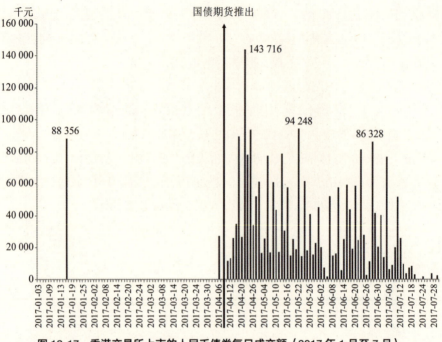

图 13-17　香港交易所上市的人民币债券每日成交额（2017 年 1 月至 7 月）

资料来源：香港交易所。

　　经进一步检视发现，2017 年 4 月推出财政部国债期货后，上市的人民币债券中录得成交者的占比提高了许多，最高是在 4 月（33%），后逐步回落至 7 月的 21%。此外亦发现，录得成交的债券分布甚广，并不只是集中于数只活跃债券。反观 2017 年 4 月以前，只有财政部发行的国债曾录得若干成交，而 2017 年 1 月某天录得的单日高成交亦主要集中于中国开发银行发行的政策性银行票据。但 2017 年 4 月起，人民币债券的成交大部分来自企业债券。这反映自财政部国债期货推出后，上市人民币债券（特别是企业债券）的交易需求的确有所增加（见图 13-18 及图 13-19）。

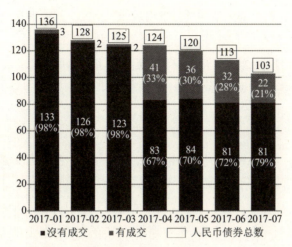

图 13-18　有成交 / 没有成交的人民币债券数目（2017 年 1 月至 7 月）

资料来源：香港交易所。

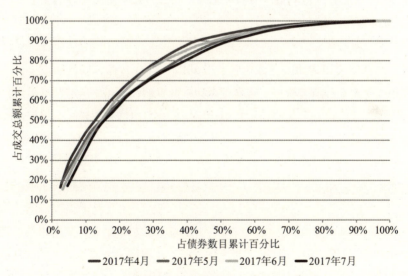

图 13-19　人民币债券成交的集中度（2017 年 4 月至 7 月）

注：越倾斜代表越集中。

资料来源：香港交易所。

与此同时，财政部国债期货自推出后的数个月，其未平仓合约逐步增加，虽然 2017 年 6 月相对大幅回落，但主要是即月合约到期所致。每月名义成交额由 2017 年 4 月的 12.15 亿元逐步下降至 2017 年 7 月的 5.03 亿元。有趣的是，7 月人民币债券成交回落 60%，财政部国债期货于该月的成交亦相对大幅下降（48%），如图 13-20 及图 13-21 所示。

总括而言，财政部国债期货推出后那几个月，在香港交易所上市的人民币债券的买卖即活跃起来。上市的人民币债券中有录得交投者的比例增加（当中不少是企业债券），交易额亦见增加。这也许得益于国债期货可提供对冲利率风险的机会。由于企业债券的定价高于市场上的政府债券，因此，国债期货充当了企业债券以及国债持有人的有效对冲工具。纵使不同类型债券的定价会受到风险特征等其他因素的影响（例如企业债券的信贷风险），若市场上有国债期货作为对冲工具，亦可对各类定息证券的买卖起支持作用[1]。

财政部国债期货的试点计划后来于 2017 年年底暂停，以待制定适合离岸人民币衍生产品的监管框架。现在债券通机制下的债券买卖活动与日俱增，相信投资者要求重推新的人民币定息或利率衍生产品以迎合市场对冲需要的呼声也会愈来愈高。

---

[1] 可参见香港交易所研究报告《香港交易所五年期中国财政部国债期货——全球首只可供离岸投资者交易的人民币债券衍生产品》，2017 年 4 月，载于香港交易所网站。

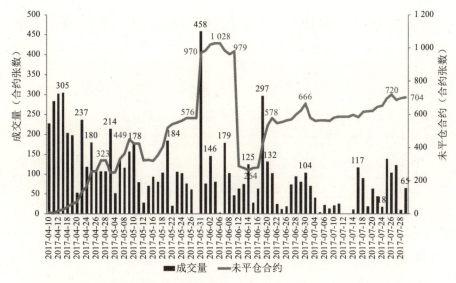

图 13-20　财政部国债期货每日成交及未平仓合约（2017 年 4 月至 7 月）

资料来源：香港交易所。

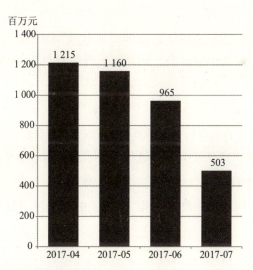

图 13-21　财政部国债期货每月名义成交金额（2017 年 4 月至 7 月）

资料来源：香港交易所。

全球买卖人民币产品及人民币风险管理需求趋升

2018 年前 9 个月的"沪深港通"北向交易平均每日成交金额达人民币 180 亿元，相形之下，在香港交易所这个主要离岸市场上市的离岸人民币证券的成交就少许多，只有人民币 4 700 万元，当中逾九成是人民币 ETF 及 REIT（都是"沪深港通"北向交易并不提供的人民币产品），只有 3% 是人民币债券。互联互通机制下北向交易的人民币证券及债券交易急剧增加，主要受惠于多项支持政策及市场措施的推行，其中包括：

- "沪深港通"总额度于"深港通"推出当日起全面取消；

- "沪深港通"每日额度由 2018 年 5 月 1 日起增加至 4 倍，进一步纾减市场对交易限制的顾虑；

- MSCI 中国指数、MSCI 新兴市场指数及 MSCI ACWI 全球指数 2018 年 6 月起纳入中国 A 股，部分纳入因子为 5%，分两步（每步 2.5%）到位[1]；

- 2017 年 3 月首次有包括中国债券在内的全球混合债券指数推出——"彭博柏克莱全球总量 + 中国指数"及"新兴市场本地货币政府 + 中国指数"。2018 年 3 月彭博又宣布其全球综合指数将正式纳入以人民币计价的中国国债和政策性银行债券，由 2019 年 4 月起分 20 个月分段进行；

---

[1] 富时罗素亦于 2018 年 9 月 27 日宣布自 2019 年 6 月起将中国 A 股纳入其环球证券基准指数。

- 其他环球指数公司（包括富时罗素及摩根大通）亦纳入或计划纳入中国债券[①]；

- 中国人民银行于 2018 年 6 月放宽境外投资者进入中国银行间债券市场的备案要求；

- 2018 年 7 月支持债券通的最新措施，包括新增 10 名债券通报价商（总数增至 34 名），以及债券通有限公司（债券通公司）征收的交易服务费整体平均调减逾 50%。

中国人民银行于 2018 年 7 月 3 日再公布一批支持债券通持续发展的措施，部分已经推行，其余将陆续推行，当中包括 2018 年 8 月全面实现逐笔实时券款对付（货银两讫）结算、推出大宗交易分仓功能并缩减所需交易规模（方便机构投资者将交易分配至旗下的分基金），以及明确境外投资者的税收事宜等[②]，而其他将要推行的措施还有批准国际投资者参与回购及衍生产品市场、与主流国际电子交易平台合作等。

此外，其他界别的内地市场（特别是大宗商品市场）亦摩拳擦掌，逐步准备对外开放。上海黄金交易所和香港的金银业贸易场于 2015 年 7 月合推"黄金沪港通"，容许在香港的投资者以离岸人民币买卖内地黄金。外资于 2018 年开始可直接参与中国内地大宗商品期货市场，始于 2018 年 3 月 26 日，上海国际能源交易中心推出原油期货交易当日，就容许外资买卖其原油期货，随后自 2018 年 5 月 4 日起，外资可于大连商品交易所买卖铁矿石期货，2018 年 11

---

① 可参见香港交易所研究报告《将中国纳入全球债券指数：现况与前景》，2018 年 6 月 7 日，载于香港交易所网站。

② 国务院于 2018 年 8 月 20 日宣布对境外机构投资在岸债券市场的利息收益暂免征收企业所得税及增值税三年。

月 30 日起可于郑州商品交易所买卖 PTA 期货，及后亦将可于上海期货交易所（上期所）买卖标准天然橡胶期货[①]。

现时，环球投资者买卖内地上市人民币证券仅占境内证券市场成交总额约 3%，而外资持有境内人民币债券亦仅占人民币债券总额的 2% 左右。外资参与内地大宗商品衍生产品市场才刚起步，而参与内地金融衍生产品市场的外资只限于 QFII 及 RQFII，涉及的产品仅限证券指数期货。不过，政府锐意要人民币成为交易、投资及外储的国际货币，加上人民币已获纳入国际货币基金组织特别提款权的一篮子货币，指数公司又逐渐将人民币产品纳入环球指数当中，人民币在环球金融市场的使用将不断增加。

随着内地金融市场持续开放及人民币国际化的不断推进，环球投资者透过离岸市场买卖各种人民币产品的占比将大幅增加。鉴于环球投资者于在岸衍生产品市场进行人民币投资风险管理受到一定限制（且现时在岸市场的人民币衍生产品供应和种类仍甚为有限），开发多种多样的离岸人民币风险管理工具（包括人民币股本证券衍生产品、定息或利率衍生产品及货币衍生产品）的需要更为迫切。

总结

随着内地金融市场持续开放、人民币进一步迈向国际化，市场渐渐兴起林林总总的离岸人民币证券及衍生产品。在这方面，香港交易所可说走在其他主要交易所之先，其所提供的离岸人民币证券（主要是债券及 ETF）及人民币衍

---

① 中国证券监督管理委员会于 2018 年 9 月 9 日一论坛上披露。

生产品数目最多，成交也相对活跃。透过"沪深港通"和"债券通"的北向交易，环球投资者可在香港投资于内地市场的合资格人民币证券，其可于离岸买卖的人民币产品种类因而进一步拓宽。统计数据显示，环球投资者对通过互联互通机制从离岸进行人民币产品交易的兴趣日益增加，而与此同时，香港的人民币衍生产品交易活动亦因应相关风险管理需要而同见增长。就这样，香港的人民币产品生态系统便逐渐成形并发展起来。

内地与香港市场互联互通机制可以扩容调整，意味着环球投资者可在香港进行交易的合资格在岸人民币产品类别和产品数目均有机会扩大。在当局大幅放宽外资参与在岸人民币衍生产品市场之前（况且现时在岸市场的人民币衍生产品供应和种类仍甚为有限），市场亦要先行发展出多种多样的离岸人民币风险管理工具（包括人民币股本证券衍生产品、定息或利率衍生产品以及货币衍生产品），方可配合全球市场的人民币产品交易。在市场互联互通机制的有利配套下，若再加上所需的政策支持，香港的人民币产品生态系统料可蓬勃发展，形成产品丰富、交投活跃、在岸与离岸市场互动愈趋紧密的兴盛局面。

附录一
在香港交易所及海外交易所以人民币交易的股票、ETF 及 REIT 名单 （2018 年 9 月底）

表 13-A1　　　在香港交易所以人民币交易的股票、ETF 及 REIT 名单

类别	证券代号	产品
股票	80737	合和公路基建有限公司
股票	84602	中国工商银行人民币 6.00% 非累积、非参与、永续境外优先股
ETF	82805	领航富时亚洲（日本除外）指数 ETF
ETF	82808	易方达花旗中国国债 5—10 年期指数 ETF
ETF	82811	海通沪深 300 指数 ETF
ETF	82813	华夏彭博巴克莱中国国债＋政策性银行债券指数 ETF
ETF	82822	南方富时中国 A50 ETF
ETF	82823	iShares 安硕富时 A50 中国指数 ETF
ETF	82828	恒生 H 股指数上市基金
ETF	82832	博时富时中国 A50 指数 ETF
ETF	82833	恒生指数上市基金
ETF	82834	iShares 安硕纳斯达克 100 指数 ETF
ETF	82836	iShares 安硕核心标普 BSE SENSEX 印度指数 ETF
ETF	82843	东方汇理富时中国 A50 指数 ETF
ETF	82846	iShares 安硕核心沪深 300 指数 ETF
ETF	82847	iShares 安硕富时 100 指数 ETF
ETF	83008	添富共享沪深 300 指数 ETF
ETF	83010	iShares 安硕核心 MSCI 亚洲（日本除外）指数 ETF
ETF	83012	东方汇理恒生香港 35 指数 ETF
ETF	83053	南方东英港元货币市场 ETF
ETF	83074	iShares 安硕核心 MSCI 台湾指数 ETF
ETF	83081	价值黄金 ETF
ETF	83085	领航富时亚洲（日本除外）高股息率指数 ETF
ETF	83095	价值中国 A 股 ETF
ETF	83100	易方达中证 100 A 股指数 ETF
ETF	83101	领航富时发展欧洲指数 ETF
ETF	83107	添富共享中证主要消费指数 ETF
ETF	83115	iShares 安硕核心恒生指数 ETF
ETF	83118	嘉实 MSCI 中国 A 股指数 ETF
ETF	83120	易方达中华交易服务中国 120 指数 ETF
ETF	83122	南方东英中国超短期债券 ETF
ETF	83126	领航富时日本指数 ETF

类别	证券代号	产品
ETF	83127	未来资产沪深 300 ETF
ETF	83128	恒生 A 股行业龙头指数 ETF
ETF	83129	南方东英沪深 300 精明 ETF
ETF	83132	添富共享中证医药卫生指数 ETF
ETF	83136	嘉实 MSCI 中国 A 50 指数 ETF
ETF	83137	南方东英中华 A80 ETF
ETF	83140	领航标准普尔 500 指数 ETF
ETF	83146	iShares 安硕德国 DAX 指数 ETF
ETF	83147	南方东英中国创业板指数 ETF
ETF	83149	南方东英 MSCI 中国 A 国际 ETF
ETF	83150	嘉实中证小盘 500 指数 ETF
ETF	83155	iShares 安硕欧元区 STOXX 50 指数 ETF
ETF	83156	广发国际 MSCI 中国 A 股国际指数 ETF
ETF	83167	工银南方东英标普中国新经济行业 ETF
ETF	83168	恒生人民币黄金 ETF
ETF	83169	领航全球中国股票指数 ETF
ETF	83170	iShares 安硕核心韩国综合股价 200 指数 ETF
ETF	83180	华夏中华交易服务中国 A80 指数 ETF
ETF	83186	中金金瑞 CSI 中国互联网指数 ETF
ETF	83188	华夏沪深 300 指数 ETF
ETF	83197	华夏 MSCI 中国 A 股国际通指数 ETF
ETF	83199	南方东英中国五年期国债 ETF
REIT	87001	汇贤产业信托

资料来源：香港交易所。

表 13-A2　　在海外交易所以人民币交易的股票、ETF 及 REIT 名单

交易所	类别	产品
中欧所 （产品于德意志交易所平台上买卖）	ETF	BOCI Commerzbank SSE 50 A Share Index UCITS ETF
	ETF	Commerzbank CCBI RQFII Money Market UCITS ETF
伦敦证交所	ETF	Commerzbank CCBI RQFII Money Market UCITS ETF
	ETF	ICBC Credit Suisse UCITS ETF SICAV
新交所	股票	扬子江船业（控股）有限公司
台证所	ETF	富邦上证 180 证券投资信托基金
	ETF	群益深证中小板证券投资信托基金

资料来源：相关交易所网站。

附录二
在香港交易所及海外交易所买卖的
人民币货币期货 / 期权名单 （2018 年 9 月底）

表 13-A3　　在香港交易所及海外交易所买卖的人民币货币期货 / 期权名单

交易所	产品	合约金额	交易货币	结算方式
香港期交所 （香港交易所 附属公司）	美元兑人民币（香港）期货	10 万美元	离岸人民币	可交收
	美元兑人民币（香港）期权	10 万美元	离岸人民币	可交收
	欧元兑人民币（香港）期货	5 万欧元	离岸人民币	现金结算
	日元兑人民币（香港）期货	600 万日元	离岸人民币	现金结算
	澳元兑人民币（香港）期货	8 万澳元	离岸人民币	现金结算
	人民币（香港）兑美元期货	30 万元人民币	美元	现金结算
	人民币（香港）黄金期货	1 千克	离岸人民币	可交收
	伦敦铝期货小型合约	5 吨	离岸人民币	现金结算
	伦敦锌期货小型合约	5 吨	离岸人民币	现金结算
	伦敦铜期货小型合约	5 吨	离岸人民币	现金结算
	伦敦铅期货小型合约	5 吨	离岸人民币	现金结算
	伦敦镍期货小型合约	1 吨	离岸人民币	现金结算
	伦敦锡期货小型合约	1 吨	离岸人民币	现金结算
巴西证券期货 交易所	人民币期货	35 万元人民币	巴西雷亚尔	现金结算
伊斯坦布尔 证交所	离岸人民币兑土耳其里拉期货	1 万元人民币	土耳其里拉	现金结算
芝加哥商业 交易所（CME）	标准规模美元／离岸人民币 （CNH）期货	10 万美元	离岸人民币	现金结算
	E- 微型美元／离岸人民币 （CNH）期货	1 万美元	离岸人民币	现金结算
	人民币／美元期货	100 万元人民币	美元	现金结算
	人民币／欧元期货	100 万元人民币	欧元	现金结算
	人民币／美元期货期权	100 万元人民币	美元	可交收
	人民币／欧元期货期权	100 万元人民币	欧元	可交收

续表 13-A3

交易所	产品	合约金额	交易货币	结算方式
迪拜商交所	美元／人民币期货	5 万美元	离岸人民币	现金结算
	上海黄金期货	1 千克	离岸人民币	现金结算
ICE 新加坡期交所	小型离岸人民币期货	1 万美元	离岸人民币	可交收
	小型在岸人民币期货	10 万元人民币	美元	现金结算
约翰内斯堡证交所	人民币／兰特货币期货	1 万元人民币	南非兰特	现金结算
韩国交易所	人民币期货	10 万元人民币	韩元	可交收
莫斯科交易所	人民币／卢布汇率期货	1 万元人民币	俄罗斯卢布	现金结算
新交所	人民币／新加坡元外汇期货	50 万元人民币	新加坡元	现金结算
	人民币／美元外汇期货	50 万元人民币	美元	现金结算
	欧元／离岸人民币外汇期货	10 万欧元	离岸人民币	现金结算
	新加坡元／离岸人民币外汇期货	10 万新加坡元	离岸人民币	现金结算
	美元／离岸人民币外汇期货	10 万美元	离岸人民币	现金结算
	美元／离岸人民币外汇期货期权	10 万美元	离岸人民币	现金结算
台湾期交所	美元兑人民币期货	10 万美元	离岸人民币	现金结算
	小型美元兑人民币期货	2 万美元	离岸人民币	现金结算
	美元兑人民币期权	10 万美元	离岸人民币	现金结算
	小型美元兑人民币期权	2 万美元	离岸人民币	现金结算

资料来源：香港交易所的产品资料源自香港交易所，其他交易所的人民币产品资料源自相关交易所网站。

附录三
在香港交易所及主要海外交易所买卖的
人民币货币产品的日均成交量及期末未平仓合约
（2018 年 1 月至 9 月对比 2017 年）

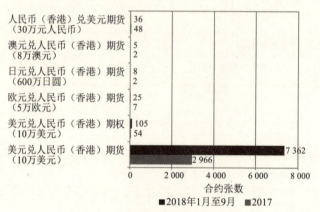

（a）日均成交量

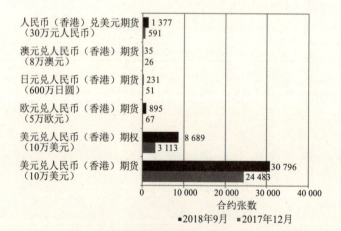

（b）期末未平仓合约

图 13-A1　香港交易所

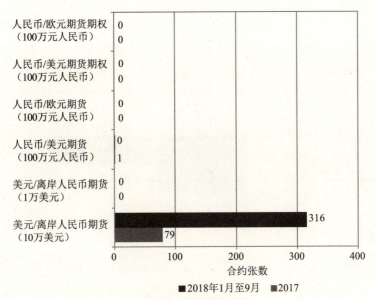

（a）日均成交量

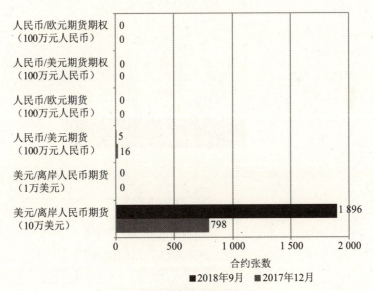

（b）期末未平仓合约

图 13-A2　芝加哥商品交易所

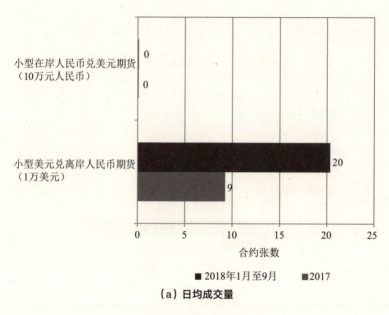

（a）日均成交量

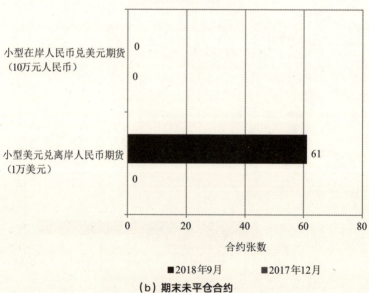

（b）期末未平仓合约

图 13-A3　ICE 新加坡期货交易所

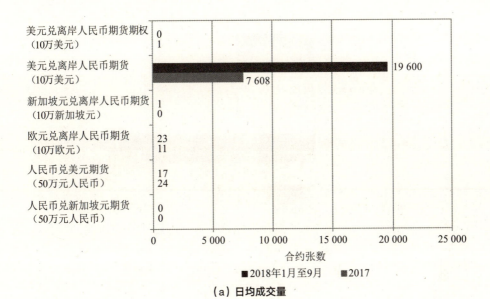

（a）日均成交量

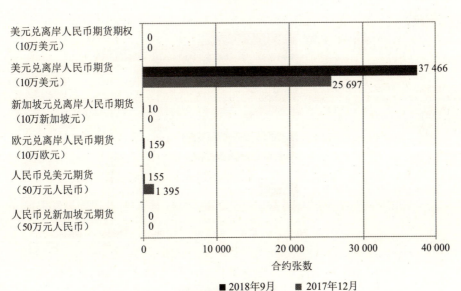

（b）期末未平仓合约

图 13-A4　新加坡交易所

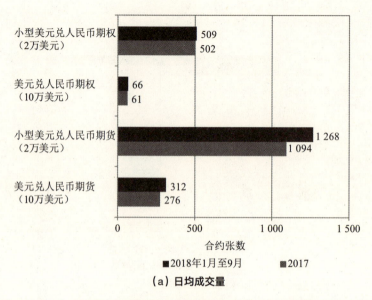

（a）日均成交量

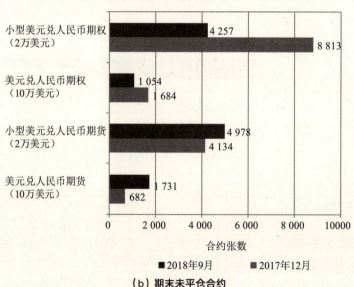

（b）期末未平仓合约

图 13-A5　台湾期货交易所

资料来源：香港交易所的产品资料源自香港交易所，其他交易所的产品资料源自相关交易所网站。

14

全球贸易摩擦中的人民币汇率波动趋势与人民币汇率风险管理工具

香港交易所
首席中国经济学家办公室

本章导读

2018 年以来，美元走强和贸易摩擦不断升温引发部分新兴市场资金外流，汇率大幅波动。虽然人民币兑美元汇率的波动幅度相对其他新兴市场较低，但亦开始了一轮阶段性走贬态势。一方面，人民币汇率仍然受美元走强的趋势影响；另一方面，中美贸易摩擦对人民币汇率的影响也在不断增加，人民币汇率波幅进一步扩大。

短期内美元兑人民币汇率仍然受制于中美贸易摩擦的进展以及美国加息的速度和幅度。从中期来看，内地经济的供给侧结构改革，并配合稳健的货币政策，使人民币汇率的中期走势受稳定经济基本面的支持，因此，随着人民币汇率波动的灵活性不断提高，市场需要合理看待人民币汇率波动稳步扩大至与其他主要货币相若的水平。国际收支也会随着贸易摩擦和汇率定价机制市场化而有所变化，以往的经常账顺差或会逐渐收窄，为中国货币政策的操作模式带来改变并影响汇率波动态势。

在此背景下，市场对人民币汇率的风险管理需求将不断增加。2018 年以来，香港市场的美元兑人民币（香港）期货和期权的成交量上升到历史新高。事实上，场内人民币期货和期权是流动性和透明度高的对冲工具，从当前的市场需求看，比场外的货币衍生品合约更符合部分企业对冲汇率风险的实际需要和资本效益。香港货币期货市场按投资者的需要，提供多种货币对合约来对冲不同国家经济对人民币汇率的影响，也提供了多种期限和跨期合约来满足投资者的风险管理需求。这些货币期货和在岸、离岸的人民币汇率有高度相关性，持仓限制和大手交易申报亦有助促成离岸人民币期货在可控的环境下发挥风险管理的作用，使其更适合作为企业的风险管理工具，而不是短期投机活动。

香港离岸人民币产品的机制和结算方式能有效保证离岸价格最终收敛于在岸市场，意味着离岸的人民币产品交易可以进一步扩大境内价格的国际影响力，将定价权把握在境内。通过进一步发展和丰富人民币计价的各类衍生品来配合实体经济需要，充分发挥服务专业、金融基础设施完善等制度优势，香港可逐步担当离岸人民币产品交易及风险管理中心的角色，对促进人民币下一步在更广泛的国际范围内使用具有重要作用。

中美贸易摩擦对新兴市场汇率的影响十分显著

中美贸易摩擦的进展

2018 年初以来，美国开始对全球不同进口商品开征关税，涵盖范围延伸至中国出口到美国的多种产品，特别将征税焦点集中于知识产权和高科技领域，包括航空、通信技术和机械设备等，加剧中美贸易摩擦。全球贸易摩擦进一步升级，不但对全球经济产生实际影响，也造成国际资本加速流出新兴市场经济体，导致人民币和新兴市场汇率波动进一步扩大（见图 14-1）。

对人民币和新兴市场汇率的影响

一直以来，欧、美、日等发达经济体之间经济周期和经济政策分化所带来的外溢效应，往往是包括人民币在内的多数新兴市场货币汇率波动的重要影响因素。2015 年在人民币中间价定价机制中引入了中国外汇交易中心（CFETS）的篮子货币，其中美元权重达到 22.4%（见图 14-2）。如果加上篮子货币中一些不同程度地与美元挂钩的货币，美元在 CFETS 篮子货币中的实际影响力可能更高。因此，美元汇率走势始终是影响人民币汇率波动的重要因素之一。

但是从 2018 年 6 月开始，人民币汇率贬值、波动幅度加大，受近月来美元强势的影响并不明显，而市场受中美贸易摩擦走向的影响加大。总体看，2018年年初的人民币汇率波动，基本上可以用美元汇率的波动来解释（见图 14-3）。这个相关性由 2018 年 6 月中开始有所变化。在 6 月 20 日至 8 月 3 日，人民币汇率贬值幅度达 6%，人民币篮子货币 CFETS 人民币指数下跌 5% 至 92 点，美元指数则维持在 95 点左右，在这一特点阶段人民币贬值的幅度明显大于美元指数的上升幅度。

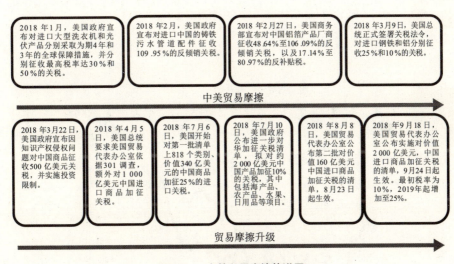

图 14-1　中美贸易摩擦的进展

资料来源：彭博，"Timeline of the Escalating U.S.-China Trade Dispute"，2018 年 4 月 6 日；China Briefing，"The US-China Trade War: A Timeline"，2018 年 11 月 21 日。

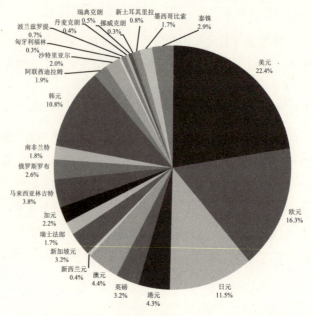

图 14-2 CFETS 货币篮子和权重 （由 2017 年开始）

资料来源：CFETS。

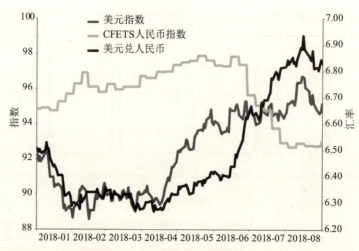

图 14-3 人民币汇率、CFETS 指数和美元指数（2018 年 1 月至 8 月）

资料来源：彭博。

另一方面，中美贸易摩擦对本轮汇率贬值的影响逐步显现。2018年6月20日至8月3日，在中美贸易谈判形势较为严峻时，大多数亚洲货币都在跟随人民币汇率贬值，但是欧元却有小幅升值（见图14-4），在一定程度上显示出，中美贸易摩擦短期内导致全球避险情绪上升，进而导致资本流出新兴市场经济体。从全球资金流向看，根据新兴市场基金研究公司（Emerging Portfolio Fund Research，以下简称EPFR）的数据库，2018年5月至7月期间流入美国和流出新兴市场国家的股票基金资金净流量分别为净流入268亿美元和净流出154亿美元，债券基金资金净流量分别为净流入257亿美元和净流出118亿美元。部分新兴市场的危机一度加剧了全球资本对新兴市场整体也包括对中国内地市场的担忧。这些担忧反映为新兴市场汇率的贬值较多和波动情况加剧（见图14-5）。2018年以来，土耳其里拉、阿根廷比索、印度卢比、巴西雷亚尔、南非兰特等新兴市场货币兑美元跌幅都超过10%。不过鉴于人民币汇率有较为稳定的宏观经济基本面的支撑，人民币的贬值程度在新兴市场货币中相对可控，对美元贬值了不到6%，明显小于主要的新兴市场国家。

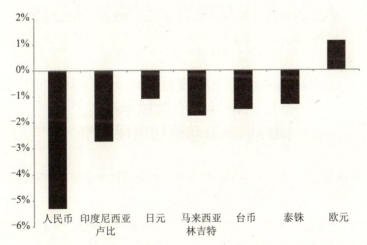

图14-4　各国货币兑美元的汇率贬幅对比（2018年6月20日至2018年8月3日）

资料来源：Wind。

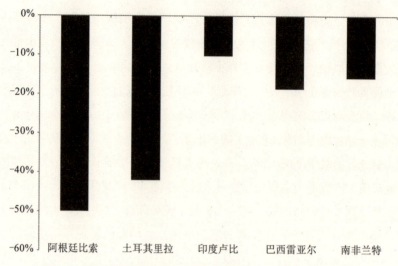

图 14-5　新兴市场货币兑美元汇率贬幅情况（2018 年 1 月至 8 月）

资料来源：Wind。

人民币汇率呈现更灵活的波动趋势

短期内美欧逐步收紧货币政策将使
新兴市场汇率继续承压，
国际资本流动格局出现调整

自 2015 年 12 月起，美国联邦储备局（以下简称美联储）率先启动货币政策正常化进程，已先后加息 7 次，并有条不紊地展开缩表计划。英国央行也于 2017 年 11 月宣布了 10 年来的首次加息，欧洲央行虽维持负利率政策不变，但从 2018 年初开始缩减资产购买规模。

随着美联储的利率上调，美元的升值压力有所增加（见图14-6），加剧了新兴市场的美元债务偿还压力，加剧了他们宏观经济和金融市场的脆弱性，导致少数新兴市场货币出现波动，国家经济面临债务和货币的双重危机。以阿根廷为例，截至2017年年末，阿根廷外债规模高达2 330亿美元，约占本地生产总值的40%，远高于20%的国际警戒线[1]。巴西也表现出货币贬值的趋势，巴西经济对外部融资和外国投资依赖度较高，经济独立性较低，经常账户常年赤字，更受到国际贸易形势影响。另外，印度尼西亚、印度、墨西哥等其他新兴市场货币汇率也在2018年出现了大跌行情（见图14-7）。

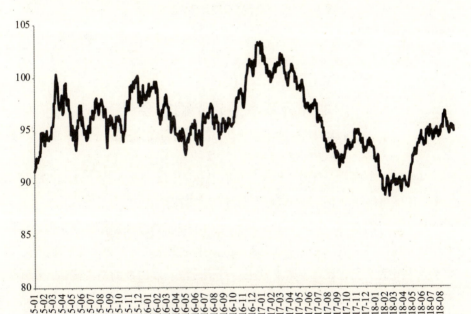

图14-6 美元指数走势（2015年1月至2018年8月）

资料来源：彭博。

---

[1] 《阿根廷金融动荡对新兴市场的启示》，2018年5月21日，大公网（http://news.takungpao.com.hk/paper/q/2018/0521/3570932.html）。

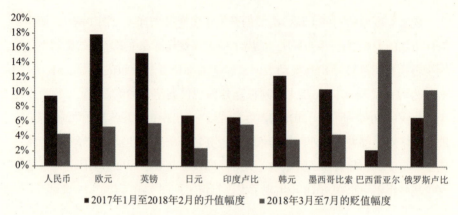

■ 2017年1月至2018年2月的升值幅度　　■ 2018年3月至7月的贬值幅度

图 14-7　新兴市场货币兑美元的汇率转变

资料来源：Wind。

<h1 style="text-align:center">内地经济基本面趋于稳定会对
人民币汇率的中期走势形成支持</h1>

从经济基本面看，目前中国经济运行总体平稳（见图 14-8 至 14-10）。近年来供给侧结构性改革、简政放权和市场机制发挥作用，中国经济结构调整取得积极成效，增长动力加快转换，虽然近期主要宏观经济指标趋弱，但总体看增长韧性依然较强，为人民币汇率提供支撑。2018 年 6 月以来的汇率贬值，市场预期较为平稳，没有出现此前汇率贬值阶段一度出现的恐慌情绪。在此时期，境外机构一直稳定地增持人民币国债等资产，截至 2018 年第三季度末，境外机构持有境内银行间债券市场余额接近 1.7 万亿元，较"债券通"开通前增长超过 100%[①]。"沪港通"与"深港通"的北向交易——"沪股通"与"深股通"的北上资金一直保持稳步上升，即使在 7 月底、8 月初的汇率连续破低阶

[①]　资料来源：中央国债登记结算有限责任公司（中国）、上海清算所。

段，也一直是净流入内地市场①。从远期汇率观察的情况看，一年期不交收远期外汇合约（NDF）在当时的贬值预期也仅仅在2%以内②。经济基本面并不支持人民币汇率持续大幅贬值。

单就贸易摩擦而言，短期内对中国经济增长速度的影响有限，但预计影响会逐步体现在技术进步与创新能力方面。自2018年7月6日起，中美双方向彼此价值340亿美元的商品互征关税。8月23日，双方对额外160亿美元的商品互征25%的关税。9月18日，美国宣布实施对中国价值2 000亿美元的商品征税。以总量来说，2 500亿美元对中美经济总量的影响仍然有限。但若贸易摩擦持续升级，多项贸易限制措施对中美双方经济增长的影响将显现。

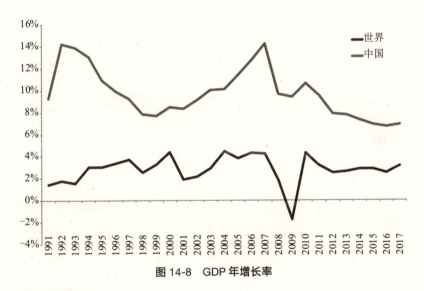

图 14-8　GDP 年增长率

资料来源：新浪财经。

———————

① 资料来源：香港交易所。
② 资料来源：彭博。

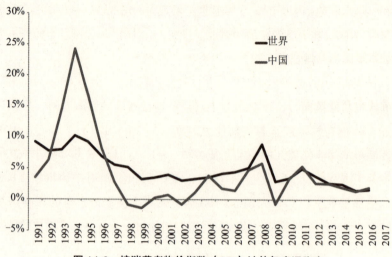

图 14-9　按消费者物价指数（CPI）计的年度通胀率

资料来源：新浪财经。

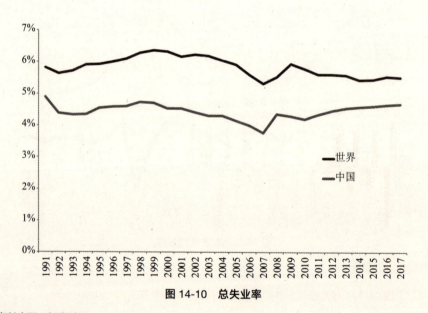

图 14-10　总失业率

资料来源：新浪财经。

国际收支方面，中国的经常账余额 2018 年第一季度呈现逆差 341 亿美元，二季度转为顺差 58 亿美元，总体来看上半年经常账仍是逆差，是中国近年来首次经常账呈现高额逆差。此外，2018 年上半年中国对美顺差规模是 1 338 亿美元，较 2017 年同期增长 13.8%，表明至少在短期内，贸易摩擦对出口的负面影响还未充分显现，提前出口等因素的影响不容低估（见图 14-11）。

考虑到全球经济增长动能减弱外需疲软、中美贸易摩擦措施逐步落地等因素，未来中国贸易顺差在短期内的概率可能会收窄。未来中国的国际收支格局可能会呈现经常账和资本账的波动新格局，经常账顺逆差可能交替出现。由于之前中国宏观经济的决策环境习惯于国际收支双顺差基础，经常账由正转负，未来在一定程度上会改变中国宏观经济政策的决策环境。在这个过程中，稳健的经济基本面和灵活的人民币汇率波动机制，都有望在应对外部冲击中发挥积极作用。

图 14-11 经常账与资本和金融账（2013 年第一季度至 2018 年第二季度）

资料来源：中国国家外汇管理局。

人民币汇率波幅将稳步扩大

首先，中国人民银行正在淡出市场日常干预，人民币汇率形成机制的市场化程度不断提高。

在这轮阶段性贬值中，内地汇率决定机制根据市场情况政策在宏观审慎框架内得以调整，包括 2018 年 8 月 6 日起把金融机构远期售汇业务的外汇风险准备金率从 0% 调整为 20%；在 2018 年 8 月 24 日重启在岸人民币中间价的逆周期因子"以适度对冲贬值方向的顺周期情绪"[1]。这些调整有助防范宏观金融风险，但并没有改变人民币汇率的形成更趋市场化的方向。

2015 年至 2016 年人民币汇率贬值时，中国人民银行积极用外汇储备入市干预，具体反映在外汇储备规模和外汇占款等的波动（见图 14-12）。然而在本轮人民币汇率波动幅度显著加大时期，内地外汇储备基本平稳。2018 年 8 月中国外汇储备规模虽有所降低，但相比外汇储备总规模降幅有限，而且主要可以用美元汇率走势来解释，表明人民币汇率波动在这一阶段内的波动主要由市场因素驱动。

其次，更为灵活的人民币汇率符合中国经济的新环境，可以为货币政策提供更大的操作空间。

根据三元悖论，在开放经济条件下，本国货币政策的独立性、固定汇率、资本的自由进出不能同时实现，至少要放弃其中一个目标。在当前的国际环境下，内地货币政策操作框架也面临着内外部政策优先次序的权衡和选择。随着

---

[1] 资料来源：《人民币对美元中间价报价行重启"逆周期因子"》，中国外汇交易中心，2018 年 8 月 24 日。

人民币逐步成为国际货币，未来需要更为关注内部经济增长目标（或者说内部平衡目标）与外部人民币汇率波动之间的政策优先次序的权衡，正如 20 世纪八九十年代拉美国家和亚洲国家的货币当局所面临的抉择。作为内需市场较大的经济体，中国的货币政策逐步表现出优先保证独立决策空间的特征，人民币汇率波动的灵活性近年来稳步提高。

亿美元

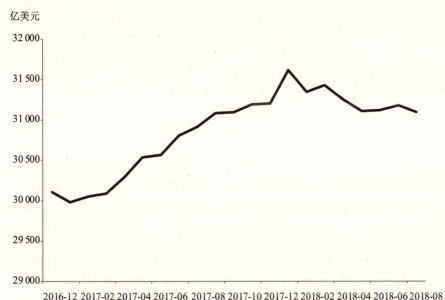

图 14-12 中国外汇储备（2016 年 12 月至 2018 年 8 月）

资料来源：中国国家外汇管理局。

再次，人为和主动的贬值并非应对贸易争端的良好方案，由市场需求主导决定人民币汇率走势更可持续也更符合人民币汇率形成机制市场改革的方向。

从国际经验看，主动贬值往往难以控制效果：如果贬值幅度过小，难以起到作用；如果贬值幅度过大，容易导致短期的市场恐慌并可能加剧资金外流，使得汇率波动幅度更大。近年来随着中国资本账开放程度逐步上升，推动人民币汇率形成机制的市场化，已有助于抵御外部冲击。在当前的国际贸易环境下，新兴市场货币和人民币兑美元的汇率可在一定区间内保持灵活波动。

汇率波动加剧情况下汇率风险对冲工具的
重要性——香港场内市场的优势和发展

随着贸易摩擦升温，人民币汇率双向波幅不断扩大，汇率风险对冲工具对内地和国际企业变得更重要。内地企业对外投资和外资企业的人民币投资可通过场内货币衍生产品进行对冲。香港交易所的人民币（香港）相关期货和期权的成交量分别在 2018 年 8 月创新高。其中，美元兑人民币（香港）期货在 2018 年的总成交量为 1 755 130 张合约（合约金额为 1 755 亿美元），比 2017 年的 732 569 张合约（合约金额为 733 亿美元）高出 140%（见图 14-13）。美元兑人民币（香港）期权的成交量也在 2018 年 8 月 28 日创 1 529 张合约（合约金额为 1.53 亿美元）的新高。另外，其他货币兑人民币的期货（如欧元兑人民币、澳元兑人民币及日元兑人民币期货）合约的成交量在 2018 年下半年也逐步上升，其中在 8 月一些交易日的成交量达到记录新高。

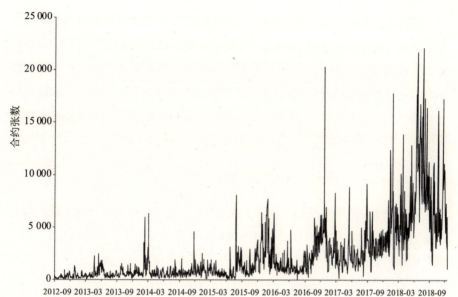

图 14-13　美元兑人民币（香港）期货的成交量（2012 年 9 月至 2018 年 12 月）

资料来源：彭博。

场内货币衍生产品具备高流动性和高透明度的特点

香港交易所于 2012 年 9 月推出美元兑人民币（香港）期货，为全球首只人民币可交收货币期货合约，即交收时由卖方缴付合约指定的美元金额，而买方则缴付以最后结算价计算的人民币金额。它的交易时段是由香港时间上午 8 时 30 分至下午 4 时 30 分及下午 5 时 15 分至翌日凌晨 1 时正[①]，覆盖了亚洲以及欧美时区，能照顾内地和国际投资者对冲人民币汇率风险的需求。

---

① 到期合约月份在最后交易日收市时间为上午 11 时。

香港的人民币期货市场已持续增长成为高流动性市场。除了以上提到逐渐上升的成交量，其合约月份的买卖价差对比其他交易平台也有优势[1]，为市场投资者提供流动性，兼具市场深度的市场，同时可以保证金交易以达到资本效益。另外，香港的场内美元兑人民币（香港）的衍生产品，包括期货和期权产品，都有市场庄家计划[2]，为投资者提供持续报价和回应报价。反观场外交易市场（OTC 市场）的外汇合约流动性低，除非交易双方同意，否则不能在到期前更改或取消合约。

高透明度也是场内交易的优势。投资者可在交易前就知道场内人民币衍生产品的最佳买入价和卖出价，也可在交易后知道每天每个合约月份的成交价、成交量和未平仓合约。相反，场外的衍生产品没有交易前的透明度，主要以双边交易和报价请求（Request For Quote，以下简称 RFQ）模式运作，投资者须要逐一联络市场参与者再协商报价。因此，场内交易投资的高透明度帮助投资者更了解市场走势，亦可帮助更有效的价格形成及加强流动性。

交易透明度的优势也体现在人民币货币期权市场。美元兑人民币（香港）期权的特点是以固定金额的期权金来购买保障，来应对美元兑人民币（香港）汇率单边波动所带来的潜在风险。在流通量提供者计划的支持下，人民币货币期权投资者交易前便能知道大约 200 个期权系列的报价，帮助汇集投资者的流通量，加快价格发现，减低对冲成本。

---

① 详见《人民币波动下，香港交易所人民币产品成交活跃》，香港交易所网站，2018 年 7 月 11 日。
② 截至 2018 年 12 月底，美元兑人民币（香港）期货的市场庄家包括香港上海汇丰银行有限公司、中国银行（香港）有限公司、工银国际期货有限公司、永丰商业银行股份有限公司、海通国际金融产品有限公司及 Virtu Financial Singapore Pte Ltd。

不同货币对的人民币货币期货可以配合
不同地区投资者的人民币汇率风险管理需求

目前各国经济增长不均衡或会影响全球主要央行的货币政策和各国的经济周期，间接增加人民币汇率的波动。全球主要央行的货币政策各有不同[1]，美国的货币收紧政策要早于欧日。这种分化的货币政策也反映各国经济周期亦非完全同步。因此，大宗商品的价格也会更波动，包括基本金属、贵金属和石油等。受主要利率和大宗商品价格的影响，人民币兑各种主要货币汇率的波幅也会出现分化。

另外，人民币货币的客户群亦日趋多元化，包括各类别银行、机构投资者、自营交易公司、定息自营交易部门、资产管理公司、企业如进出口行业以及个人投资者等。在香港，为客户做人民币期货交易的期货交易商数量稳步增加到 2018 年 12 月底的 134 家国际、中国内地及香港背景的经纪商[2]。

为配合不同投资者的人民币风险管理需要，香港场内市场提供不同人民币货币对的货币期货。除了本金交收的美元兑人民币（香港）期货，亦在 2016 年 5 月推出以下现金交收的各种人民币货币期货：

- **欧元兑人民币（香港）期货**：对冲欧洲的货币政策风险。欧元是全球第二大交易货币，占 2018 年 11 月全部交易额的 36.1%[3]。欧洲和美国的货币政策走向各有不同。而且，欧盟是中国内地的最大贸易伙伴，同时中

---

[1] 参看国际货币基金（IMF）《世界经济展望》，2018 年 10 月。

[2] 资料来源：香港交易所。

[3] 资料来源：SWIFT, *RMB Tracker: Monthly reporting and statistics on renminbi（RMB）progress towards becoming an international currency*, 2018 年 12 月。

国内地也是欧盟第二大的贸易伙伴[1]。

- 日元兑人民币（香港）期货：对冲日本央行政策和贵金属价格的风险。日元是目前（截至 2018 年 11 月[2]）亚洲最大的交易货币，也用作多种贵金属基准价格的定价。日本和美国的货币政策走向各有不同。

- 澳元兑人民币（香港）期货：对冲大宗商品市场的风险。澳洲是中国内地在大宗商品方面其中一个最大的贸易对手[3]，澳元的走势跟大宗商品市场的景气息息相关。

- 人民币（香港）兑美元期货：跟美元兑人民币（香港）期货的交易互为补足。人民币（香港）兑美元期货的特点是以美元作为报价、交易和结算的单位。它的面额（30 万元）相对美元兑人民币（香港）期货（10 万美元）为少。

离岸人民币期货产品价格收敛于境内人民币汇率，有助于对冲人民币风险而用于投机性做空的空间有限

从目前的趋势看，预期美元兑人民币汇率的波动将逐步扩大。离岸货币期货的特色和市场监管规则有助于提供一个可控的市场环境作人民币汇率风险管

---

[1] 详见欧盟介绍中国内地的网页（http://ec.europa.eu/trade/policy/countries-and-regions/countries/china/），最后更新于 2018 年 4 月 16 日。

[2] 资料来源：SWIFT, *RMB Tracker: Monthly reporting and statistics on renminbi（RMB）progress towards becoming an international currency*, 2018 年 12 月。

[3] 参看 Karam, P. and D. Muir. (2018) *Australia's Linkages with China: Prospects and Ramifications of China's Economic Transition*, IMF 工作报告 WP/18/119。

理之用。

离岸人民币期货的结算价和人民币即期汇率有高度相关性。美元兑人民币（香港）期货的即月结算价和在岸人民币汇率的相关度，以及离岸人民币汇率的相关系数一直在 0.99 以上；和在岸人民币中间价的相关度亦随着中间价在 2015 年 8 月以来的定价改革而逐渐提高至 0.99 以上（见表 14-1）。因此，离岸人民币期货的结算价并没有大幅偏离人民币即期汇率，故未有引起不必要的人民币汇率波动。事实上，美元兑人民币（香港）期货是以香港财资市场公会在最后结算日大约早上 11：30 公布的美元兑人民币（香港）定盘价作为最后结算价①。因此，投资者不太可能利用离岸人民币期货的最后结算价影响人民币即期汇率。

表 14-1　　　　美元兑人民币（香港）货币期货即月结算价
与不同人民币即期汇率的相关系数（2012 年 9 月至 2018 年 8 月）

期间	离岸人民币	在岸人民币	在岸人民币中间价
2012 年 9 月—2015 年 7 月	99.4%	98.3%	44.8%
2015 年 8 月—2017 年 5 月	99.6%	98.9%	98.6%
2017 年 6 月—2018 年 1 月	99.5%	99.6%	99.2%
2018 年 2 月—2018 年 8 月	99.7%	99.8%	99.5%
全期间（2012 年 9 月—2018 年 8 月）	99.9%	99.7%	98.0%

注：根据彭博即月结算价的定义及数据计算。

离岸人民币期货的特色切合企业的风险管理需要，而不是汇率短期内的投机活动。除了与即期汇率的高度相关性，离岸人民币期货的中央清算机制和保证金制度有效降低交易对手风险。投资者在开仓时需要存放现金或非现金的抵

_____

① 这个定盘价按已指定的 8 间活跃于离岸人民币市场的经纪商在最后结算日早上 10：45 至 11：15 的 100 万美元以上的即期交易计算出来的成交量加权中位数。

押品来满足基本保证金的要求，在持仓的每个交易日需要按汇率走势满足维持保证金的要求。相反，在场外交易的人民币货币衍生产品只需要银行批核的信用额，而不需提交抵押品，也没有中央结算。再者，场内交易的离岸人民币期货合约以实物交割代替以交易货币计的现金差额结算，增加卖空成本。

市场上若有机构想卖空人民币，可能会倾向选择 OTC 市场。OTC 市场交易量比场内市场大，条款较具弹性，也能隐藏交易对手的身份。在 2016 年 4 月，香港场外交易的美元兑人民币货币衍生产品的每日平均名义交易金额达到 760 亿美元[①]。相对来说，场内市场的美元兑人民币（香港）货币期货的每日平均名义交易金额在 2018 年只有大约 7.13 亿美元（约 50 亿元）[②]。就算场外的美元兑人民币货币衍生产品的交易量没有增加，美元兑人民币（香港）货币期货的名义成交额只是场外产品名义成交额的百分之一左右。

然而，香港的期货市场有多项措施限制过度集中持仓，减少市场上不必要的波动风险。这些措施也应用在人民币期货，包括汇报大额未平仓合约和持仓限额：

● 大额未平仓合约的申报：香港期货交易所规则要求交易所参与者（不论为其本身或代表任何客户）向香港期货交易所申报人民币期货的大额未平仓合约。例如，目前[③] 美元兑人民币（香港）期货任何一个合约月份的未平仓合约超过 500 张合约便须为其持仓作出申报。香港期货交易所亦有权要求任何大额未平仓合约持有人提交额外数据，以说明其大额持仓需要。这项要求对监管机构而言，增加了市场参与者的透明度。

---

① 资料来源：香港金融管理局《香港外汇及衍生工具市场》，2016 年 12 月。

② 资料来源：香港交易所。

③ 按 2018 年 12 月实施中的要求。

● 持仓限额：实施持仓限额，为单一实益拥有人的人民币期货和期权持仓设定上限。例如，目前[①] 美元兑人民币（香港）期货、人民币（香港）兑美元期货和美元兑人民币（香港）期权合约加总的持仓限额，以所有合约月份持仓合共对冲值 8 000 张（长仓或短仓）为限，并且在任何情况下：

　　○ 直至到期日（包括该日）的 5 个香港交易日内，现月美元兑人民币（香港）期货及现月美元兑人民币（香港）期权持仓对冲值不可超过 2 000 张（长仓或短仓）；

　　○ 所有合约月份的人民币（香港）兑美元期货合约净额之仓位不可超过 16 000 张（长仓或短仓）。

持仓限额一概严格执行，违规可能构成违反相关香港期货交易所规则及《证券及期货（合约限量及须申报的持仓量）规则》，或可包括刑事责任。香港期货交易所及证监会均可对任何违规行为采取行动，包括要求参与者及时、有秩序地减持仓位。

多种期限的货币期货加强对冲的效用

较长的合约期限能加强中长期投资者的风险管理。以美元兑人民币（香港）期货合约月份为例，期货合约月份的数目最初推出时只有 7 个（即月、下三个历月和之后的三个季月）。香港交易所按市场需要，分别在 2014 年 4 月和 2017 年 2 月新增美元兑人民币（香港）期货第四和第五个季月的合约月份。

---

① 按 2018 年 12 月实施中的要求。

2018 年 6 月起，香港交易所把合约月份增加至 10 个（即月、下三个历月和之后的六个季月），使美元兑人民币（香港）期货的合约期可长达 22 个月。这些不同期限的期货能更好地配合投资者的人民币资金流，有助减低基差风险和展期风险。

跨期合约帮助应对贸易摩擦为人民币汇率波动带来的中长期和短期影响。2018 年 6 月对美元兑人民币（香港）期货的优化也包括增加 19 个新的跨期合约至总共 45 个跨期合约。这些跨期合约可以是任何两个合约月份的跨期组合，帮助投资者一方面对冲人民币汇率的中长期走势，另一方面能应对短期的汇率波动。

不断提高人民币期货市场灵活性，满足多样化的风险管理需求

贸易摩擦增加超短期的风险管理需求。贸易摩擦导致了主要央行的货币政策和各国经济周期的不确定性[1]，有些在已知日期公布的市场消息（例如央行议息、经济数据的公布，政府选举等）在贸易摩擦升级的环境下对人民币汇率可以造成更大的影响。但是，目前全球交易所并没有提供这种超短期的货币期货。类似的交易所产品只有美国以人民币货币期货作为标的的每周期权，包括2006 年 7 月推出星期五到期的期权和 2017 年 10 月推出的星期三到期的期权。投资者运用这种期权对冲超短期的人民币汇率风险难度较高。一般来说，因为期权的价格形成机制比货币期货复杂，假如用期权做 delta 对冲[2]，delta 对冲值

---

[1] 参看国际货币基金（IMF）《世界经济展望》，2018 年 10 月。

[2] Delta 对冲能使投资组合的价值在短时间内不受目标价格在小范围内波动的影响，即投资组合相对于目标市场价格的风险为中性。

的非线性变化会增加基差风险。另外，这些期权到期时以现金交收的人民币兑美元期货作为实物交收。换句话说，这种对冲不会涉及本金交收，对人民币有实际需求的投资者要在人民币现货市场交易取得所需资金。因此，有些投资者会利用有比较灵活期限的场外产品做对冲。在全球推动交易所作为衍生产品的中央交易对手的前提下，香港市场应该满足超短期至中长期投资者的风险管理需求，为这类产品提供一定流动性。

巩固香港作为离岸人民币产品交易及风险管理中心的地位，支持人民币国际化

在上述背景下，市场对人民币汇率的风险管理需求将不断增加。调研显示，持有人民币风险敞口的金融机构对人民币风险管理产品有浓厚兴趣。离岸人民币本金交割远期合约是金融机构管理人民币风险敞口的首选方式，使用比例占 40%；除却资产和负债的自然对冲，排名第二位的是离岸人民币即期外汇市场，使用比例占 15%；离岸人民币期货合约排名第三，使用比例达 4%（见图 14-14）。

随着中国 A 股已被正式纳入 MSCI 新兴市场指数，中国债券获纳入彭博巴克莱等被全球基金广泛追踪的债券指数也在 2019 年落地。越来越多追踪这些全球指数的，包括各国央行、主权基金、国际养老基金等中长期机构投资者将根据指数变化，被动加大配置中国股、债资产，这势必引起全球近 4 万亿美元的资产管理行业的配置转换，为此需要有足够、流动性好的工具让他们实现风险对冲。

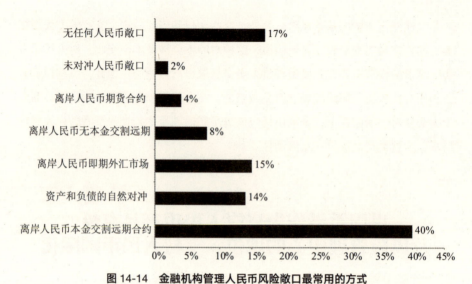

图 14-14　金融机构管理人民币风险敞口最常用的方式

资料来源：亚洲银行家与中国建设银行《2018 人民币国际化报告——"一带一路"助力人民币国际化》，2018 年。

香港作为人民币离岸市场的体制优势在于服务专业、金融基础设施完善、可以为市场提供广泛而充分的风险对冲工具。目前香港交易所开发的离岸人民币衍生品成交活跃，为市场投资者提供良好流动性和市场深度。香港场内离岸人民币产品的机制和结算方式也能有效保证离岸价格最终收敛于在岸市场，使得离岸的人民币产品交易可以进一步帮助扩大境内价格的国际影响力，将定价权把握在境内。通过进一步发展和丰富各类人民币衍生品来配合实体经济需要，充分发挥服务专业、金融基础设施完善等制度优势，香港可逐步担当离岸人民币产品交易及风险管理中心的角色，对促进人民币于国际市场上的广泛使用具有重要作用。

15

人民币货币篮子
及市场化人民币汇率指数的意义

香港交易所
首席中国经济学家办公室

本章导读

从 2005 年第一次引入货币篮子作为人民币兑外币的中间价参考开始，此后的 10 年时间里，一篮子货币逐步成为人民币汇率调整的重要依据。2005—2015 年期间，人民币兑美元汇率弹性不断扩大，与亚洲货币的关系越加密切，同时，欧元、英镑、加元、澳元等对人民币汇率的影响程度也在加深。2015 年 12 月，中国人民银行第一次正式公布一篮子货币构成，货币篮子进一步透明化，并以"收盘汇率 + 一篮子货币汇率变化"为基准逐步确定了人民币兑美元汇率的中间价定价机制，从而明确了货币篮子对人民币汇率中间价的影响规则。2016 年人民币货币篮子进一步扩大，2017 年中间价定价机制中又引入了逆周期因子，使得篮子货币对人民币中间价的锚定作用进一步增强。

从人民币汇率的实际走势来看，2015 年年末至 2017 年 11 月，近两年的时间里，人民币汇率与人民币 CFETS 货币篮子指数之间经历了几个阶段的互动，篮子指数本身也经历了从贬值到小幅升值的走势。随着人民币汇率加大了参考一篮子货币的程度，人民币兑美元汇率弹性进一步增强，有助于促使人民币汇率从单边趋势走向双向波动的良性发展，在中长期逐渐趋于平衡。

从美元货币指数的历史发展经验来看，货币指数的发展对汇率价值估算具有重要的参考作用，也是提升货币可交易性和可运用性的重要工具。具有广泛市场运用前景的货币指数在确定指数内的货币构成及其权重时，既要考虑到本国与他国的贸易关系，也应考虑篮子货币在外汇市场和资本市场的流动性。从这个角度来看，香港交易所与汤森路透开发的人民币 RXY 指数在编制时，既参考了人民币对其他主要货币的交易流动性，也定期对篮子货币及其权重，以透明化的公式进行动态调整，从而可以更好地反映人民币对其他货币的变化方向及幅度，为人民币汇率市场化机制改革提供有力工具。

2005 年及 2010 年汇改：
货币篮子成为人民币汇率的参考基准之一

2005 年汇改引入篮子货币，
人民币迈向有管理的浮动汇率制度

人民币的汇率改革可回溯至 1994 年。当时内地将人民币官方汇率与调剂汇率并轨①，从 1 美元兑换 5.8 元人民币的汇率水平下调至以 1 美元兑 8.7 元人民币的基准，开始实行以市场供需为基础的、单一的、有管理的浮动汇率制度。虽然在 1997—1998 年的亚洲金融危机期间，泰铢等其他亚洲货币相继贬值，但人民币保持对美元稳定，始终维持在 1 美元兑 8.28 人民币上下波动。

2005 年 7 月 21 日，中国人民银行宣布实行以市场供求为基础、参考一篮子货币、有管理的汇率制度，正式开启了人民币中间价汇率市场化之路。这次

---

① 自 1980 年起，内地陆续开始实行外汇调节制度，形成了官方汇率与外汇调剂市场汇率并存的双轨制。

汇改是央行第一次明确提出人民币汇率需要参考一篮子货币，从而改变事实盯住美元的固定汇率，推动人民币从汇率低估向均衡汇率调整。

2010 年 6 月汇改重启，中国人民银行进一步强调人民币汇率水平从参考双边汇率转向多边汇率，更多地以人民币相对一篮子货币的变化来看待人民币汇率水平。参考一篮子货币汇率制度介于固定汇率和浮动汇率之间，比固定汇率弹性有所增强，又不像浮动汇率那样大幅波动容易引发金融市场动荡，更有利于实现宏观经济政策稳定，防范投机资本的跨境流动。另外，随着对外开放程度不断提高，中国的主要经贸伙伴已呈现明显的多元化，对外投资也呈现多区域特征，由多种货币组成的货币篮子更能准确反映真实的人民币汇率水平，可进一步增强人民币汇率弹性。

2005—2015 年：货币篮子构成的估算及其对人民币汇价的影响

2005 年汇改后，尽管货币当局多次强调货币篮子在调节人民币汇率的重要作用，但在实际操作中，中国人民银行没有直接公开货币篮子的构成、货币权重和盯住机制，外界和研究者通过人民币汇率与美元之间的相关走势，对人民币与美元以及货币篮子的关系进行了一系列的估算。

从人民币中间价的整体走势上来看，2005 年以后的大部分时间里，人民币中间价汇率基本上参考了篮子货币的走势，只有在 2008 年全球金融危机期间，人民币再次单一盯住美元[①]。2005 年至金融危机前的 3 年间，人民币兑美元处于加速升值的过程。以每年的 7 月 21 日为分界点，在 2005 年汇改后第二年和第

---

① 　具体参见：张明，《人民币汇率：机制嬗变与未来走向》，2017 年 9 月。

三年人民币兑美元升值幅度分别达到 5.5% 和 10.9%。截至 2008 年 11 月，人民币兑美元累计升值约 19%。2008 年全球金融危机爆发，人民币重新恢复兑美元汇率的稳定，转向事实上地盯住美元。至 2010 年 6 月汇改重启，人民币兑美元的波动程度不断扩大（见图 15-1）。这一方面得益于货币当局扩大了人民币汇率的浮动区间，人民币兑美元中间价在上下 0.3% 的范围内浮动，逐步扩大至 2% 的波动区间，另一方面也反映出篮子货币对人民币中间价的影响在逐步扩大。

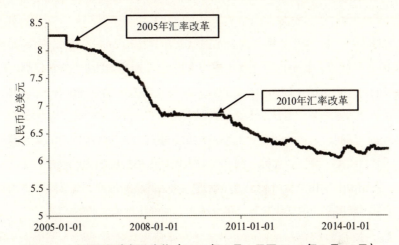

图 15-1　人民币汇率每日走势（2005 年 1 月 1 日至 2015 年 8 月 10 日）

资料来源：Wind。

一些学者通过模拟分析，分析了货币篮子中可能的货币构成及权重，以及货币篮子对人民币中间价的影响。第一，一项研究[1]发现，除去 2008 金融危机期间以外，美元在人民币参照货币篮子中一直占据绝对主导地位，货币篮子中有些货币与美元保持固定汇率，这些货币对人民币的影响也全部通过美元来体现，美元在当时货币篮子中的比重可能达到了 80% 左右，明显大于理论

---

[1]　周继忠《人民币参照货币篮子：构成方式、稳定程度及承诺水平》，载于《国际金融研究》，2009 年 3 月。

要求的稳定贸易收支的比重。第二，货币篮子中的货币权重有可能是动态变化的。一些新兴市场货币权重，如俄罗斯卢布、新加坡元等可能出现了增长。第三，货币当局当时对货币篮子的参照水平不高，货币篮子对汇率的约束作用有限。根据另一研究[①]，这些特点在2010年以后得以延续。这项研究发现，美元在货币篮子中依然占据主导地位，但在篮子里的权重有所下降，日元、韩元、新加坡元、马来西亚林吉特、菲律宾比索、新台币、泰铢等亚洲国家及地区的货币权重开始增加，说明中国与东亚的贸易关系对货币篮子的作用越来越大。

总体而言，从2005年第一次引入货币篮子作为人民币中间价汇率参考开始，此后10年时间里，篮子货币已逐步成为人民币汇率调整的主要参考依据。尽管这段时间里，货币篮子是如何构成以及货币篮子对人民币中间价有多大约束力，并没有一个具体答案，但是，无论是人民币汇率的实际走势，还是学术研究，均表明，这一期间，人民币对美元汇率弹性在不断扩大，与亚洲货币的关系越加密切。同时，欧元、英镑、加元、澳元等对人民币汇率的影响程度也在加深。这一期间，人民币汇率相对货币篮子循序渐进、动态调整的过程，既反映了中国对外贸易关系不断多元化的变化趋势，也反映出内地经济结构的调整适应。

2015年"8·11"汇改：
篮子逐渐成为决定人民币中间价的双锚之一

人民币货币篮子的构成正式透明化

2015年8月11日，中国人民银行宣布调整人民币对美元汇率中间价报价

[①] 谢洪燕等《新汇改以来人民币汇率中货币篮子权重的测算及其与最优权重的比较》，载于《世界经济研究》，2015年第3期。

机制，提高中间价形成市场化程度，启动新一轮汇改。2015 年 12 月，中国人民银行第一次正式公布一篮子货币的构成，推动人民币汇率形成机制进一步透明化。中国外汇交易中心（CFETS）首次发布了 CFETS 人民币汇率指数，包含 13 种在 CFETS 挂牌的货币。其中，美元、欧元、日元比重最高，分别为 26.40%、21.39% 和 14.60%，其次为港元（6.55%）和澳元（6.27%）。样本货币权重采用考虑转口贸易因素的贸易权重法计算而得，篮子货币指数代表的贸易量占中国对外贸易量的比率达到 60.4%（见表 15-1）。

表 15-1　　　　　2015 年首次公布的 CFETS 人民币汇率指数构成

地区	币种	指数权重	与中国的年均贸易量（百万美元）（2014 年 10 月至 2017 年 10 月）	贸易权重
美国	USD	26.40%	554 230	14.1%
欧元区	EUR	21.39%	576 441	14.7%
日本	JPY	14.68%	285 217	7.3%
中国香港	HKD	6.55%	323 030	8.2%
澳大利亚	AUD	6.27%	118 960	3.0%
马来西亚	MYR	4.67%	94 282	2.4%
俄罗斯	RUB	4.36%	74 799	1.9%
英国	GBP	3.86%	78 031	2.0%
新加坡	SGD	3.82%	78 202	2.0%
泰国	THB	3.33%	77 443	2.0%
加拿大	CAD	2.53%	51 647	1.3%
瑞士	CHF	1.51%	44 131	1.1%
新西兰	NZD	0.65%	12 425	0.3%
总和		100%	2 368 838	60.4%

注：由于四舍五入的误差，个别权重相加未必等于总和。

资料来源：指数权重数据来自中国外汇交易中心，贸易量来自 Wind，贸易权重基于该等数据计算所得。

为从不同角度观察人民币汇率的变化情况，CFETS 也同时列出了参考国际清算银行（BIS）货币篮子、国际货币基金组织特别提款权（SDR）货币篮子计算的人民币汇率指数。与 BIS 人民币有效汇率指数相比，CFETS 人民币汇率指数中的主要发达国家货币权重更高，同时，也包括了东南亚以及俄罗斯货币，但是没有包括更广泛的新兴市场货币。

在 2015 年 CFETS 公布的货币篮子中，美元权重要比此前估算的人民币汇率指数中美元占比低很多。在新的货币篮子中，美元加上港币后的权重为33%，说明在新的货币篮子推出后，人民币开始改变主要盯住美元的事实，从而逐步过渡到更多地由市场和贸易关系决定的浮动汇率制度。

人民币中间价与 CFETS 人民币汇率指数的互动关系：四个演变阶段

CFETS 正式公布人民币汇率指数后，人民币汇率加大了参考一篮子货币的程度，并以"收盘汇率 + 一篮子货币汇率变化"为基准，逐步确定了人民币兑美元汇率的中间价定价机制，从而明确了货币篮子对人民币中间价的影响规则。

具体来说，按照新的中间价形成机制，人民币兑美元中间价的设定需要考虑"前一交易日日盘收盘汇率"和"一篮子货币汇率变化"两个组成部分。其中，"收盘汇率"是指上日 16 时 30 分银行间外汇市场的人民币兑美元收盘汇率，主要反映外汇市场供求状况。"一篮子货币汇率变化"是指为保持人民币对一篮子货币汇率基本稳定所要求的人民币对美元汇率的调整幅度。基于此，篮子货币对人民币中间价的约束力得以强化，货币篮子逐步成为决定人民币中间价参考的双锚之一。

从实际走势来看，2015 年年末至 2017 年 11 月，人民币中间价走势与 CFETS 人民币汇率指数的互动走势经历了几个发展阶段（见图 15-2）。

图 15-2　人民币中间价、美元指数以及 CFETS 指数每日走势
（2015 年 1 月至 2017 年 11 月底）

注：图中的美元指数是由美国洲际交易所提供的美元指数 DXY。

资料来源：美元指数来自 Wind，人民币中间价与 CFETS 指数来自 CFETS。

第一阶段从 2015 年年末人民币中间价形成机制公布至 2016 年年中。这一时期，人民币汇率走势表现为"美元贬、CFETS 指数出现贬值、中间价稳定"。

具体而言，美元指数在 2015 年第一次加息后从高点回落，美元走弱。按照新的人民币中间价形成机制，人民币中间价应当随之升值，但这一时期人民币对其他非美元货币的走势下跌，人民币 CFETS 指数出现贬值，从 100.94 点下降到 95 点左右。因此，这一阶段中间价的实际走势基本持平，较多点位出现在 6.50 至 6.65 之间。

第二阶段从 2016 年年中至 2016 年年末。这一时期，人民币汇率走势表现为"美元升、CFETS 指数保持稳定、中间价出现贬值"。

2016 年 6 月的英国脱欧公投结果、2016 年 11 月特朗普当选美国总统导致市场风险转向，以及 2016 年年底加息预期等因素，均推升美元指数。这一时期美元指数呈现整体上升趋势，从 94 点上升至 2016 年年底 103 点的阶段性高点。在强势美元背景下，其他非美元货币（包括人民币）对美元均出现贬值，在此期间，人民币对篮子货币大致保持稳定，CFETS 指数走势趋稳，大致保持在94—95 点的水平，导致人民币中间价对美元呈现贬值走势，最低触及 6.94。

第三阶段从 2017 年初至 2017 年 5 月中旬。这一时期，人民币汇率表现为"美元贬值、CFETS 指数小幅贬值、中间价保持稳定"。

在此期间，特朗普政策面临挑战，强势美元的预期开始回调。欧洲经济基本面开始走强，欧洲政治系统性风险下降，推动欧元上行，美元指数相应走弱。在美元持续走弱期间，人民币相对一篮子货币出现小幅贬值，CFETS 指数从 95.25 点下行至 92.26 点的水平，人民币中间价走势基本处于 6.85—6.9 区间，没有跟随美元走弱而升值。这一阶段人民币汇率与 CFETS 指数走势与第一阶段情形基本一致。

第四阶段为 2017 年 5 月后至 11 月末。中国人民银行进一步在人民币对美元汇率中间价报价公式中引入逆周期因子，以对冲市场情绪导致的单边预期。这一时期，人民币汇率表现为"美元贬值、CFETS 指数小幅升值、逆周期因子对冲美元贬值因素、中间价大幅走高"。

逆周期因子引入后，人民币对美元汇率中间价形成机制由"前一交易日日盘收盘汇率＋一篮子货币汇率变化＋逆周期因子"三部分组成。按照中国人民银行在2017年第二季度货币政策执行报告中的论述，逆周期因子的计算方式为：报价行先将日间收盘价变动拆解成"一篮子货币汇率日间变化因素"与"人民币的市场供求因素"两部分，进而对"人民币的市场供求因素"进行逆周期调整，以弱化外汇市场的羊群效应。在计算逆周期因子时，先从上一日收盘价相对中间价的波幅中剔除篮子货币变动的影响，由此得到主要反映市场供求的汇率变化，再通过逆周期系数调整得到逆周期因子。逆周期系数由各报价行根据经济基本面变化、外汇市场顺周期程度等自行设定。

在实际报价过程中，市场供求的影响因素大部分被逆周期调节因子抵消，使得一篮子货币汇率对人民币中间价的锚定作用进一步增强。从具体走势上看，2017年第二季度以后美元指数持续下行，CFETS人民币汇率指数稳中有升，回升至95点左右的水平。借助逆周期系数的过滤，人民币兑美元出现了较大幅度升值。

新货币篮子的构成及影响

欧元、日元对人民币汇率影响力有所增强

2016年年底，中国人民银行再次调整了货币篮子的组成，篮子中的货币数量从13种扩大为24种，这样新货币篮子代表的中国对外贸易量，约占中国同期全部外贸总额的74%，相较于旧指数有了大幅上升，新的CFETS指数的代表性更加广泛。

其中，美元权重从26.4%下降至22.4%，加上与美元挂钩的港币，美元权

重达 26.7%。而欧元和日元的合计权重达到了 27.8%。欧元和日元汇率对该货币指数的影响超过了美元（见表 15-2）。

从具体走势上看，2016 年人民币对美元贬值在 6.5% 左右，但人民币对欧元和日元分别贬值 3.9% 和 9.4%，均出现了较大幅度的贬值，带动 CFETS 人民币汇率指数整体走弱。而进入 2017 年，截至 11 月底，人民币对美元升值 5.08%，但人民币对日元基本保持稳定，对欧元出现贬值 6.8%，带动 CFETS 人民币汇率指数稳中偏弱。随着欧、日元对人民币影响力的加深，显示出人民币汇率不再盯住单一美元，而增强了与国际市场其他主要货币汇率的相互变动，使得人民币汇率更好地满足中国改善贸易条件的需求，兼顾了国内企业结构性调整的适应能力。

表 15-2　　　　2015 年及 2016 年 CFETS 人民币汇率指数构成的对比

地区	币种	指数权重（2015 年）	指数权重（2016 年）	权重调整
美国	USD	26.40%	22.40%	-4.0%
欧元区	EUR	21.39%	16.34%	-5.1%
日本	JPY	14.68%	11.53%	-3.2%
韩国	KRW	—	10.77%	+10.8%
澳大利亚	AUD	6.27%	4.40%	-1.9%
中国香港	HKD	6.55%	4.28%	-2.3%
马来西亚	MYR	4.67%	3.75%	-0.9%
英国	GBP	3.86%	3.21%	-0.7%
新加坡	SGD	3.82%	3.16%	-0.6%
泰国	THB	3.33%	2.91%	-0.4%
俄罗斯	RUB	4.36%	2.63%	-1.7%
加拿大	CAD	2.53%	2.15%	-0.4%
沙特阿拉伯	SAR	—	1.99%	+2.0%
阿联酋	AED	—	1.87%	+1.9%
南非	ZAR	—	1.78%	+1.8%
瑞士	CHF	1.51%	1.71%	+0.2%
墨西哥	MXN	—	1.69%	+1.7%
土耳其	TRY	—	0.83%	+0.8%
波兰	PLN	—	0.66%	+0.7%
瑞典	SEK	—	0.52%	+0.5%

地区	币种	指数权重（2015 年）	指数权重（2016 年）	权重调整
新西兰	NZD	0.65%	0.44%	-0.2%
丹麦	DKK	—	0.40%	+0.4%
匈牙利	HUF	—	0.31%	+0.3%
挪威	NOK	—	0.27%	+0.3%

资料来源：CFETS。

有管理的浮动货币比重上升

自 2016 年年底的改动后，CFETS 人民币汇率指数的货币篮子中，新增了南美洲国家的南非兰特、墨西哥比索，中东地区的阿联酋迪拉姆、沙特里亚尔，以及韩元、土耳其里拉等新兴市场国家货币，反映出中国与这些国家的贸易关系。

由于引入了更多有管理浮动的货币，而降低了美元、欧元、日元及港币等自由浮动货币的比例，使得篮子的波动性可能有所降低，从而降低了人民币汇率的整体弹性。在新篮子中，南非兰特、墨西哥比索、韩元、土耳其里拉属于管理浮动汇率制度货币，而阿联酋迪拉姆、沙特里亚尔则属于固定汇率货币。这些货币在新的 CFETS 人民币汇率指数中占比达到 18.9%。

相对稳定的一篮子货币，有利于保持人民币的汇率预期，也可以改善对外贸易竞争力，保持购买力稳定。但是，加入更多低波动性的货币，人民币汇率价格或许不能随时应市场供求关系而快速变化，那么在应对未来的市场风险时，人民币相对其他货币的灵活性可能会降低，弱化释放风险能力。

相对货币篮子的稳定汇率有利于其他宏观经济目标

引入逆周期因子后，人民币兑美元汇率弹性扩大，改变了人民币相对美元

"易贬难升"的非对称走势。2017 年 5 月 26 日推出该项措施后，人民币快速升值；9 月 11 日，中国人民银行取消外汇准备金，并以逆周期因子防止超调，人民币相对美元维持区间震荡。

在逆周期因子的作用下，篮子货币对人民币汇率的锚定作用得以增强。由于"一篮子货币"的波动具有极强的随机性，"参考一篮子货币"定价规则决定了人民币单边走势的动力下降，人民币汇率在中长期逐渐趋于平衡。这一方面可以推动人民币汇率双向波动的良性发展，另一方面，对一篮子货币汇率的稳定又减轻了对外汇储备的压力，外汇储备因而持续回升，截至 2017 年 10 月，外汇储备连续 9 个月增至 3.1 万亿美元左右（见图 15-3）。

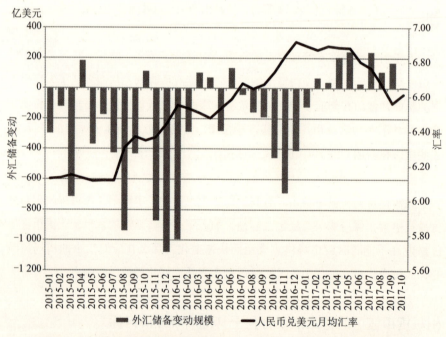

图 15-3　内地外汇储备的每月变化趋势（2015 年 1 月至 2017 年 10 月末）

资料来源：Wind。

人民币汇率指数的市场运用前景

美元指数的国际经验借鉴：主要指数和构成

美元指数是目前国际上最主要的货币指数，是衡量全球金融市场状态及走势的重要指标。从美元指数 40 年的发展历史来看，美元指数形成了一系列的不同功能，包含不同币种和权重的美元指数家族，综合用于衡量和评估美元价值。

根据功能定位的不同，现有的美元指数家族可大致划分为两大类：一是美联储及国际机构编制的美元指数，二是由交易所或商业机构编制的美元指数。

美联储推出的美元指数

最早被使用的美元指数是美国联邦储备局（以下简称美联储）于 20 世纪 70 年代制定的贸易加权主要货币美元指数（Trade Weighted U.S. Dollar Index: Major Currencies，DTWEXM），为布雷顿森林体系① 解体后，衡量美元价值变动提供参考。该指数的货币篮子包含有 7 种货币：欧元、加元、日元、英镑、瑞士法郎、澳大利亚元、瑞典克朗，权重会根据篮子货币国家与美国的贸易状况进行调整。图 15-4 显示 DTWEXM 指数 2012 年 12 月至 2017 年 11 月的每日走势。

---

① 布雷顿森林体系是于 1944 年第二次世界大战时期建立的国际货币体系，以美元及黄金为国际货币基础，美元价值与黄金以固定比例每盎司 35 美元折算。然而 1971 年，美国单方面终止美元兑换黄金，终结布雷顿森林体系。

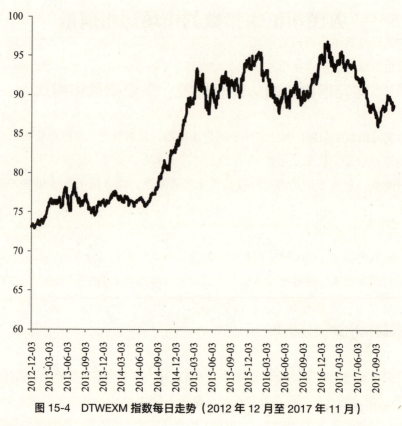

图 15-4　DTWEXM 指数每日走势（2012 年 12 月至 2017 年 11 月）

资料来源：美联储。

　　20 世纪 90 年代以后，新兴市场加入全球产业链，与美国的双边贸易规模越来越大，如果指数中仅包含少数发达国家货币，就不能及时反映美国与全球贸易的动态变化。因此，美联储在 DTWEXM 的基础上又开发了贸易加权广泛货币美元指数（Trade Weighted U.S. Dollar Index: Broad，TWEXB）和其他重要贸易伙伴美元指数（Trade Weighted U.S. Dollar Index: Other Important Trading Partners，TWEXO）。

TWEXB 货币篮子在 DTWEXM 的 7 种货币的基础上增加了 19 种货币，其中大部分货币为美国重要贸易伙伴的新兴市场国家货币。美联储又以这 19 种货币形成了 TWEXO 指数。由于 TWEXB 指数涵盖了美国主要的贸易伙伴，权重调整动态地反映美国与这些国家的贸易变化，成为衡量美国在国际贸易竞争力的最主要指标。图 15-5 显示 TWEXB 和 TWEXO 指数 1995 年 1 月至 2017 年 11 月的每周走势。

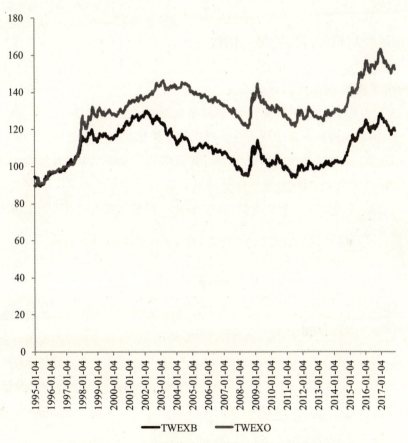

图 15-5　TWEXB 和 TWEXO 指数的每周走势（1995 年 1 月至 2017 年 11 月）

从使用功能上来说，TWEXB 和 TWEXO 指标的编制主要是为决策者或研究者研究外汇市场和政策制定提供依据，对篮子货币及其权重的选择主要考虑了美国与主要贸易伙伴国，特别是新兴市场国家的贸易关系，但并没有考虑篮子内各货币在金融市场，特别是外汇市场上的使用程度。而且，这些指数的更新相对滞后，美联储也没有授权使用这些指标作为商业用途。如果市场需要实时了解篮子货币汇率指数受双边汇率变化的影响程度，并进行相应的金融交易活动，就需要借助其他工具。

由市场交易机构开发的美元指数

这类指数以美国洲际交易所（ICE）的美元指数 The U.S. Dollar Index（DXY）为代表，该指数是市场上最早也是目前运用最为广泛的美元指数。早期，该指数的篮子货币及其权重主要根据美国与主要贸易伙伴的贸易量确定，反映美国的出口竞争力的变动情况。1999 年欧元诞生后，取代了其中 12 种货币，DXY 货币篮子形成目前的 6 种货币构成，即欧元、日元、英镑、加拿大元、瑞典克朗、瑞士法郎，货币构成及权重一直沿用至今（见表 15-3）。

表 15-3   DXY 的货币构成及权重

货币	权重
欧元（EUR）	57.6%
日元（JPY）	13.6%
英镑（GBP）	11.9%
加拿大元（CAD）	9.1%
瑞典克朗（SEK）	4.2%
瑞士法郎（CHF）	3.6%

资料来源：ICE 网站。

由于美元是世界主要的储备货币，许多实物大宗商品市场均以美元计价，交易商和投资者需要一种流动性极强的美元交易工具来管理商品和投资组合的汇率风险。而 DXY 指数高度动态，能及时反映外汇市场波动对美元价值的影响。该指数被全球交易商、分析师和经济学家公认为最重要的美元货币基准，以它为基础的货币期货产品是目前国际外汇市场上广泛采用的投资和套期保值的工具。

需要注意的是，该指数的最大特点在于欧洲货币占比高达 77%，单欧元就占据了美元指数将近 58% 的权重，导致该指数对欧盟经济的变化非常敏感，欧元的变动在很大程度上影响美元指数的强弱。为了避免货币比重高度集中在欧洲，市场交易机构推出了更多不同构成的美元指数。道琼斯于 2011 年发布了道琼斯 FXCM 美元指数，选取了欧元、英镑、日元和澳元 4 个在全球外汇交易中与美元相关性、流通量和流动性最高而交易成本较低的货币作为篮子货币，且将篮子权重平均分配，每个货币的份额都是 25%。

与之类似的，还有指数公司 FTSE Cürex 编制的指数 USDG8 和彭博编制的彭博美元即期指数（Bloomberg Dollar Spot Index，BBDXY）。这两个指数在选择篮子货币时，不仅考虑到篮子货币在全球金融市场和大宗商品交易中的重要性以及可交易性，还将离岸人民币纳入货币篮子，通过加入重要性上升的新兴市场货币，克服 DXY 欧洲货币占比过高的问题。虽然这些指数在货币选择和权重设置上更多考虑了在外汇市场上交易量的影响，计算方法也相对科学，但形成历史较短，难以撼动 DXY 指数及其期货在市场上的地位。

市场化的人民币汇率指数

从功能上看，目前中国最主要的人民币指数 CFETS 人民币汇率指数，更多是作为宏观经济决策的辅助，其功能和构成与美联储的 TWEXB 指数类似，为宏观经济运行提供综合指标。但是市场交易方面，显然需要开发新的工具以及相关的人民币指数衍生品，为市场参与者提供投资和对冲的工具和价值基准。

目前内地在开发市场化的人民币指数方面已做出一定探索。2013 年深圳证券信息有限公司与中央电视台财经频道联合编制和发布的人民币指数，选取美元、欧元、日元、港币、澳元、加元、英镑、俄罗斯卢布、马来西亚林吉特、韩元 10 种货币作为样本用于反映人民币汇率的综合变化。这个指数推出于 CFETS 人民币汇率指数公布前，使用货币于中国双边贸易额占比和于国内生产总值占比作 1:1 加权计算货币权重。可以说，这一指数在货币的选择以及权重设置上，都进行了一定程度的创新和探索。在 2015 年 8 月汇改前，该指数与美元指数保持较好的相关性，但之后两者相关性有所下降[1]。

汤森路透 / 香港交易所人民币货币指数（RXY）

RXY 指数是参考 CFETS 人民币汇率指数及 DXY 指数构建原则而设计的人民币指数系列。

2016 年香港交易所与汤森路透（TR）推出的 RXY 指数系列，参考 CFETS 一篮子货币的组成，确定了 13 种货币构成人民币指数的样本币种（见表 15-4）。指数系列高度动态、透明，每小时计算更新一次。货币权重的计算依据联合国商品贸易统计数据库（UN Comtrade）提供的中国与篮子货币国家之间的年度贸易量进行计算[2]。

---

[1] 参见《2016 年人民币指数回顾》，国证指数网站（http://www.cnindex.com.cn），2017 年 2 月 28 日。

[2] 当中 UN Comtrade 所报中国内地与香港之间每年双边出口数据，会根据香港政府统计处的贸易数据作出调整，因为中国内地对香港出口中有相当大部分都不是为香港所用，需要再作计算以得出实际由香港吸纳的中国内地出口量数据。

表 15-4　　　　　　　　RXY 指数家族的不同版本、构成及参照

指数版本	货币构成	参照
TR/ 香港交易所 RXY 参考离岸 人民币指数 （RXYRH）	阿拉伯联合酋长国迪拉姆、澳元、加元、瑞士法郎、丹麦克朗、欧元、英镑、港元、匈牙利福林、日元、韩元、墨西哥比索、马来西亚林吉特、挪威克朗、新西兰元、波兰兹罗提、俄罗斯卢布、沙特阿拉伯里亚尔、瑞典克朗、新加坡元、泰铢、土耳其里拉、美元、南非兰特	● 与现有 CFETS 人民币汇率指数的货币构成类似 ● 基准货币为离岸人民币
TR/ 香港交易所 RXY 参考在岸 人民币指数 （RXYRY）	阿拉伯联合酋长国迪拉姆、澳元、加元、瑞士法郎、丹麦克朗、欧元、英镑、港元、匈牙利福林、日元、韩元、墨西哥比索、马来西亚林吉特、挪威克朗、新西兰元、波兰兹罗提、俄罗斯卢布、沙特阿拉伯里亚尔、瑞典克朗、新加坡元、泰铢、土耳其里拉、美元、南非兰特	● 与现有 CFETS 人民币汇率指数的货币构成类似 ● 基准货币为在岸人民币
TR/ 香港交易所 RXY 全球离岸 人民币指数 （RXYH）	澳元、加元、瑞士法郎、欧元、英镑、港元、日元、韩元、马来西亚林吉特、新西兰元、俄罗斯卢布、新加坡元、泰铢、美元	● 与 2015 年 CFETS 人民币汇率指数的货币构成类似 ● 基准货币为离岸人民币
TR/ 香港交易所 RXY 全球在岸 人民币指数 （RXYY）	澳元、加元、瑞士法郎、欧元、英镑、港元、日元、韩元、马来西亚林吉特、新西兰元、俄罗斯卢布、新加坡元、泰铢、美元	● 与现有 2015 年 CFETS 人民币汇率指数的货币构成类似 ● 基准货币为在岸人民币

资料来源：香港交易所。

与 DXY 美元指数构建不同的是，DXY 的货币权重是根据美国 1999 年与这些货币所属国家或地区贸易量确定，权重为固定不变的常数。而 RXY 指数的权重根据最新的贸易数据每年进行调整。中国的对外贸易结构仍处于逐渐变化发展的过程之中，变动的权重可以更好地反映对外贸易结构的变化趋势。

汇率指数的相关性及可交易性

如表 15-5 显示，由于"RXY 参考在岸人民币指数"与在岸人民币兑美元汇率、CFETS 人民币汇率指数高度关联（相关系数为 0.86 以上），能够相当好地反映出人民币汇率的变化走势，可以作为 CFETS 人民币汇率指数的模拟指标。

从波幅来看，2015 年"8·11"汇改之前半年[1]，在岸人民币兑美元汇率的平均波幅[2]为 1.58%，2015 年"8·11"汇改后的约两年间，在岸人民币兑美元汇率的平均波幅为 2.29%，说明随着人民币汇率机制逐步市场化，人民币汇率波幅已然扩大。同时，"8·11"汇改后，CFETS 人民币汇率指数的平均波幅为 2.69%，而 RXY 参考离岸人民币指数的平均波幅则达到 4.00%，反映了外围市场波动对离岸人民币汇率的影响（见表 15-5）。如果在 RXY 人民币指数基础上开发期货产品，相信能更紧贴离岸人民币的价值变化。

表 15-5　　　　　　　　　　RMB RXY 指数的相关性及波动性统计

相关系数（2015 年 1 月至 2017 年 9 月）	
RXY 参考在岸人民币指数与在岸人民币兑美元汇率 *	−0.86
RXY 参考在岸人民币指数与 CFETS 人民币汇率指数	0.87
波动率平均值（2015 年 8 月至 2017 年 9 月）	
在岸人民币兑美元汇率	2.29%
CFETS 人民币汇率指数	2.69%
RXY 参考离岸人民币指数	4.00%

* 人民币兑美元汇率为 1 美元兑多少人民币，数字上升表示人民币相对美元是贬值；而人民币指数上升表示人民币是升值。故两者的相关系数是负数表示就人民币的升 / 贬值方向而言，两者是正相关。

资料来源：基于市场数据计算，人民币每日汇率来自彭博，RXY 指数系列的每日收市来自香港交易所。

市场运用意义以及前景

从美元指数的历史发展来看，货币篮子指数对货币价值的参考作用，以及是否具有可交易性，主要取决于篮子货币及其权重的选择。在确定人民币指数

---

[1]　此期间为 2015 年 2 月 11 日至 8 月 11 日。

[2]　文中所述波幅为每天计算的滚动 30 天波幅，而平均波幅为某一期间的平均值。

的货币篮子时，虽然贸易关系可以是主要因素，但随着金融市场发展和外汇交易的不断扩大，篮子货币在全球外汇市场的流动性，以及其汇率的波动对人民币的影响程度均是不容忽视的因素。

因此，具有广泛市场运用前景的指数既要考虑到本国与他国的贸易关系，也应考虑篮子货币在外汇市场和资本市场的流动性。从这个角度来看，RXY指数既参考了人民币对其他主要货币的交易流动性，也定期对篮子货币及其权重，以透明化的公式进行动态调整，从而可以更好地反映人民币对其他货币的变化方向及幅度，为人民币汇率市场化机制改革提供了有力工具，可成为人民币风险对冲工具等金融产品的开发基础。

本章主要参考文献

1. 陆晓明《九种美元指数的特征及运用比较分析》，载于《国际金融》，2017年9月。
2. Mico Loretan, "Indexes of the foreign exchange value of the Dollar", *Federal Reserve Bulletin,* 2005.
3. 谢洪燕等《新汇改以来人民币汇率中货币篮子权重的测算及其与最优权重的比较》，载于《世界经济研究》，2015年第3期。
4. 张明《人民币汇率：机制嬗变与未来走向》，2017年9月。
5. 周继忠《人民币参照货币篮子：构成方式、稳定程度及承诺水平》，载于《国际金融研究》，2009年3月。

16

绿色债券发展趋势：
环球、中国内地与香港

香港交易所
首席中国经济学家办公室

本章导读

　　绿色债券已然成为全球债市的增长新动力，整体发行量不断上升。现今环球市场均致力推动绿色经济转型，背后的融资需求极大。这些绿色项目的投资期普遍较长，现金回收的周期也各有不同。由于所涉及的资金成本合理且其在环境方面的披露要求较强，因此绿色债券成为其中一种满足绿色借款人和投资者（包括新投资者）需要的主要工具。不过，世界各地对于"绿色"元素的定义不一而足，国际市场尚未有一套统一的标准。一般来说，绿色标签的附予是要通过外部评审，当中的评审机构可谓各式各样。虽然这些绿色标签需要花费额外的评审和认证成本，但实证显示它们对发行商和投资者均具成本效益，利大于弊。

　　中国内地在全球绿色债券市场中担当重要角色。除了响应全球致力推广绿色经济外，内地机关由上而下大力支持发展绿色债券以满足国内绿色项目的资金需求。内地证券交易所积极支持绿色债券上市，不单简化审批流程及推出绿色债券指数，又与国际交易所合作提高透明度和披露水平。然而，内地多个官方指引对何谓绿色债券有不同定义，且都有别于国际标准。基于国际投资者都偏好与国际标准一致的绿色债券，消弭这些定义上的差异可推动全球对内地绿色债券的需求。此外，对绿色债券的发行进行外部评审（这目前在内地不是法定要求，但这是常见的证明相关债券符合国际标准的方法），亦有助于增加债券的吸引力。这些潜在优化措施应可推动更多资金透过"债券通"的"北向通"渠道流入内地市场。由下而上的需求也推动绿色债券发行量，在内地机关制定相关官方指引后，增长更为显著。近期离岸绿色债券发行亦有增加迹象。

　　至于香港，绿色债券近年的发展明显加快。香港政府在推进绿色项目和扩阔投资者基础两方面都担当了关键角色。为满足绿色债券发行商和投资者的需要，香港政府支持香港品质保证局制定一个国际认可的绿色金融认证计划。香港政府为在香港发行和上市的绿色债券推出了具竞争力的资助计划，又拟推出全球最大的主权绿色债券发行计划，以示推动香港绿化经济及发展绿色债券市场的决心。

这些发展将会通过绿色债券的上市、买卖和相关产品发展方面助推香港债券市场。虽然香港已设有高效的债券上市制度，但整个制度可通过特设绿色专属板块，集中展示内地和香港两地的绿色债券资料而进一步优化。香港场外债券和上市债券的买卖可受税务优惠、不同交易平台之间的协调与合作、债券通的"南向通"[①] 渠道及更多散户入市等因素推动。绿色债券指数是追踪绿色债券表现的理想工具，香港市场可发挥其便利国际投资者参与内地债券的交易安排（如债券通）的优势，加速发展追踪绿色债券的交易所买卖基金。由于在香港发行的绿色债券大多以外币计值，市场也应开发更多不同的上市外汇衍生工具来满足投资者的对冲需要。

---

① 有待监管机构批准。

世界各地绿色债券发行迅速增长

绿色债券概览

绿色债券是属绿色金融范畴的定息证券。换言之，绿色债券是明确披露所得款项是作"绿色"用途的传统债券。"绿色金融"泛指为可持续、低碳及能抵御气候变化的项目、产品及企业作出的资金筹集及投资行为[①]。绿色债券可以是由发行商支持的项目债券或由项目支持的资产抵押证券。

绿色债券市场兴起之初并没有一套统一的绿色债券标准，早期的发行商亦主要是超国家机构。首只公认的绿色债券是欧洲投资银行在 2007 年采用自我评审的绿色标签发行的"气候意识债券"（Climate Awareness Bond）。其后，世界银行于 2008 年为北欧退休金发行世界银行首只绿色债券来支持关注气候的项目，也是采用本身的绿色标签，但同时参考了国际气候与环境研究中心（Center for International Climate Research, CICERO）的意见。此后，国际金融公司（International Finance Corporation）及欧洲复兴开发银行（European Bank

---

① 资料来源：香港金融发展局《发展香港成为区域绿色金融中心》，2016 年 5 月。

for Reconstruction and Development）等多家超国家机构亦陆续发行绿色债券。

　　自2014年首套国际绿色债券标准发表后，绿色债券发行即增长迅速（见图16-1）。2013年首次有公司发行绿色债券后不久，国际资本市场协会（International Capital Market Association, ICMA）[①] 于2014年1月刊发绿色债券原则（Green Bond Principles, GBP）[②]。绿色债券的发行额随即在2014年上升约1.6倍，2016年更大幅上升——2012至2016年间的复合年增长率高达250%。GBP是验证绿色债券的非强制程序指引，建议发行绿色债券须具透明度、作出披露及汇报。最新版本的GBP[③] 分为四大核心部分，包括所得款项用途、项目评估及甄选程序、所得款项的管理以及汇报。气候债券倡议组织（Climate Bonds Initiative, CBI）是2009年成立的非营利组织，其使命是协助动员资金支持绿色债券项目。CBI推出了气候债券标准（Climate Bonds Standard, CBS），将以规则为本的GBP转化为一系列可评估规则及行动，包括绿色债券认证的分类及界别标准。一些评级机构（例如标准普尔及穆迪）亦参考GBP订立本身的绿色债券评估框架进行绿色评级（不构成信贷评级）。

图 16-1　不同类别发行商的绿色债券总发行量（2007—2016 年）

资料来源：RBC 资本市场，*Green Bonds: Green is the New Black*，2017 年 4 月。

---

① ICMA 是有众多私人及公众会员的组织，协会宗旨在推动全球协调一致的跨境债务证券市场。

② ICMA《绿色债券原则管治》（*Green Bond Principles Governance*），2014 年 1 月。

③ ICMA《绿色债券原则》（*Green Bond Principles*），2018 年 6 月。

全球环境及政策支持发展绿色债券

全球致力推动绿色经济，背后需要公私营机构庞大资金的配合。2015 年 9 月，193 个国家协议 2030 年议程，当中有 17 个新的联合国可持续发展目标（United Nations Sustainable Development Goals, UN SDG），就气候变化采取行动乃其中之一。2015 年 12 月，法国召开并主持《联合国气候变化纲要公约》（UN Framework Convention on Climate Change, UNFCCC）第 21 届缔约方会议（Conference of the Parties, COP21），会上各国签订了巴黎协议，目标是将全球平均温度升幅控制于比工业革命前的水平高 2℃之内。2016 年，二十国集团（G20）成立了由中英两国共同主持的绿色金融研究小组（Green Finance Study Group），G20 各财长及央行行长承诺开拓集资渠道，为达到全球可持续发展及气候目标筹措所需资金。据 2014 年的估计，2015 年至 2030 年这 15 年间需要的资金约 90 万亿美元[①]，亦即每年平均需约 6 万亿美元。

在现时各国政策各有不同的情况下，绿色债券将会是为绿色项目引进私营市场资金的方法之一。 UNFCCC 于 2010 年设立了绿色气候基金（Green Climate Fund，GCF），协助发展中国家采取适应及舒缓措施，应对气候变化的问题。工业化国家自 2015 年以来已向 GCF 承诺提供 103 亿美元，但只分配了 35 亿美元给 78 个国家的 74 个项目[②]。2018 年 7 月的 GCF 董事会会议上，更因"各国对政策及管治有争拗"而没有批准新项目[③]。有鉴于此，绿色债券市场无

[①] 资料来源：新气候经济项目《更好的增长，更好的气候》（*Better Growth, Better Climate*），2014 年。

[②] 资料来源：GCF《UNFCCC 缔约方会议第七份绿色气候基金报告》（*Seventh Report of the Green Climate Fund to the Conference of the Parties to the United Nations Framework Convention on Climate Change*），2018 年 6 月 8 日。

[③] 资料来源：路透社《气候基金障碍威胁对抗全球暖化的机会》（*Climate fund snags threaten opportunity to fight warming*），2018 年 8 月 27 日。

疑更具效率，可为私人市场提供去中心化的解决方案，在绿色项目方面配对许多不同的公司发行商及投资者。

首先，绿色债券相较传统债券对发行商利多于弊。成本方面，绿色债券标签虽非免费，验证或认证涉及额外成本（介乎 1 万至 10 万美元[①]），但绿色债券发行商可透过披露更多有关环境、社会及管治（ESG）议题的策略计划及表现，提高公司声誉。另外，由于对绿色债券有兴趣的投资者比传统债券投资者更着眼于长线投资和 ESG，所以发行绿色债券可以吸引新的投资者。这个特点对一些发行商为因投资期长而较难取得融资的绿色基建项目筹资尤其有帮助。融资成本方面，由于投资者需求殷切，部分发行商还可按较低的收益率发行绿色债券。

其次，国际投资者对要求上市公司披露 ESG 资料以评估气候相关风险及机遇这一全球趋势持正面态度。2015 年 4 月，G20 要求金融稳定委员会（Financial Stability Board, FSB）考虑气候变化的影响，同年 12 月 FSB 成立由业界牵头的气候相关财务信息披露工作组（Task Force on Climate-related Financial Disclosures, TCFD），就上市公司的气候相关财务披露提供建议。2017 年 6 月，TCFD 发布的最终建议焦点放在四大方面——管治、策略、风险管理以及标准与目标。一批合共管理逾 22 万亿美元资产的 390 名机构投资者联署要求 G20 领袖支持 TCFD 的建议[②]。

再次，全球证券交易所都在设法进一步推动可持续和透明的资本市场。自

---

① 资料来源：经济合作暨发展组织（OECD）、ICMA、CBI、中国金融学会录色金融专业委员会《绿色债券：国家经验、障碍及选项》，2016 年 9 月。

② 资料来源：气候变化全球投资联盟（Global Investor Coalition on Climate Change）《全球投资者致 G7 及 G20 各国政府的信函》（*Letter From Global Investors to Governments Of The G7 and G20 Nations*），2017 年 7 月 3 日。

2012 年起，联合国可持续证券交易所（UNSSE）倡议（一个让交易所互相学习怎样提高企业在 ESG 方面的透明度而设的平台）邀请了全球的伙伴交易所自愿向公众作出承诺，推进改善上市公司在 ESG 方面的披露及表现。香港交易所已在 2018 年 6 月成为其中一个伙伴交易所。UNSSE 倡议于 2017 年 11 月发布一项自愿行动计划供各交易所作参考，发展绿色金融[1]。不过，当中亦提到不少挑战，包括求过于供、绿色产品流动性不足、词汇混淆（"绿色"定义各有不同）、交易所运作能力上的限制、监管障碍及相关数据从缺等，因此并无各地都合用的万全之策。

全球绿色债券市场近期走势

绿色债券的发行规模对全球债券市场而言仍相对较小，但市场续见急速增长步伐，并有很多不同类型的发行商。根据 CBI 的资料，2017 年绿色债券的发行仅占全球债市新发行总值约 2.3%[2]，但有关金额按年增幅达 84% 至 1 608 亿美元[3]，当中又以美、中、法三国为主，分别占总数约 27%、14% 及 14%（见图 16-2）。在美国，2017 年逾 50% 的发行额来自房利美发行的绿色按揭证券。中国内地则以商业银行为主导，占符合国际标准界定的绿色债券发行总值的 74%。法国方面，其所发行的主权债券占 2017 年发行额约半，不过，发行商基础已经进一步扩大，2017 年的 239 名发行商中，有 146 名都

---

[1] UNSSE《证券交易所如何发展绿色金融》（*How Stock Exchanges Can Grow Green Finance*），2017 年 11 月。

[2] 百分比乃按 2017 年全球债券发行额 6.95 万亿美元计算。资料来源：新加坡金融管理局《新加坡公司债券市场发展 2018》（*Singapore Corporate Debt Market Development 2018*），2018 年 8 月 28 日。

[3] 资料来源：CBI《2018 年首季绿色债券市场总结》（*Green Bonds Market Summary Q1 2018*），2018 年 4 月。

是首次发行绿色债券。此外，首只绿色伊斯兰债券①于2017年6月在马来西亚推出，用以支持绿色伊斯兰金融。按2018年1月的预计，2018年全年的全球绿色债券发行额将进一步增至2 500亿美元②。鉴于全球有所放缓的发行势头以及2018年上半年仅为769亿美元的发行额③，彼时分析员将2018年的发行额预测修订为1 750亿美元至2 000亿美元之间④。

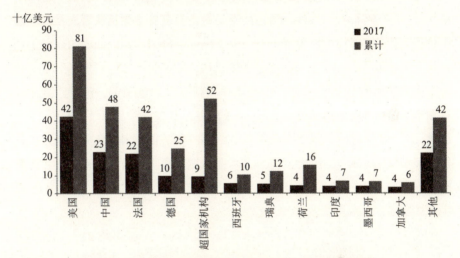

图16-2　不同国家绿色债券总发行量（2017年及累计金额）

注：绿色债券限于CBI标准所界定者，按其定义，最少有95%的所得款项是用于绿色项目。

资料来源：CBI《绿色债券要点2017》（*Green Bond Highlights 2017*），2018年1月。

---

① 伊斯兰债券（Sukuk）是产品条款及架构符合伊斯兰教法（Sharia）的伊斯兰证券。有别于传统债券，伊斯兰债券是资产为本证券，债券持有人要分担相关资产的任何损益。持有人对相关资产没有投票权，但出现违约时较其他债权人有优先权。

② 资料来源：CBI《绿色债券要点2017》（*Green Bond Highlights 2017*），2018年1月。

③ 资料来源：CBI《2018年上半年绿色债券市场总结》（*Green Bonds Market Summary H1 2018*），2018年7月。

④ 见穆迪《2018年第二季全球绿色债券发行量有所增长，但增幅持续放缓》（*Global green bond issuance rises in second quarter 2018, but growth continues to moderate*），2018年8月1日。

国际投资者对绿色资产兴趣日浓。这从投资于以 ESG 为主题的交易所买卖基金（ETF）的增长可见一斑。一项调查显示，ESG 类别 ETF 的管理资产规模总值由 2013 年年底的 39 亿美元增长 186% 至 2017 年 4 月的 112 亿美元，同期有关 ETF 的数目由 48 只上升多于一倍至 119 只（见图 16-3）。另一项业内调查[1]显示，全球可持续投资由 2014 年的 18.3 万亿美元增加 25% 至 2016 年的 22.9 万亿美元，债券的资产配置占比由 2014 年的 40% 增至 2016 年的 64%。另外，绿色债券的潜在投资者还包括联署支持联合国责任投资原则组织（UN Principles for Responsible Investment, UNPRI）的机构（2018 年 7 月时已有 2 000 家联署机构，涉及资产 82 万亿美元）[2]。此外，多家全球性银行已承诺拨出资本作可持续及绿色融资，包括西班牙银行集团 BBVA 的 1 000 亿欧元[3]、汇丰的 1 000 亿美元[4] 及摩根大通的 2 000 亿美元[5]。在绿色债券市场的投资当中，2017 年所得款项最常分配用途仍是再生能源（占总发行量的 33%），其次是低碳建筑 / 节能方面（占总发行量的 29%）[6]。

---

① 资料来源：全球可持续投资联盟（Global Sustainable Investment Alliance）《全球可持续投资概览 2016》（*Global Sustainable Investments Review 2016*），2017 年 3 月。

② 资料来源：UNPRI《季报：气候行动如火如荼》（*Quarterly update: Climate action gathering momentum*），2018 年 7 月 19 日。

③ 资料来源：BBVA《承诺 2025》（*Pledge 2025*），2018 年 2 月 28 日。

④ 资料来源：《汇丰承诺为可持续发展提供千亿美元融资支持应对气候变化》，汇丰网站上的新闻稿，2017 年 11 月 6 日。

⑤ 资料来源：《摩根大通在 2020 年之前 100% 依赖再生能源；宣布 2 000 亿元洁净能源融资承诺》（*JPMorgan Chase to Be 100 Percent Reliant on Renewable Energy by 2020; Announces $200 Billion Clean Energy Financing Commitment*），摩根大通的可持续发展的资料页，2017 年 7 月 28 日。

⑥ 资料来源：CBI《绿色债券要点 2017》（*Green Bond Highlights 2017*），2018 年 1 月，

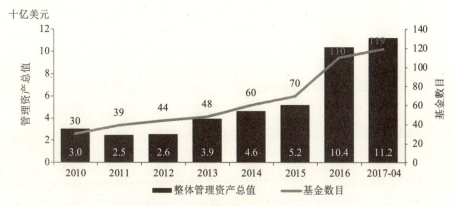

图 16-3　以 ESG 作主题投资的 ETF 的管理资产总值及数目（2010 年至 2017 年 4 月）

资料来源：摩根大通，*Sustainable Investing is Moving Mainstream*，2018 年 4 月 20 日。

面对全球投资绿色债券日增，全球绿色债券指数，配合对冲货币风险的外汇衍生产品，已加紧推出来迎合投资者的需要。绿色债券指数会追踪分散投资的绿色债券组合在二级市场的表现。目前，市场有四个全球绿色债券指数系列——彭博巴克莱明晟绿色债券指数（Bloomberg MSCI Barclays Green Bond Index）、美银美林绿色债券指数（BAML Green Bond Index）、标准普尔绿色债券指数（S&P Green Bond Index）及 Solactive 绿色债券指数（Solactive Green Bond Index）。这些指数的纳入条件报称与 ICMA 的 GBP 一致（另加若干其他参数）。据国际结算银行（BIS）季报刊发的一项近期研究（BIS 研究）[①]，这些全球绿色债券指数于 2014 年 7 月至 2017 年 6 月期间的回报，在对冲货币风险后，可媲美相若评级的全球债券指数。事实上，在对冲货币风险后，作为全球绿色债券基准的彭博巴克莱明晟绿色债券指数近几年的表现略胜广义的全球债券基准——彭博巴克莱全球综合债券指数（Bloomberg Barclays Global Aggregate Bond Index），

---

① Ehlers, T. 及 F. Packer.（2017）《绿色债券融资及认证》（*Green bond finance and certification*），载于《BIS 季报》，2017 年 9 月，第 89—104 页。

如表 16-1 所示。这也表明外汇衍生产品对绿色债券投资在对冲潜在不利汇价变动上的重要性。

表 16-1　　　绿色债券与全球债券回报的对比（2015 年至 2018 年 3 月）

年份	回报（美元对冲，%）			回报（欧元对冲，%）		
	全球绿色债券	全球债券	差距	全球绿色债券	全球债券	差距
2015 年	1.05	1.02	0.03	0.75	0.68	0.07
2016 年	3.44	3.95	−0.51	1.95	2.44	−0.49
2017 年	3.98	3.04	0.94	1.99	1.06	0.93
2018 年（3 月止）	−0.83	−0.93	0.1	−1.22	−1.33	0.11

注："全球绿色债券"的表现以彭博巴克莱 MSCI 绿色债券指数来衡量，而"全球债券"的表现则以彭博巴克莱全球综合债券指数（涵盖符合纳入准则的绿色债券）来衡量。

资料来源：安联环球投资 *Building the case for green bonds*，2018 年 3 月 14 日。

　　投资者对绿色债券的需求日渐增长，亦使债券的定价对发行商保持吸引力。多份文献显示，绿色债券发行时的收益率一般都比传统债券为低。上述的 BIS 研究根据相同发行商在 2014 年至 2017 年间相若发行日期所发行的 21 对绿色及传统债券，估算出两者的平均收益率的相差大约是 18 个基点，风险愈高的发行商的收益率价差就愈大。事实上，自 2017 年第二季度起，以美元计价的绿色债券的平均超额认购率（2.5 至 2.8 倍）就高于相类的传统债券（1.5 至 2.8 倍），而以欧元计价的绿色与传统债券的平均超额认购率则相若[①]。由此可见，绿色债券令投资者与发行商均可受惠，投资者安心投资于发行商的绿色项目，发行商亦可享有利定价。

---

① 资料来源：CBI《一级市场的绿色债券定价》（*Green Bond Pricing in the Primary Market*），2017 年第二季、2017 年第三季及 2017 年第四季刊。

中国内地在绿色债券市场举足轻重

内地绿色债券发展现况

中国内地的绿色债券发行自 2015 年年底的短短两年间，由差不多零起步发展为全球第二大绿色债券市场。中国首只绿色债券是可再生能源公司新疆金风科技于 2015 年 7 月透过香港附属公司发行的 3 年期债券，募得 3 亿美元。至于中国境内的绿色债券市场，则是在 2015 年 12 月有了官方的绿色定义后才开始发展起来，此等官方定义包括中国人民银行颁布的《绿色债券支持项目目录》以及国家发展和改革委员会（以下简称发改委）颁布的《绿色债券发行指引》。按官方发布的绿色定义统计，绿色债券的发行规模于 2016 年及 2017 年分别达 362 亿美元及 371 亿美元（当中未符合国际定义的分别占 126 亿美元及 142 亿美元）[1]。2018 年上半年，中国绿色债券发行规模同比增长 14% 达至 130 亿美元（其中未符合国际定义的占 37 亿美元），如图 16-4 所示。

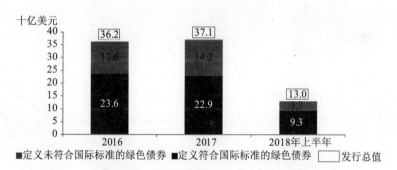

图 16-4　中国内地绿色债券发行情况（2016 年至 2018 年上半年）

资料来源：CBI《中国绿色债券市场报告》，2016 年、2017 年及 2018 年上半年刊。

---

[1]　资料来源：CBI《中国绿色债券市场报告》（*China Green Bond Market*），2016 年、2017 年及 2018 年上半年刊。

根据 CBI 的资料，商业银行及非银行金融机构按发行额计自 2016 年以来一直是最大的绿色债券发行商，与此同时企业的发行也更为活跃。虽然银行及非银行金融机构的占比从 2016 的 73% 回落，2017 年及 2018 年上半年仍占主要比重——分别为 47% 及 44%。非金融的企业发行商的占比则从 2016 年的 20% 增加至 2017 年的 22%，2018 年上半年更进一步上升至 32%。政策性银行、政府支持机构（主要是地方政府融资平台）以及资产支持证券的占比亦见提高，2017 年共占 31%，2018 年上半年占 24%，较 2016 年的 7% 显著上升（见图 16-5）。另一资料来源显示，地方银行（城市商业银行及乡村商业银行）已成为银行及其他金融机构发行商中占比最多的发行商，占银行及其他金融机构发行额的比例从 2016 年的 11.4% 增至 2017 年的 53.0%[①]。

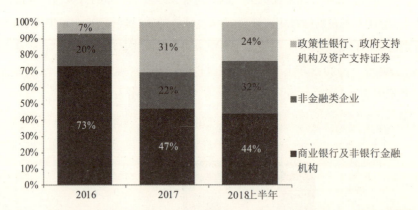

图 16-5　不同类别发行商在中国内地发行绿色债券的情况（2016 年至 2018 年上半年）

资料来源：CBI《中国绿色债券市场报告》（*China Green Bond Market*），2016 年、2017 年及 2018 年上半年版。

　　在所得款项用途方面，可再生能源仍然是资金投放最多的领域，地方政府融资平台推行的低碳交通项目占比也见上升。按 CBI 定义合资格的所得款

[①]　资料来源：兴业研究《地方银行发展绿色金融的方向》，2018 年 8 月 21 日。

项用途，可再生能源于 2018 年上半年占总资金投放的 36%，高于 2017 年的
30%。而低碳交通占比由 2017 年的 22% 增至 2018 年上半年的 30%（见图
16-6）。这可能是得益于地方政府融资平台增加发债——这部分发债金额的
占比由 2016 年的不到 1% 增长至 2017 年的 10%，其所得资金主要用于低碳
交通的投资[①]。于 2018 年上半年，政府支持机构（主要是地方政府融资平台）
发行的绿色债券较 2017 年上半年增长 1.5 倍[②]。

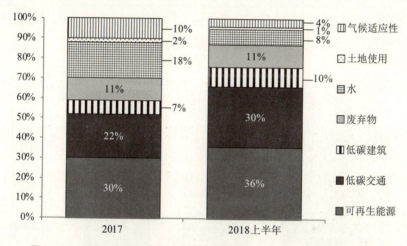

图 16-6　中国内地绿色债券所得款项用途（2017 年及 2018 年上半年）

注：所得款项用途按 CBI 界定的定义分类；2016 年没有相关数据。

资料来源：CBI《中国绿色债券市场报告》（*China Green Bond Market*），2017 年及 2018 年上半年版。

中国内地的绿色债券于离岸市场所发行的规模占比从 2017 年的 18% 增至
2018 年上半年的 40%（见图 16-7），这或意味着对离岸绿色项目的投资有所增
加。有关增幅的背后涉及工银（亚洲）及工银（伦敦）分别于香港联合交易所

---

① 见 CBI《中国绿色债券市场报告》（*China Green Bond Market*），2017 年版。

② 资料来源：CBI《中国绿色债券市场报告》（*China Green Bond Market*），2018 年上半年版。

（以下简称联交所，香港交易所的证券市场）及伦敦证券交易所发行总值23亿美元的债券，前者所得的资金用于粤港澳大湾区的离岸绿色项目，而后者所得的资金则用于"一带一路"沿线国家。2018年上半年，绿色债券的在岸发行比重下降至60%，其中于中国银行间债券市场发行的占总数46%，于上海证券交易所（以下简称上交所）发行的占总数13%，于深圳证券交易所（以下简称深交所）发行的占总数1%。就离岸发行而言，内地的公司发债前必须先就所得资金用途向发改委注册或取得相关批准。尽管发行传统离岸债券所得资金的用途可以较灵活（例如作"一带一路"倡议的一般用途），离岸绿色债券的发行商必须就所得资金用途披露更详细的资料。

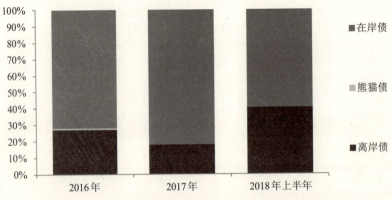

图 16-7　中国内地绿色债券发行地（2016 至 2018 年上半年）

资料来源：CBI《中国绿色债券市场报告》（*China Green Bond Market*），2016 年、2017 年及 2018 年上半年版。

内地的境内绿色债券投资者现时已扩大至涵盖散户投资者。除银行、券商、保险公司及基金等机构投资者外，内地绿色债券市场已向散户投资者开放。国家开发银行于 2017 年 9 月在中国银行间债券市场面向个人投资者及非金融机构投资者发行内地首只零售绿色债券，散户投资者可透过银行柜台购买该只债券，以往他们只能通过银行柜台在一级市场认购政府债券。购买国家开发银行债券的散户投资者无须像机构投资者一样缴纳 25% 利息税[①]。这笔零售绿色债券的发行成了日后零售绿债发行可参照依循的先例。

许多不同的国际投资者可透过债券通计划投资在岸绿色债券。"债券通"的"北向通"向国际投资者提供参与内地一级及二级绿色债券市场的平台。债券通于 2017 年 7 月推出，至 2018 年 10 月底已有 522 家投资者注册参与。2018 年 1 月至 10 月"北向通"的日均成交额为人民币 36 亿元[②]。2018 年 9 月底，中国银行间债券市场上由外资持有的境内债券总额约达人民币 16 890 亿元。2017 年年末，中国农业开发银行（以下简称农发行）及中国进出口银行透过债券通计划率先在中国银行间债券市场向国际投资者发行人民币绿色债券，投资者需求旺盛。以农发行为例，它于 2017 年 11 月发行了一只人民币 30 亿元的绿色债券，2018 年 6 月再发行另一只相同金额的绿色债券；第一只获超额认购 4.38 倍，第二只则超额 4.75 倍。

内地融资需求强劲及相关政策支持绿色债券发展

绿色金融在中国内地受到国家政策框架自上而下的扶持[③]。有关部门携手推动发展绿色金融体系，包括绿色贷款、绿色债券、ESG 披露以及验证和认证。尽管绿色贷款占了绿色融资的绝大部分（2017 年约为 90%[④]），由下而上衍生

---

① 其后自 2018 年 11 月 7 日起，离岸机构投资者获豁免所有投资在岸债券的相关税项，为期三年。详见财政部发布的《关于境外机构投资境内债券市场企业所得税增值税政策的通知》，2018 年 11 月 7 日。

② 资料来源：债券通有限公司。

③ 中国人民银行 2017 年 6 月 30 日发布《落实〈关于构建绿色金融体系的指导意见〉的分工方案》。

④ 资料来源：中国人民银行《中国绿色金融发展报告（2017）》，2018 年 9 月 6 日。

的融资需求催生了融资渠道的多元发展。绿色债券已成为内地一个重要的绿色融资渠道。

中国内地发行绿色债券的势头主要源于市场对绿色金融的强烈需求。据中国人民银行的资料[①]估计，"十三五"期间（2016年至2020年），每年至少需要投入2万亿元才能完成这五年的国家环保目标。资金来源方面，政府投资占比预计为10%至15%，余下的85%至90%还是要求诸私人资金（即至少每年1.7万亿元），如图16-8所示。

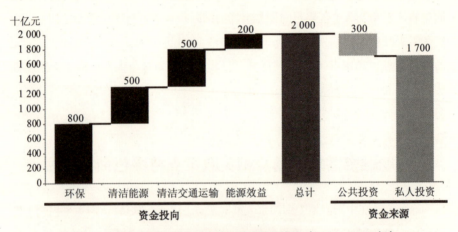

图 16-8　中国内地发行绿色债券的预计用途及资金（2016—2020年）

资料来源：中国人民银行绿色金融专责小组《构建中国绿色金融体系》，2015年4月。

"一带一路"倡议带动了市场对绿色金融的需求，为建设基础设施提供资金。估计内地就"一带一路"沿线国家基础设施的对外投资额将于2030年增至3000亿美元，是2016年1290亿美元的两倍有多[②]。当中有些项目

---

① 中国人民银行绿色金融特别小组《构建中国绿色金融体系》，2015年4月。

② 资料来源：渣打《中国——"一带一路"逐渐成形》（*China — Belt and Road is taking shape*），2017年11月。

将有助实现联合国可持续发展目标，包括有关气候变化的目标。除此之外，中国政府发布了《关于推进绿色"一带一路"建设的指导意见》①，支持通过绿色金融来投资"一带一路"项目。此外，《"一带一路"生态环境保护合作规划》② 提及 25 项绿色"一带一路"试点计划。

地方政府的绿色项目也陆续而来。国务院于 2017 年 6 月批准广东、贵州、江西、浙江及新疆五省（区）设立绿色金融改革创新试验区。每个试验区的着重点不同，比如广东省将鼓励信贷产品创新，支持节能减排工作。截至 2018 年 5 月，广州市据称有至少 182 种绿色相关金融产品以及 69 个绿色项目，计划筹资人民币 400 亿元③。

基于融资需求强烈，中国在 2015 年末发布境内发债指引，启动在岸绿色债券市场。第一份指引来自中国人民银行 2015 年 12 月针对金融机构在中国银行间债券市场发行绿色金融债事宜而发布的《关于在银行间债券市场发行绿色金融债券有关事宜的公告》（中国人民银行指引）。与此同时，如上文所述，中国人民银行也发布了其绿色定义《绿色债券支持项目目录》，发改委亦发布了《绿色债券发行指引》。发改委的指引规管企业发行商在中国银行间债券市场发行的绿色企业债，其中对所得款项的合资格用途的定义与中国人民银行目录所界定的略有不同。在交易所上市的公司债方面，上交所与深交所于 2016 年 3 月及 4 月先后发布各自有关绿色债券试点计划的通知。中国银行间市场交易商协会则于 2017 年 3 月发布了《非金融企业绿色债券融资工具业务指引》，涵盖由其他非金融类企业在中国银行间债券市场发行的绿色债券。因此，许多不同类别的发行商现时均可在境内市场发行绿色债券。

---

① 环保部、外交部、发改委以及商务部在 2017 年 5 月 5 日联合发布。
② 环保部于 2017 年 5 月 14 日发布。
③ 资料来源：《广州为 400 亿元绿色产业项目提供融资对接》，载于新华社网站，2018 年 5 月 5 日。

内地的政策指引亦强调证券市场对支持绿色金融的重要作用。2016年发布的一份有关绿色金融的政策文件[①]罗列了证券市场对发展绿色金融的作用：采纳一套统一的国内绿色债券标准，支持合资格绿色公司透过首次公开招股及二次配售集资，支持编算绿色债券指数、绿色股票指数和开发相关产品，以及逐步建立强制上市公司及债券发行人披露环保信息的系统。内地的证券交易所一直积极支持绿色金融，具体措施如下：

1. 加强披露及产品开发。上交所2018年4月发布《上海证券交易所服务绿色发展推进绿色金融愿景与行动计划（2018—2020年）》，计划的目标是：进一步增加上市绿色证券的数目以及提升ESG披露；发展绿色债券及资产支持证券；发展绿色金融产品（如债券指数及ETF）；以及增加有关绿色金融的跨境合作、研究及推广。

2. 2017年设立"绿色通道"，提高绿色债券发行及上市的效率。2017年年底，上交所共有39只绿色债券及绿色资产支持证券上市，累计发行额达900亿元[②]。深交所方面，2018年7月时的上市绿色卷标固定收益产品共12只，存量为62亿元[③]。

3. 鼓励发行商自愿寻求外部评审及提高市场透明度。在内地发行绿色债券乃根据官方发行指引进行，而指引中并无强制规定发行或上市须经外

---

① 中国人民银行、财务部、环保部、中国银行业监督管理委员会、中国证券监督管理委员会以及中国保险监督管理委员会（以下简称保监会）于2016年11月24日发布《关于构建绿色金融体系的指导意见》。

② 资料来源：上交所《上海证券交易所服务绿色发展推进绿色金融愿景与行动计划（2018—2020年）》，2018年4月25日。

③ 资料来源：http://greenfinance.xinhua08.com/a/20180730/1771204.shtml。

部评审。然而，中国证券监督管理委员会（中国证监会）的政策文件[①]以及中国人民银行指引均鼓励发行商在发债前后都进行外部评审。所有上市的绿色债券以及绿色资产支持证券的股份代码前一律加上英文字母"G"（代表"绿色"）以作识别。这类证券的数据集中在交易所的债券市场网站的专页上显示，方便投资者追踪查阅。

4. 与境内指数提供者合作制定内地绿色债券指数。2017 年 3 月，深交所附属公司深圳证券信息有限公司与中央财经大学绿色金融国际研究院，针对中国银行间债券市场及内地交易所的绿色债券联合推出"中财－国证绿色债券指数"系列。2017 年 6 月，上交所与中证指数有限公司（以下简称中证）针对在上交所上市的债券，联合推出"上证绿色债券指数"、"上证绿色公司债指数"及"中证交易所绿色债券指数"。

5. 与其他国际交易所合作，为全球投资者提高市场透明度。内地两家证券交易所就展示绿色债券指数价格行情分别与卢森堡证券交易所（以下简称卢森堡证交所）合作。深交所的中财－国证绿色债券指数系列以及上交所的上证绿色债券指数和上证绿色公司债指数均在卢森堡证交所网站显示。除此之外，上交所与卢森堡绿色交易所（卢森堡证交所的绿色债券专门平台）于 2018 年 6 月共同推出一个中英双语的信息平台——"绿色债券信息通"，不仅显示在上交所及中国银行间债券市场上市的绿色债券的价格数据，还提供有关外部评审的资料。为便利内地绿色债券经这个渠道上市，卢森堡证交所在 2018 年 1 月修改其上市机制，容许债券无须获纳入其交易平台也可上市。卢森堡绿色交易所现时合共显示 15 只于上交所上市的绿色债券及 1 只于中国银行间债券市场上市的绿色债

[①] 《中国证监会关于支持绿色债券发展的指导意见》，2017 年 3 月 2 日。

券的资料①。该等债券可透过人民币合格境外机构投资者、合格境外机构投资者或债券通买卖。

统一绿色标准是进一步发展增长的关键

统一绿色债券标准对发行商与投资者都有益处。现时内地对于绿色债券的界定有两套官方标准，发布机构分别是中国人民银行及发改委，还有一份由中国银行业监督管理委员会（以下简称银监会）② 发布的标准，但仅适用于绿色贷款。适用于绿色债券的前两套标准大体一致，只是对于所得款项的合资格绿色用途略有不同的规定。这些差异或会影响贷款人考虑是否为发行商提供资金时对项目的选择及评估。部分的 ESG 投资者或会要求发行商就绿色投资提供更详细的说明，例如内地某只绿色债券指数的纳入准则所参考的只是其中一套标准，令某些绿色债券可能不合资格纳入该指数。有鉴于此，金融行业标准化计划③ 亦把绿色金融包括在内。2017 年 10 月，中国人民银行及中国证监会亦共同发表了《绿色债券评估认证行为指引》，为内地发行的绿色债券提供认证指引。此外，中国人民银行的研究局于 2018 年 1 月成立了工作小组，推动绿色金融的标准化。

再者，内地的绿色定义仍有改进空间，以缩小与国际标准的距离。就如上文所述，ICMA 制定的 GBP 是标签绿色债券最常用的国际标准。内地绿色债券中未符合国际标准定义的债券占比在 2016 年起维持在 20% 至 40% 之间，在 2018 年上半年为 28%。差异主要体现在三大方面：

---

① 资料来源：卢森堡绿色交易所网站，见于 2018 年 10 月 31 日。
② 现与保监会重组为中国银行保险监督管理委员会。
③ 中国人民银行、银监会、中国证监会、保监会以及中国人民银行标准化管理委员会于 2017 年 6 月 8 日发布的《金融业标准化体系建设发展规划（2016—2020 年）》。

1. 所得款项的合资格绿色用途的差异（例如：内地官方指引包括洁净煤炭，国际标准则不包括）；

2. 所得款项用于偿还债务及一般企业用途的比例上限（发改委的指引为50%，国际准则为5%）；

3. 资料披露（中国并无要求外部评审）。

为缩窄差距，内地绿色金融委员会与欧洲投资银行携手制定绿色金融的清晰框架，并于2017年11月发布白皮书①，比较国际不同的绿色债券标准，为提高标准之间的一致性作准备。

外部评审虽然不是内地发行绿色债券的强制性规定，但市场存在需求。要加强发行商的披露，最常用的方法是在发行商作第一方（内部）评审之上，于发行前及／或发行后进行外部评审，以核实发行绿色债券所得款项的确用于投资合资格绿色资产。按国际惯例，外部评审主要涉及第二方评审及第三方认证。因为做评审的第二方通常也会协助制定管理所得款项及汇报的框架，其评审的独立性会存有争议，而第三方认证机构会参照认可标准（例如CBI的气候债券标准）来评审有关框架，故第三方认证这一环会有助将外部评审过程标准化。事实上，符合气候债券标准认证的绿色债券按金额计占2017年内地绿色债券总发行量近乎16%（或占符合国际定义的内地绿色债券发行量的26%），较与全球绿色债券市场比较的14%为高②。

---

① 欧洲投资银行与中国金融学会绿色金融专业委员会于2017年11月11日发布《探寻绿色金融的共同语言》。
② 资料来源：CBI《中国绿色债券市场报告》，2017年刊。

其中一个驱使绿色债券发行商寻求认证的因素，是债券的绿色标签与相关投资吻合可令国际投资者对产品的需求增加。一份业内报告[①]抽选了226个售予欧洲投资者的绿色基金进行分析（其中165只基金在2017年仍然保持活跃）。这些欧洲绿色基金的管理资产从2013年150亿欧元的低位回升至2016年的220亿欧元水平。虽然这些基金大部分是绿色股票基金，但是绿色债券基金的价值在2016年也实现了两倍的年度增幅。该研究将有关基金分为两大类：深绿基金（基金名称所示的主题与其投资策略及目标相符）与浅绿基金（资产组合中的证券并不完全对应基金的策略及/或名称）。据观察，2013年至2016年间，深绿基金的管理资产增长65%，高于浅绿基金的26%。

在投资者需求极殷的情势下，具备第三方认证的绿色债券发行商或可享融资成本较低的好处。内地首只具备第三方认证的绿色债券是中国长江三峡集团公司于2017年6月发行的离岸债券，债券于爱尔兰证券交易所上市，发行时超额认购3.1倍。该债券年期7年，票面息率为年息1.3%，较该公司2015年6月在同一交易所同样以欧元发行的7年期传统债券的年息低40个基点[②]（2015年6月至2017年6月期间，欧元区的7年期政府债券收益率下降了约39个基点）[③]。另外，亚洲开发银行的一项研究[④]以60个投资级绿色债券为样本，发现经独立评审的绿色债券相较于传统债券有大约7个基点的票息折让，经CBI认证的债券则较传统债券折让9个基点。

[①] Novethic《欧洲绿色基金市场报告》（*The European Green Funds Market*），2017年3月。

[②] 中国长江三峡集团于2017年6月发行7年期票息1.3%的绿色债券，筹得6.5亿欧元（资料来源：CBI《中国首个认证气候债券：中国长江三峡集团为欧洲风力能源集资》，2017年7月26日），之前于2015年6月发行7年期票息1.7%的传统债券，筹得7亿欧元（资料来源：http://cbonds.com/emissions/issue/148221）。

[③] 资料来源：Wind。

[④] 亚洲开发银行（2018）《绿色标签对绿色债券市场发展的作用：实证分析》（*The Role of Greenness Indicators in Green Bond Market Development: An Empirical Analysis*），载于《亚洲债券监测》（*Asia Bond Monitor*），2018年6月，第40—51页。

香港有发展绿色债券的优势

香港已是内地发行商与国际投资者对接的门户市场

香港的绿色债券市场经过近数年酝酿后于 2018 年开始起飞。香港首只绿色债券为 2015 年 7 月新疆金风科技（金风）发行的离岸债券。2015 年至 2017 年间在香港发行的绿色债券只有 9 只，发行额 36 亿美元左右。到 2018 年，绿色债券发行转趋活跃。2018 年前 9 个月在香港发行的绿色债券已至少有 17 只，发行总额约 70 亿美元。这些债券多以美元计价，逾半数在联交所上市，发行商有超国家机构，也有香港地区、内地以至世界各地的公司企业（见表 16-2）。

表 16-2　　　于香港发行的绿色债券（2015 年 7 月至 2018 年 9 月）

发行日期	发行商	性质	联交所上市绿色债券	发行规模
2015 年 7 月	金风新能源（香港）投资有限公司 *	公司	是	3 亿美元
2016 年 7 月	中国银行股份有限公司 *	商业银行	是	15 亿元人民币
2016 年 7 月	The Link Finance（Cayman）2009 Limited*	公司	是	5 亿美元
2016 年 11 月	MTR Corporation（C.I.）Limited*	公司	是	6 亿美元
2017 年 7 月	Castle Peak Power Finance Company Limited*	公司	是	5 亿美元
2017 年 7 月	香港铁路有限公司 *	公司	是	3.38 亿港元
2017 年 9 月	香港铁路有限公司 *	公司	是	1 亿美元
2017 年 11 月	国家开发银行 *	政策银行	是	10 亿欧元
2017 年 11 月	国家开发银行 *	政策银行	是	5 亿美元
2018 年 1 月	太古地产 *	公司	是	5 亿美元
2018 年 2 月	当代置业（中国）有限公司 *	公司	是	3.5 亿美元
2018 年 3 月	天津轨道交通集团	公司		4 亿欧元

发行日期	发行商	性质	联交所上市绿色债券	发行规模
2018 年 3 月	亚洲开发银行	超国家机构		4 亿港元
2018 年 3 月	亚洲开发银行	超国家机构		1 亿港元
2018 年 3 月	Beijing Capital Polaris Investment Co Ltd	公司	是	6.3 亿元人民币
2018 年 3 月	Beijing Capital Polaris Investment Co Ltd	公司	是	5 亿美元
2018 年 4 月	欧洲投资银行	超国家机构		15 亿美元
2018 年 4 月	世界银行	超国家机构		10 亿港元
2018 年 4 月	朗诗绿色集团有限公司 *	公司		1.5 亿美元
2018 年 4 月	Evision Energy Overseas Capital Co Ltd	公司		3 亿美元
2018 年 5 月	中国银行股份有限公司（香港分行）*	商业银行	是	30 亿港元
2018 年 5 月	中国银行股份有限公司（香港分行）*	商业银行	是	10 亿港元
2018 年 6 月	中国工商银行（亚洲）有限公司 *	商业银行	是	4 亿美元
2018 年 6 月	中国工商银行（亚洲）有限公司 *	商业银行	是	26 亿港元
2018 年 9 月	首创环境控股有限公司 *	公司	是	2.5 亿美元
2018 年 9 月	中国光大银行（香港分行）*	商业银行	是	3 亿美元

* 联交所上市公司或其附属公司。

资料来源：香港金融管理局《绿色金融、香港所长》，2018 年 6 月 20 日；彭博。名单并非整全。

　　随着内地和香港愈来愈多上市公司作为债券发行商，香港绿色债券的供应料将大增。若不计超国家机构所发行的，香港大部分绿色债券均是由联交所上市的内地及香港公司或其附属公司所发行，这多少反映出这些公司所制定的业务策略均为支持由香港及内地运输、房地产及能源业所带动的绿色经济。这些业务策略都属于这些公司的 ESG 资料披露的内容，给投资者对照多种关键绩效指标去评估公司的 ESG 表现。由于绿色债券的标签表明所得资金的使用将符合绿色理念，发行绿色债券显示公司致力推行绿色业务策略。上市发行商将其绿色债券进行上市所需符合的要求较非上市发行商宽松（例如上市发行人无须遵守资产净值及两年经审核账目的要求），这或许有助于促进上市发行商发行更多绿色债券上市。

内地发行商在香港发行以外币计价的绿色债券将受惠于较低资金成本。在2018年新发行绿色债券的公司中，有些是国家大力支持的高质素非上市企业，当中包括天津轨道交通集团及北京首都创业集团的离岸公司（Beijing Capital Polaris Investment Company Limited）。两家公司均曾发行以外币（美元或欧元）计价的绿色债券，集资所得可用于绿色离岸投资。事实上，内地政策鼓励公司在香港发行绿色债券（或以外币计价）为"一带一路"项目融资[1]。由于香港是全球流动性最高的外汇市场之一，香港的外币基准利率应较内地为低，所以中资发行商在香港发行以外币计价的绿色债券可享更优惠的条款。

上述这些发行商的绿色债券供应，与香港市场上广大国际投资者对绿色债券日增的需求，正好配对得上。国际投资者是香港资产管理业的主要资金来源，占管理资产总值的 66% 左右[2]。在香港管理的资产中，债券的配置由2015 年的 13 170 亿港元（占总额的 19.3%）增至 2017 年的 20 550 亿港元（占总额的 24%），升幅 56%（见图 16-9）。债券投资需求增加，绿色债券的需求亦可能随之增加。实际上，在香港发行的绿色债券经常超额认购，例如由金风发行的首只绿色债券超额认购约 5 倍[3]，由领展发行的第二只绿色债券超额认购约 4 倍[4]，由此可见 ESG 元素对香港的投资基金愈益重要。

---

① 资料来源：《国家发展和改革委员会与香港特别行政区政府关于支持香港全面参与和助力"一带一路"建设的安排》，发改委于 2017 年 12 月 14 日发布。

② 资料来源：证监会《2017 年资产及财富管理活动调查》。

③ 资料来源：CBI《首只美元中资贴标绿色债券近 5 倍超额认购》（*First labelled green bond from Chinese issuer issued in US$ almost 5x oversubscribed*），2015 年 7 月 20 日。

④ 资料来源：《领展推出亚洲 REIT 首只绿色债券》（*Link holdings brings first green bond by Asia REIT*），载于 *FinanceAsia*，2017 年 9 月 4 日。

十亿港元

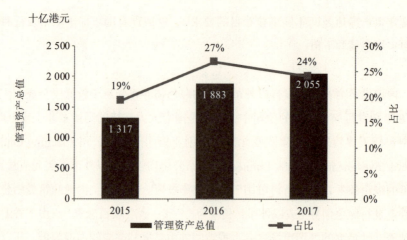

图 16-9　香港管理资产当中债券投资所占资金（2015—2017 年）

资料来源：香港证券及期货事务监察委员会《基金管理活动调查》及《资产及财富管理活动调查》，
　　　　　2015 年至 2017 年。

　　此外，香港绿色金融协会于 2018 年 9 月 21 日成立，旨在推广在香港发展
绿色金融。该机构是非营利组织，负责"推动香港金融服务业采纳绿色、可持
续投融资理念及最佳实践"[①]，会员包括香港 90 家金融机构、环保组织、服务
供货商及其他主要持份者。

香港的国际认可绿色债券标准
及政府支持配套措施可推动绿色债券增长

　　尽管绿色债券的供需潜力均不俗，但香港要进一步发展绿色债券市场仍有若
干困难需要克服。第一，如内地与环球市场一样，香港需要对绿色标签作更清晰
的界定，以与国际标准接轨。第二，绿色标签不是免费的，整体资金成本或要增

---

① 　资料来源：香港绿色金融协会《香港绿色金融协会宣布于 9 月 21 日正式成立》，2018 年 9 月 3 日。

加。第三，潜在发行商如对发行程序不认识，可能会宁愿发行传统债券多于绿色债券。面对这些问题，香港政府带头采取了下列方法推动绿色债券发展。

第一，为香港、内地及海外的发行商和投资者建立了国际认可的绿色债券认证计划及已获认证绿色债券的名单。许多知名的国际评审机构都在香港设有据点提供外部评审服务。此外，如 2017/18 年度施政报告所指，香港品质保证局在政府支持下已制定"绿色金融认证计划"，为发行人提供第三方认证。香港品质保证局主要参照内地绿色金融的全国性标准及多个绿色金融的国际标准[①] 来制定其标准。绿色债券发行前及发行后均可要求香港品质保证局签发认证证书，经认证的绿色债券于香港品质保证局的绿色金融网页上披露。绿色债券发行前的认证旨在审定申请者提出的"环境方法声明"[②] 于认证当日的充分程度，绿色债券发行后的认证则核查实施"环境方法声明"的进度和有效性。

香港获认证的绿色债券在资金成本方面似乎享有较低的融资成本元素——利率成本。2017 年 12 月至 2018 年 8 月期间，香港品质保证局向 8 只绿色债券及贷款签发发行前的认证，当中包括首只获香港品质保证局认证、2018 年 1 月由太古地产发行的绿色债券。伴随着绿色认证的是较低的票息率，该太古地产 10 年期美元绿色债券的票息率为 3.5%，低于 2016 年发行的一只同类型传统债券的 3.625%[③]。

---

① 所参照标准包括中国人民银行《绿色债券支持项目目录》、UNFCCC 下的"清洁发展机制"、ICMA 的"绿色债券原则"、ISO 26000、"2010 年社会责任指南"等。

② 绿色债券发行人向香港品质保证局申请认证，必须制定"环境方法声明"，并付诸实行以达到正面的环境影响。该声明须涵盖项目的预期绿色类别及正面环境影响的数据、绿色项目的选择和评估机制，以及有关集资所得的使用和管理、数据披露，影响评估和持份者参与等方面的计划。

③ 太古地产于 2016 年发行一只 10 年期传统债券，发行额 5 亿美元，票息率 3.625%；2018 年发行另一只 10 年期绿色债券，发行额 5 亿美元，票息率 3.5%。（数据来源：cbonds.com。请分别参阅 http://cbonds.com/emissions/issue/185179 及 http://cbonds.com/emissions/issue/399417。）

香港品质保证局制定绿色金融认证计划的做法与环球市场发展趋势一致。在卢森堡，独立非营利机构卢森堡财政标签局（LuxFlag）于 2017 年 6 月推行全新的绿色债券标签计划，该计划符合 ICMA 的绿色债券原则及 CBI 的气候债券标准，已获卢森堡财政部认可。日本环境省于 2017 年 3 月发布绿色债券指引，内容大致与 ICMA 的绿色债券原则相符。印度证券交易委员会于 2017 年 5 月发出通函，界定绿色债券及列出绿色债券发行及上市的披露要求。英国政府于 2017 年 9 月公布与英国标准学会合定新一系列自愿性质的绿色可持续财务管理标准。

第二，香港政府向绿色债券发行商提供资助，降低整体融资成本。绿色债券的标签并非免费，外部评审的费用会涉及 10 000 美元至 100 000 美元的额外成本[①]。有鉴于此，香港政府于 2018 年 6 月推行"绿色债券资助计划"，资助合资格的绿色债券发行机构透过香港品质保证局推出的绿色金融认证计划取得认证。资格准则包括发行金额不少于 5 亿港元、债券于香港发行及于联交所上市及 / 或在香港金融管理局营运的债务工具中央结算系统买卖。资助涵盖外部评审全费，上限为 80 万港元（每只债券发行计），资助将大大减低绿色标签所涉及的额外费用。另外，债券发行计划获认证后，发行商的成本可分多次发行摊分。

除针对绿色债券的特定措施外，香港政府亦于 2018 年 5 月推出"债券资助先导计划"，激励香港机构发行债券。要合资格获得资助，发行人必须是首次发行债券（2013 年 5 月起计的过去五年不曾在香港发行债券）、发行金额最少 15 亿港元、必须在香港发行和上市。资助将涵盖发行支出的一半，若经合资格评级机构评级，资助上限为 250 万港元，否则为 125 万港元。每个发行商

---

① 资料来源：OECD、ICMA、CBI、中国金融学会绿色金融专业委员会《绿色债券：国家经验、障碍及选择》（*Green Bonds: Country Experiences, Barriers and Options*），2016 年 9 月。

最多可为其两只债券发行申请资助。

其他市场（如新加坡）亦有提供这类型的政府资助。新加坡于 2017 年 6 月推出类似香港绿色债券资助计划的绿色债券发行资助计划。在新加坡发行及上市并经外部评审的绿色债券，资助将涵盖其外部评审的全费，每只债券发行的资助上限为 10 万新加坡元，唯发行总额不得少于 2 亿新加坡元。新加坡亦于 2017 年 1 月推出类似"香港债券资助先导计划"的资助计划，冀吸引首次发债的亚洲机构在新加坡发行上市较长年期（至少三年）的以亚洲货币或 G3 货币（美元、欧元和日元）计价的绿色债券。要取得这项资助，发行总额不得少于 2 亿新加坡元，资助将涵盖发行费用的一半，若是经评级的发行，资助上限为 40 万新加坡元，否则为 20 万新加坡元。

第三，香港政府将推出全球最大型的主权绿色债券发行计划。根据 2018—2019 年度预算案，在该计划下，香港政府会发行不多于 1 000 亿港元的绿色债券，集资所得将用以为政府的绿色工务工程项目提供资金。首批政府绿色债券预期于 2018 年至 2019 年间发行。与此同时，2016 年年底开始，全球各地市场（包括法国、比利时、印度尼西亚、波兰、尼日利亚和斐济）亦见越来越多的主权绿色债券发行[①]，这显示各地政府均致力推广自己的绿色债市，为潜在发行商提供一个示范作用。

有关当局支持绿色债券。香港的证券及期货事务监督委员会（香港证监会）于 2018 年 9 月刊发《绿色金融策略框架》，定出行动计划加强绿色金融五方面的工作，包括上市公司环境信息披露、将 ESG 因素融入资产管理公司的投资项目、扩大绿色投资范围、协助培养投资者环保意识和能力，以及推动香港成为国际绿色金融中心。

---

① 资料来源：CBI《主权绿色债券简报》（*Sovereign Green Bonds Briefing*），2018 年 3 月 3 日。

展望将来，香港政府在鼓励启动香港的绿色项目及扩大绿色债券的投资者基础方面将会扮演关键角色。要推动绿色债券市场增长，香港政府对发展香港绿色经济必须有坚定承担，方法可包括与房地产、运输和能源业合作发展绿色项目，亦可向投资者提供税务优惠（像美国为市政债券提供免税优惠）以建立广泛、多元的绿色债券投资者基础。

推动绿色债券在香港的发展

债券上市

2015 年开始，全球不少证券交易所已专设绿色债券上市板块，支持绿色金融投资。根据 CBI 的资料，2018 年 10 月已有 10 家证券交易所专设绿色债券板块呈列绿色债券及其披露的环境信息（见表 16-3）。上市绿色债券的披露要求并非一式一样。例如，卢森堡和英国要求在绿色债券板块上市的企业必须经过外部评审。卢森堡证交所亦要求绿色债券发行人必须经过独立外部评审及事后汇报。英国的伦敦证券交易所要求绿色债券发行商接受外部评审，而进行认证的机构须符合交易所有关指引列明的准则[1]，并鼓励自愿性的事后汇报。市场重视环境信息披露有助引入更多新的绿色概念投资者，而交易市场流动性提高，又再加强债券上市的好处。有些机构投资者根据约章只能投资上市证券，绿色债券若具有上市地位，便可吸引他们投资。

---

① 资料来源：伦敦证券交易所《绿色债券认证》（*Green Bonds Certification*），2015 年 10 月 8 日。

表 16-3　　　　　　　　　　**环球证券交易所专设的绿色债券上市板块**

证券交易所名称	专设板块类别	推出日期
意大利证券交易所	绿色及社会债券	2017 年 3 月
日本交易所集团	绿色及社会债券	2018 年 1 月
约翰内斯堡证券交易所	绿色债券	2017 年 10 月
伦敦证券交易所	绿色债券	2015 年 7 月
卢森堡证券交易所——卢森堡绿色交易所	绿色债券、社会债券、可持续发展债券、中国境内绿色债券、ESG 基金、绿色基金及社会基金	2016 年 9 月
墨西哥证券交易所	绿色债券	2016 年 8 月
奥斯陆证券交易所	绿色债券	2015 年 1 月
上海证券交易所	绿色债券	2016 年 3 月
斯德哥尔摩证券交易所	可持续发展债券	2015 年 6 月
证券柜台买卖中心（台湾）	绿色债券	2017 年 5 月

资料来源：CBI 网站，2018 年 10 月 31 日资料。

　　虽说欧洲多个交易所是绿色债券上市数目最多的市场，但香港的相关市场近年正不断扩大（见图 16-10）。卢森堡和伦敦的绿色债券上市要求较严格，但两个市场的绿色债券上市数目却超过亚洲和纽约。香港的绿色债券上市数目由 2017 年的 4 只增至 2018 年前 9 个月的 11 只，增幅一倍有多，同样强劲的势头并未得见于其他交易所。

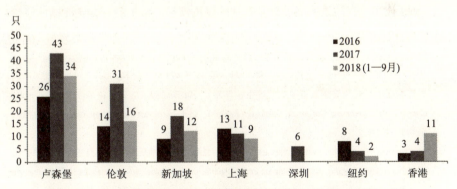

图 16-10　个别证券交易所上市的绿色债券数目（2016 年至 2018 年 9 月）

注：此等债券是据彭博数据库中所得数据显示其款项用于环保用途的债券。

资料来源：彭博。

香港的上市制度效率高又具成本效益，可支持绿色债券发行。目前，绿色债券与传统债券的上市要求及上市流程均相同。香港现时大部分的上市绿色债券只能予专业投资者投资（此等债券均是根据《上市规则》第三十七章发行），过程需时约两个营业日，个别发行商若属香港上市发行人，过程更可短至一个营业日之内。另外，在香港发行债券的上市费属一次性收费，介乎 7 000 港元至 90 000 港元之间，不设年费，是亚太区内最低收费者之一。

要进一步支持绿色债券发展，香港市场可考虑专设附有专属环境披露要求的绿色债券板块。实证研究[1] 显示，公司政策要求信息披露更及时、更详尽的话，公司发债成本会较低，主要原因是信息披露可填补发行人与投资者之间的信息差距。至于环境方面的披露，有些证据[2] 显示环境披露与环境方面的表现有正向关系。研究[3] 亦发现，有良好的环境管理的公司，其发债成本会较低，反之，公司在环境方面存在问题，发债成本就会较高，信用评级也会较低。这可解释为何发行绿色债券的融资成本通常较低，投资者需求较大，同时亦反映企业进行环境信息披露的重要性。本文附录载有香港交易所债券市场及专设绿色债券板块的上市债券市场的统计数据摘要。

加强披露及提高透明度可提升香港的绿色债券上市机制。专设的绿色债券

---

① 见如：Sengupta (1998)《企业披露质素与债务成本》(*Corporate Disclosure Quality and the Cost of Debt*)，载于 *The Accounting Review*，第 73 期，第 459—474 页；及 Nikolaev 与 Lent (2005)《债务资本成本与企业披露政策关系的内生性偏差》(*The Endogeneity Bias in the Relation between Cost of Debt Capital and Corporate Disclosure Policy*)，载于 *European Accounting Review*，第 14 期，第 677—724 页。

② 见 Clarkson、Li、Richardson 及 Vasvari (2008)《重新审视环境绩效与环境信息披露的关系：实证分析》(*Revisiting the relation between environmental performance and environmental disclosure: An empirical analysis*)，载于 *Accounting, Organizations and Society*，第 33 期，第 303—327 页。

③ 见如：Bauer 及 Hann (2010)《企业环境管理与信用风险》(*Corporate Environmental Management and Credit Risk*)，工作报告。

板块可用作双向的信息平台，提供香港及内地完备的绿色债券名单，及每一绿色债券的环境信息披露，包括外部评审及 / 或事后汇报。该板块不仅可显示上市债券，也可显示香港及内地场外市场的债券。内地交易所与卢森堡证交所的合作可提供参考（见上文）。

加强 ESG 的披露要求将进一步推动内地公司发行绿色债券并将其上市。中国证监会一名人员表示，内地上市公司及债券发行商须于 2020 年之前实行强制 ESG 的信息披露；中国证监会及中国人民银行将分别制定适用于上市公司及债券发行商的详细框架[①]。ESG 汇报有助投资者了解公司对 ESG 事宜的方针，也有助公司评估其 ESG 表现及认清不足之处作出改善。自 UNSSE 于 2015 年 9 月推出 ESG 汇报的标准指引给各交易所后，有自定义 ESG 汇报指引的交易所数目已由 2015 年 9 月的 14 家增至 2018 年 8 月的 38 家，包括在中国内地、中国香港、卢森堡、新加坡和英国的交易所[②]。在全球各地市场的 ESG 汇报框架不是完全一致的情况下，FSB 辖下的 TCFD 提出的建议可提供衔接基础。香港现正考虑进一步加强上市公司的 ESG 汇报，务求与 FSB TCFD 的建议接轨[③]。内地及英国由 2016 年起担任 G20 的可持续金融研究小组（前称绿色金融研究小组）的联席主席，已认可多家金融机构首先试行 FSB TCFD 的建议（包括于内地的环境披露指引中履行）。这将有助内地的上市公司进行强制汇报 ESG 的信息。ESG 汇报因此而改善后，料可增加企业发行商对绿色金融的需求，及市场对绿色投资的需求。

---

① 资料来源：《上市公司及发债企业 2020 年将强制环境信披》，载于《财经》（http://finance. caixin.com/2018-03-20/101223470.html），2018 年 3 月 20 日。

② 资料来源：《SSE 争取缩减环境、社会及管治指引差距》（*SSE campaigns to close ESG guidance gap*），载于 UNSSE 网站，见于 2018 年 10 月 31 日。

③ 资料来源：证监会《绿色金融策略框架》，2018 年 9 月 21 日。

债券交易

　　企业的债券按传统一般在场外而非场内交易[1]，原因之一是场外市场的价格发现过程较优。与股票不同，企业的债券不常买卖，其最后成交价未必能反映当时所有可获取的信息。场外市场投资者通常较成熟，也对不同的债券结构（例如可变动票息率、嵌入式期权及担保等）有较多信息和认识。债券上市可能主要是为了满足那些受投资指示所限、只可购买上市债券的互惠基金及信托基金的需求。但绿色债券的情况未必如此，因为绿色标签通常伴随着较高的公开信息披露要求。信息披露较多虽然不是直接等同风险较低，但会对债券在交易所的价格发现有所帮助。在交易所买卖债券还有一个好处，就是交易前的信息（例如买卖报价）及交易后的信息（例如最后成交价）都有很高的透明度。

　　香港对于绿色债券的场外及场内交易可考虑作多种安排。英国的交易安排有参考作用。伦敦证券交易所设有三个绿色板块供散户及机构投资者买卖交易所上市的债券及供场外市场买卖债券。这三个绿色板块分别设于其"零售债券买卖盘平台"（ORB，英国发行人向散户投资者发行债券的平台）、"定息证券买卖盘平台"（OFIS，伦敦证券交易所主板上市债券平台，是为专业投资者及其他欧洲交易所上市债券而设的板块）及"仅供交易汇报平台"（专门服务场外市场的交易）。

　　交易平台之间加强合作可催化香港场外及上市债券的交易。在香港，场外债券交易只能透过香港金融管理局（金管局）债务工具中央结算系统（CMU）进行结算及交收。至于上市债券的交易，有些会透过金管局 CMU 进行结算及交收，有些则透过香港交易所的中央结算系统（CCASS）进行。然而，债券

---

[1]　可参见国际证券事务监察委员会组织（IOSCO）《企业债券市场的透明度》（*Transparency of Corporate Bond Markets*），2004 年 5 月。

由金管局 CMU 移至中央结算系统当中涉及费用及时间。因此，两个债券结算及交收平台若加强合作或联系并简化结算及交收程序，将可扩大投资者基础（包括 CMU 成员及 CCASS 参与者）。庄家或流通量提供者的交易安排将进一步支持流动性。债券通若推出"南向通"[①] 更可使内地投资者参与香港债市，进一步提升债券在交易市场的流动性。

为了推动香港债市发展，香港政府于 1996 年推出合资格债务票据计划，为买卖债券的利息收入及买卖利润减税 50%。计划范畴原先只涵盖香港的场外债券，2018 年 4 月已延伸至同时涵盖于联交所上市的债券。

对绿色债券上市的制度及交易安排可作检讨改善，以鼓励散户参与。债券上市方面，如上文所述，大部分在香港上市的绿色债券只提供予专业投资者。这是因为向散户公开发售上市债券须遵守《上市规则》第二十二章较严格的投资者保障规定。而在债券交易方面，散户投资者在结算及交收以至最佳成交价方面均处于不利位置，以致其对在港买卖债券却步[②]。香港大部分债券均存于金管局 CMU，所以债券买卖通常都是银行之间的交易，对散户投资者来说没有连续报价或最佳成交价的保障。因此，有关部门值得考虑为散户投资绿色债券的参与度增加一些弹性，这样会配合内地自 2017 年 9 月起开始向散户发行债券的发展趋势。

指数及相关产品发展

ETF 产品追踪环球绿色债券指数。首两只绿色债券 ETF 于 2017 年推出——

---

① 有待监管机构批准。

② 资料来源：《为何香港没有散户债券市场》（*Why HK has no retail bond market*），载于 Webb-site.com 网站，2018 年 5 月 13 日。

Lyxor 绿色债券（DR）UCITS ETF 于 2 月推出、VanEck Vectors 绿色债券 ETF 于 3 月推出。两只 ETF 分别在欧洲及美国作第一上市，都是追踪上文所述的全球绿色债券指数的分类指数，分别是 Solactive 绿色债券欧元美元投资级别指数（Solactive Green Bond EUR USD IG Index）及标普绿色债券精选指数（S&P Green Bond Select Index）。两只 ETF 的管理资产总值持续增长（见图 16-11）。

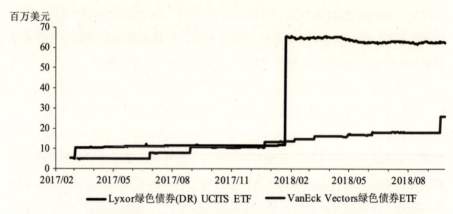

图 16-11 首两只绿色债券 ETF 的管理资产总值（2017 年 2 月至 2018 年 9 月）

资料来源：Lyxor 网站及彭博。

在内地，绿色债券指数涵盖中国银行间债券市场的绿色债券和交易所上市的绿色债券。中国银行间债券市场的绿色债券方面，内地有三个绿色债券指数系列 —— 中债 - 中国绿色债券指数、中债 - 中国气候相关债券指数及中债 - 兴业绿色债券指数。交易所上市的绿色债券方面，深交所与中央财经大学的中财 - 国证绿色债券指数系列涵盖具卷标及不具卷标的绿色债券，上交所亦为在其上市的绿色债券推出了 3 个绿色债券指数（见上文）。不过，现时并无任何 ETF 追踪这些内地绿色债券指数。香港市场可推动发展绿色债券 ETF 追踪这些内地的绿色债券指数，从而提高内地绿色债券的流动性。香港拥有优势向国际投资者提供绿色债券 ETF。ETF 发行商可轻易透过 "债券通" 进入中国银行间债券市场及透过 RQFII 及 QFII 进入内地的交易所债券市场来管理其标的绿色债券资产，这有助推动发展绿色债券 ETF 产品。

香港可考虑发展绿色债券指数扩大投资者基础。香港政府承诺通过其千亿港元的绿色债券发行计划定期发行绿色债券。如所发行债券有不同的年期，将会为发行商建立起基准收益率曲线。若这时候市场上有一个绿色政府债券总回报指数，将有助投资者追踪这些债券的表现。除了政府债券之外，现时市场上已有由不同种类的内地及香港企业发行商所发行的绿色债券。有关方面可考虑推出一个包含广泛绿色债券的指数，就像中财 - 国证绿色债券指数系列，其成分债券涵盖由内地政府、政策性银行、政府支持机构及高质素（获内地 AAA 评级）的金融及非金融类公司在中国银行间债券市场及交易所市场发行的绿色债券。各个追踪不同覆盖范围绿色债券的指数会适合作为一些像 ETF 的投资工具的标的资产，来迎合被动资产管理及散户投资者的不同投资目标及风险胃纳。有了本地、内地及跨境的绿色债券指数后，就可以发展绿色债券指数 ETF 来追踪这些指数。

此外，优化香港的外汇衍生工具亦可支持绿色债券的发展。在香港发行的绿色债券大部分以美元或欧元计价。有些绿色债券的年期很长。尽管部分发行商的收益及使用资金会以相同货币计价，可作为自然对冲，但基于管理货币风险的需要，对于流动性高、年期不同及货币对不同的多种对冲工具，市场需求预料将会增加。虽然发行商及投资者可借场外市场的外汇衍生工具对冲其货币风险，但通过场内上市的外汇衍生工具进行风险管理，流动性更高，中央结算机制也能提供更佳保障。加上设有庄家或流通量提供者，发行商及投资者可按本身意愿在交易所的上市市场对冲其全部或部分持仓。中央结算的安排亦可减低对手方风险。随着外汇衍生工具的覆盖范围愈趋全面，日后将可能有更多投资者选择在香港管理其定息投资组合。

总结

　　绿色债券在全球债市所占份额不断增加，预期绿色债市将以相对急速的步伐继续发展。不同的国家纷纷向绿色经济转型，资金需求相当庞大，促进了绿色债券的发行。绿色债券不仅能支持经济可持续发展，亦可在声誉、融资成本及投资回报这几方面为发行商和投资者带来共同利益。

　　内地已是全球第二大绿色债券市场。在政府政策大力支持下，发行量的势头保持强劲，预料可持续推进发展。不过，内地需要划一绿色标准并与国际标准接轨，这仍是有待解决的重要问题。香港在联系国际投资者与内地绿色债券发行商方面一直充当促进者的角色，这包括：利用其国际认可、兼顾了国际和内地标准的绿色债券认证计划，填补内地发行商在离岸绿色债券发行上的缺口；充当国际投资者经"债券通"下的"北向通"渠道进入中国银行间债券市场的主要门户。

　　香港的绿色债市不断发展，发行商层面涵盖内地、香港及超国家机构。香港政府已准备推出全球最大的绿色债券发行计划，并已提供一系列的优惠措施吸引企业发行绿色债券。此外，机构投资者投资债券的资金亦见不断增加。下一步，香港可考虑于上市市场专设绿色债券板块，突显发行商将债券上市的益处，亦可检讨不同交易平台的债券结算和交收安排，希望为投资者简化各项流程。"债券通"日后若启动"南向通"，可进一步扩阔香港的投资者基础及为内地投资者提供新资产类别。基于香港的绿色债券多以外币计价，场内的外汇衍生工具可为发行商和投资者提供流动性高及更有保障的货币风险管理。就投资者而言，绿色债券 ETF 可追踪相关绿色债券指数，利便投资者同时涉猎内地和香港的不同绿色债券的投资组合。这些潜在的市场发展措施均可推动香港债券市场的发展。

附录
设有绿色债券板块的债券市场与香港市场的数据比较

表 16-A1　　　　　　　　　　**上市债券数目（2012 年至 2018 年 9 月）**

交易所	2012	2013	2014	2015	2016	2017	2018/09
墨西哥证券交易所	743	807	783	838	809	863	862
日本交易所集团	325	326	331	344	358	361	362
约翰内斯堡证券交易所	1 452	1 539	1 650	1 731	1 666	1 671	1 723
伦敦证券交易所集团	19 490	21 486	17 835	17 225	16 205	13 676	13 783
卢森堡证券交易所	27 839	26 684	26 251	25 674	30 550	30 344	31 437
Nasdaq Nordic 交易所	6 006	7 086	7 789	8 079	7 691	7 558	7 992
奥斯陆证券交易所	1 384	1 569	1 669	1 719	1 911	2 064	820
上海证券交易所	953	1 458	2 094	3 141	4 709	6 017	6 701
台湾证券柜台买卖中心	1 189	1 273	1 323	1 440	1 519	1 563	1 662
香港交易所	269	403	640	762	892	1 047	1 155

注：伦敦证券交易所集团的数据涵盖伦敦证券交易所及意大利证券交易所的数据。Nasdaq Nordic
　　交易所的数据包括斯德哥尔摩证券交易所的数据。奥斯陆证券交易所的最新债券上市数目为
　　2018 年 6 月资料。

资料来源：国际证券交易所联会。

表 16-A2　　　　　　**债券总成交额（2012 年至 2018 年 9 月）**　　　（百万美元）

交易所	2012	2013	2014	2015	2016	2017	2018/09
墨西哥证券交易所	212	184	256	171	50	118	30
日本交易所集团	1 571	1 766	549	1 255	947	368	196
约翰内斯堡证券交易所	2 804 748	2 123 266	1 732 616	1 766 205	1 850 483	2 083 337	1 777 855
伦敦证券交易所集团	4 575 453	3 953 090	3 028 141	2 256 767	9 321 120	9 195 948	216 800
卢森堡证券交易所	439	483	228	134	120	136	99

续表 16-A2

交易所	2012	2013	2014	2015	2016	2017	2018/09
Nasdaq Nordic 交易所	3 031 086	2 536 905	2 280 408	1 785 424	1 710 937	1 704 374	213 714
奥斯陆证券交易所	505 094	675 201	635 238	696 847	713 150	1 041 233	637 513
上海证券交易所	127 262	199 476	270 111	336 904	398 743	355 392	228 781
台湾证券柜台买卖中心	351 628	267 114	269 670	282 684	268 729	239 736	171 051
香港交易所	357	575	785	1 210	2 743	7 758	4 508

注：伦敦证券交易所集团的数据涵盖伦敦证券交易所及意大利证券交易所的数据。Nasdaq Nordic
　　交易所的数据包括斯德哥尔摩证券交易所的数据。

资料来源：国际证券交易所联会。

表 16-A3　　　　　　　上市绿色债券数目（2012 年至 2018 年 11 月）

交易所	2012	2013	2014	2015	2016	2017	2018/11
墨西哥证券交易所	0	0	0	0	1	1	1
日本交易所集团	5	6	7	8	9	10	11
约翰内斯堡证券交易所	0	0	1	2	2	3	6
伦敦证券交易所集团	2	6	24	40	62	106	127
卢森堡证券交易所	31	40	67	80	99	132	172
Nasdaq Nordic 交易所	0	2	15	22	47	79	127
奥斯陆证券交易所	0	1	6	11	12	19	23
上海证券交易所	0	0	0	0	13	24	34
台湾证券柜台买卖中心	0	0	0	0	0	9	23
香港交易所	0	0	0	1	4	8	20

注：伦敦证券交易所集团的数据涵盖伦敦证券交易所及意大利证券交易所的数据。

资料来源：彭博，2018 年 11 月 14 日资料。

从"债券通"看中国金融开放的新探索

巴曙松

香港交易所首席中国经济学家
中国银行业协会首席经济学家

当前，全球经济金融格局正在经历剧烈的调整与改变。在此背景下，尽管中美贸易摩擦为中国融入全球金融体系带来变数，但无论国际经济金融格局如何变化，基于中国经济金融体系发展的客观需要，中国持续推进资本市场双向开放和人民币国际化这一大趋势是明确的。香港作为国际金融体系中的重要一环，有条件在这个全球经济金融格局大调整、与中国经济金融体系开放的进程中，继续发挥其独特的作用与作出贡献。

"沪港通"、"深港通"和"债券通"，正是在这样的一个大背景下成功启动的。"沪港通"和"深港通"的启动，探索出了中国资本市场开放的一个新模式、新路径，正是因为"沪港通"和"深港通"的独特的机制设计，特别是交易总量过境、结算净量过境制度，使得"沪港通"和"深港通"在启动以来的4年多时间里，实现了近15万亿元的交易量，真正过境的资金（买卖结算后的净额资金）只有1 000多亿元，可以说是以最小的制度成本，换取了最大的市场开放成效，而且整个开放机制是相对封闭和可控的。鉴于境内和境外市场金融基础设施、金融市场制度与结构存在着巨大差异，两者的互联互通必然需要求同存异、兼容发展。在这一背景下，内地与香港建立了覆盖股票、债券等不同资产类别的互联互通机制，为内地金融市场开放提供一个既对国际市场开放又风险可控的平台，实现了两种不同的金融市场制度之间的有效沟通。

2017年7月开通的"债券通"，是继"互联互通"模式在股票市场的成功运行之后，向债券及定息类产品市场延伸的又一里程碑，实现了中国内地债券市场开放的新突破。"债券通"在许多环节实现了创新和探索，事实证明，"债券通"有效地将国内债市的运行模式与国际投资者的一贯交易结算模式作有机对接，从而吸引和支持更多境外投资者参与中国银行间债券市场。

"债券通"的制度创新具体体现在交易前的市场准入环节、交易中的价格发现与信息沟通，以及交易后的托管结算环节，实现了债券市场互联互通中的更低制度成本、更高市场效率，将国际惯例与中国内地债市的现有运行机制有效对接。随着市场对"债券通"的逐步了解和熟悉，全球范围内参与"债券通"的合格境外机构投资者数量亦不断增加，截至2018年底，共有503名合格境外机构投资者参与"债券通"。2018年中国人民银行又宣布推出多项措施支持"债券通"的持续发展，"债券通"功能进一步完善：券款对付（DVP）结算全面实施，消除了结算风险；交易分仓功能上线，实现了大宗交易业务流程的自动化；税收政策进一步明确，免征境外投资者企业所得税和增值税，期限暂定3年。至2018年11月，彭博也加入"债券通"成为Tradeweb以外的另一交易平台，有望为人民币计价资产带来新的参与主体、资本流量和交易模式。

可以看出，"债券通"的平稳发展，为中国债券市场国际化带来了新的动力，也对整个人民币债券市场的开放产生深远影响。在此背景下，人民币债券即将加入国际各大主要债券指数，更多国际投资者希望更深入、系统地了解"债券通"及中国债券市场。为此，在香港交易所李小加总裁的支持下，具体由我牵头主持，并邀请了多位海内外债券领域的资深专家学者，与香港交易所的研究团队一道，就"债券通"各个层面展开深入研究。本书共 3 个部分 16章，每个章节由香港交易所首席中国经济学家办公室确定研究大纲，分别与各位作者展开多轮小组讨论，形成大纲要点，由各位专家具体执笔。第一部分"中国债券市场开放历程和宏观背景"由中国外汇交易中心总裁张漪、中国人民银行研究所周诚君研究员及上海清算所总经理周荣芳三位专家执笔，从多个角度剖析了中国债券市场多层次开放的总体规划、人民币国际化的顶层设计和政策进展，梳理了"债券通"在中国债券市场开放中扮演的重要角色。第二部分"债券通：境内外债券市场的互联互通"由中国农业发展银行资金部总经理刘优辉、债券通有限公司董事兼副总经理吴玮、穆迪投资者服务公司、中银国际，以及香港交易所的研究人员包括定息及货币产品发展部高级副总裁周兆平分别执笔，就债券通涉及的金融基础设施、监管开放政策、信用评级、一级市场发行等多方面内容进行了全面而又详细的介绍，有助于国际投资者更好地认识"债券通"和相关政策。第三部分"香港固定收益与货币产品的金融生态圈构建"由北京大学汇丰商学院肖耿教授、交银国际研究部主管洪灏和香港交易所首席中国经济学家办公室分别完成，这一部分重点介绍了与"债券通"相关的一系列固定收益产品创新和金融生态圈的构建，有助于境外机构更好地使用相关金融产品和服务。

可以说，本书是第一本由具体参与"债券通"方案设计、实施与监管的专家和海内外债券市场上有代表性的参与机构共同执笔，系统梳理"债券通"发展历程与制度框架的著作。它的出版，既是对"债券通"平稳运行的经验总结，也必将加深国际投资者对中国债券市场国际化的认识，从而推动更多国际资本深入参与中国债券市场的发展。

在此，我要特别感谢香港交易所总裁李小加先生对出版本书的鼓励和帮助，以及香港交易所的合规团队、法务团队、企业传讯团队、翻译团队、相关业务部门对本书的大力支持，正是他们的通力合作和建议，本书才得以完成。本书的出版发行是我们与四川人民出版社良好合作的成果，正是因为四川人民出版社的积极努力，才使本书能够推向市场，帮助海内外投资者了解"债券通"这一金融创新。在此一并表示诚挚的谢意！

香港目前已是全球举足轻重的离岸人民币中心，在"债券通"的新动力推动之下，香港不仅在发展成为内地债市连通世界的门户，也可以进一步形成围绕"债券通"的在岸和离岸人民币产品的生态圈，并与其他风险管理产品等不断融合，为强化香港作为国际金融中心的地位带来新动力。

由于"债券通"这一创新发展涉及市场的方方面面，而且还在继续发展演变之中，书中缺点错漏在所难免，敬请广大读者批评指正。

2019 年 9 月

图书在版编目（CIP）数据

债券通与金融开放新突破/巴曙松主编. -- 成都：
四川人民出版社，2019.10
ISBN 978-7-220-11648-3

Ⅰ.①债… Ⅱ.①巴… Ⅲ.①债券市场－研究－中国
Ⅳ.①F832.51

中国版本图书馆CIP数据核字（2019）第210827号

上架指导：金融

本书法律顾问　北京市盈科律师事务所　崔爽律师
　　　　　　　　　　　　　　　　　　　张雅琴律师

ZHAIQUANTONG YU JINRONG KAIFANG XINTUPO

债券通与金融开放新突破

巴曙松　主编

蔡秀清　巴晴　副主编

责任编辑：冯珺　雷棚
版式设计：湛庐CHEERS
封面设计：香港交易及结算所有限公司

四川人民出版社
（成都市槐树街2号　610031）
唐山富达印务有限公司印刷　新华书店经销
字数 329 千字　720 毫米 × 965 毫米　1/16　印张 23.25　插页 1
2019 年 10 月第 1 版　2019 年 10 月第 1 次印刷
ISBN 978-7-220-11648-3
定价：129.90 元